여행 리포터
엄마의
특별한 여행비법

아이와
해외여행
백서

여행 리포터 엄마의 **특별한 여행비법**

초 판 1쇄 인쇄 2018년 12월 10일
초 판 1쇄 펴냄 2018년 12월 20일

지은이 송이진
펴낸이 유정식
본문ㅣ표지 디자인 김효진

펴낸곳 나무자전거
출판등록 2009년 8월 4일 제 25100-2009-000024호
주소 서울 노원구 덕릉로 789, 2층
전화 02-6326-8574
팩스 02-6499-2499
전자우편 namucycle@gmail.com

ⓒ송이진 2018
ISBN : 978-89-98417-40-6 14980
         978-89-964441-7-6 (세트)
정가 : 16,000원

파본이나 잘못 인쇄된 책은 구입하신 서점에서 교환해드립니다.

이 책은 저작권법에 따라 보호받는 저작물이므로 무단전재와 복제를 금합니다. 이 책 내용의 일부 또는 전부를 이용하려면 반드시 저작권자와 나무자전거의 서면동의를 받아야 합니다.

이 도서의 국립중앙도서관 출판예정도서목록(CIP)은 서지정보유통지원시스템 홈페이지(http://seoji.nl.go.kr)와 국가자료공동목록시스템(http://www.nl.go.kr/kolisnet)에서 이용하실 수 있습니다.(CIP제어번호: CIP2018037659)

여행 리포터
엄마의
특별한 여행비법

아이와
해외여행
백서

송이진 지음

나무자전거

PROLOGUE

여행 리포터 엄마
여행 덕후 아빠
그리고 여행 중 태어난 아이

처음부터 리포터가 되고 싶었던 것은 아니었다. 대학 때 경험 삼아 이 런저런 방송일을 했었는데 우연히 SBS 아침 프로그램에서 리포터 제의가 들어왔다. 솔직히 그때는 리포터라는 직업이 무슨 일을 하는지도 몰랐다. 그저 방송에도 출연하고 여행도 시켜주는데, 출연료까지 준다니! 세상에 이런 직업이 다 있나, 하며 신이 났을 뿐이다.

첫 리포팅을 나갔을 때도 일이 아니라 여행이라고 생각하니 그렇게 재미있을 수가 없었다. 그리고 잘하면 해외에도 나갈 수 있다는 어느 작가님의 말에 내 진로는 두 번 고민할 것도 없이 결정되었다.

전국으로, 세계 곳곳으로 다니는 동안 남편을 만났다. 그런데 무슨 운명의 장난인지 남편은 여행 덕후였다. '너와 함께 여행하면 즐거울 것 같아서'라는 청혼은 농담이 아니었고 청혼을 받아들이는 순간, 나는 생활비 상당 부분을 여행 경비로 쓴다는 것에 암묵적인 동의를 하는 것이었다. 그리고 결혼 후 1년 반 동안 우리는 미국에 머물며 원 없이 여행을 다녔다. 그때 생긴 아이가 지금의 도나(태명)인데, 지구상 가장 센 에너지를 방출하는 애리조나의 '세도나'에 다녀온 후 생긴 아이는 지금도 가족 중 에너지가 제일 넘친다.

그런데 아이가 태어나니 더 떠나고 싶었다. 퇴근도 없는 도돌이표 같은 육아로부터 조금이나마 벗어나는 기회는 아무리 생각해도 여행밖에 없었다. 남편에게도 집은 예전만큼의 휴식공간이 되지 못했고, 퇴근 후 '아이와 놀아주기'라는 숙제는 그 어떤 것보다 초인적인 힘을 필요로 하는 것 같았다.

피난을 가면 이렇겠구나 싶은 양의 짐을 싸들고, 낯선 여행지에서 발생할 수 있는 모든 상황을 시뮬레이션하며 여행이 시작되었다. 하지만 아이와 함께한 여행은 시작부터 시행착오의 연속이었다. 수많은 여행 책자 어디에도 유모차를 밀고 다니기에 좋고 아이와 함께 다녀도 위험하지 않은, 엄마 아빠가 덜 수고스러운 정보는 알려주지 않았다. 아이가 불편하면 나도 불편하고 아이가 힘들면 나도 힘들었다. 그리고 그

상황을 견디지 못하면 괜히 비싼 돈 내고 해외까지 나왔다는 후회로 이어졌다.
하지만 세상에 쓸모없는 경험은 없고 모든 것은 다 하나의 점으로 이어진다고 했던가. 그동안 아이와 스무 곳이 넘는 나라를 여행하면서 비로소 나는 아이와 함께 즐겁게 여행하는 법을 조금이나마 터득할 수 있었다. 그리고 아이가 없을 때는 보지 못했던 것을 볼 수 있었고 아이와 함께이기에 더 풍요로운 여행을 즐길 수 있게 됐다. 그 마음은 다시 일상으로 돌아왔을 때 에너지를 내는 동기부여가 되기도 했다.

도움을 준 많은 엄마들

그렇게 알게 된 정보들을 '아이와 여행을 준비하며 힘들어하는 엄마들'에게 알려주고 싶었다. 아이와의 여행은 자녀의 수나 성별 또는 성향에 따라 크게 달라질 수 있기에, 다양한 경우의 수를 담기 위해 많은 엄마들의 여행 후기를 읽고 인터뷰를 했다. 일일이 열거할 수도 없을 만큼 많은 엄마들이 도움을 주었다. 그렇게 해서 만들어진 이 책은 나만의 이야기가 아니라, 그동안 아이와 용감하게 해외여행을 다닌 엄마들의 후기라고 보는 것이 맞을 것이다.
특히, 승무원 출신의 시원맘, 소아과 의사 윤석맘, 아직도 전 세계를 돌아다니는 선배 리포터 언니들, 진희언니, 태희언니, 보영언니, 하얀언니, 이 책을 시작하게 해준 다둥이맘 순유언니, 사촌동생 소정이에게 감사를 전한다.
그리고 여행 프로그램으로 만난 인연으로 함께 기획하고 고민해준 그림이 엄마이자 방송작가인 경선이가 있어 이 책을 마무리 할 수 있었다. 책을 내는데 결정적인 도움을 준 나의 사랑하는 남편과 아들. 수현 아가씨와 조카 연재, 부모님, 마지막으로 출판사 대표님과 디자이너에게도 감사를 전하고 싶다.

PREVIEW

이 책은 어린 아이 때문에 여행을 갈까 말까 고민에 빠져 있는 부모를 위한 책으로, 아이와 함께 안심하고 즐길 수 있는 여행지를 엄선하였습니다. 메인 여행지 13곳에, 함께 둘러볼 수 있는 주변 여행지와 테마파크, 대가족, 럭셔리 리조트 등 특별 여행지 3곳을 추가하여 16곳 이상의 가족 여행지를 소개하고 있습니다.

Part01에서는 다양한 체험과 관광을 위한 여행지로 태국 **파타야**, 인도네시아 **길리 트라왕안**, 인도네시아 **발리**, 베트남 **무이네**, 미국 **하와이**, 말레이시아 **레고랜드**가 소개되고, Part02에서는 물놀이가 중심이 되는 여행지로 필리핀 **보라카이**, 태국 **끄라비**, 베트남 **냐짱**, 말레이시아 **코타키나발루**, **보홀**이 소개됩니다. 마지막으로 Part03에서는 휴식을 위한 여행지로 베트남 **다낭**, 태국 **방콕**, 중국 **마카오**, **몰디브**, 태국 코쿳의 **소네바 키리**가 소개됩니다. 어느 여행지를 선택하든 한눈에 살펴볼 수 있도록 군더더기 없이 설명되어 있습니다.

AREA 구성

이 책에는 총 13개의 여행지가 Area로 구분되어 있습니다. 각 Area는 휴양지가 중심이 되며, 아이와 함께 즐기기 위한 여러 스팟들을 자세히 다루고 있습니다.

AREA MAP

해당 지역의 주요 스팟과 교통편, 여행지 동선 등을 심플한 지도로 살펴볼 수 있습니다.

- 볼거리/즐길거리
- 쇼핑거리
- 해변
- 공항
- 선착장
- 기차역
- 숙소
- 먹거리

AREA INFO

해당 여행지를 선택하기 전에 알고 있어야 될 다양한 정보가 제공됩니다. 여행지를 제대로 즐기기 위해, 추천하는 가족, 계절, 이동 방법 등을 알 수 있습니다.

BEST COURSE

해당 지역에서 둘러볼 스팟이 많은 경우 최적의 동선을 제시합니다. 스팟까지 이동시간 등을 알 수 있어 여행 계획을 세울 때 많은 도움이 됩니다.

큰제목

주로 여행지의 스팟을 큰제목으로 소개합니다. 스팟의 제목만 봐도 그 특징을 알 수 있도록 부제와 기호를 붙였습니다.

S 여행지의 대표 볼거리
H 여행지의 대표 숙소
E 여행지의 대표 먹거리
T 여행지의 다양한 교통편

알아두면 유용한 여행 팁

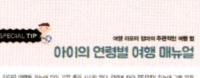

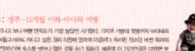
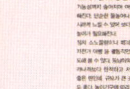

SPECIAL TIP

아이와 행복한 여행을 위한 저자만의 노하우가 상세하게 소개됩니다. 아이의 여행 준비물부터 연령별 여행 방법, 사고 시 대처 방법, 항공권이나 숙소 선택 요령, 스마트폰 활용 방법 등 아이와의 여행을 더욱 풍성하게 만드는 비법들을 만날 수 있습니다.

SPECIAL TRIP

조금은 이색적이지만 아이와 함께 꼭 해보고 싶었던 여행을 소개합니다. 어른들도 좋아하는 테마파크 여행, 3대가 함께 떠나는 대가족 여행, 한번쯤 머물고 싶은 럭셔리 리조트 여행을 주제로 아이는 물론, 가족 모두가 행복해지는 여행을 소개합니다.

CONTENTS

PART 01 다양한 체험과 관광 여행

AREA 01
짧은 동선 다양한 체험
태국 파타야

AREA MAP · 20 | AREA INFO · 20 | BEST COURSE · 21
워터파크에서 신나는 하루, 파타야 · 22
파타야 추천 숙소 · 23
이 가격이 실화야? 열대과일의 천국, 라용 · 23
한국인은 잘 모르는 숨은 휴양지, 코사멧 · 24
코사멧 추천 숙소 · 25
동물과의 교감, 카오키여우 오픈주 · 26

SPECIAL TIP 아이와 여행 매뉴얼 · 28
긴 동선 쪼개기 · 28 | 이동수단에 투자하기 · 28 | 패키지보다 자유여행 · 29 |
상세계획은 현지에서 · 29 | 다양한 체험 · 30 | 엄마 아빠의 취향 반영 · 30

AREA 02
아이와 섬 자전거 여행
인도네시아 길리 트라왕안

AREA MAP · 32 | AREA INFO · 33
아이와 함께 자전거로 달리기 좋은 섬 · 34
나영석 피디보다 먼저 알아본 윤식당 촬영지 · 35
길리 트라왕안 추천 숙소 · 36
길리 트라왕안에서 아이와 꼭 해봐야 할 것 Best 3 · 37
자전거 투어 · 37 | 선셋과 함께 인생사진 남기기 · 37 | 바다거북 만나기 · 39

SPECIAL TIP 아이의 연령별 여행 매뉴얼 · 40
생후~15개월 이하 아이와 여행 · 40 | 16개월~4살 이하 아이와 여행 · 40 | 5세 이상 아이와 여행 · 41 | 8세 이상 아이와 여행 · 42

AREA 03

바다와 정글을 동시에 만나는
인도네시아 발리

AREA MAP · 44 | AREA INFO · 45

전 세계 여행자들의 사랑을 독차지 하는 곳 · 46

온통 푸른 정글로 둘러싸인, 우붓 · 47

정글 속으로 날아오르는 정글 그네 · 48 | 야생 원숭이들의 거주지, 몽키포레스트 · 50 | 온몸으로 정글 탐험, 래프팅 · 51 | 쁘넷강 튜빙 · 51 | 우붓의 중심, 시내 투어 · 52 | 우붓 시내 추천 숙소 · 53 | 우붓 인근 추천 숙소 · 54

정글 속 동물들과 지내는 하루 · 57

발리 사파리 앤 마린파크 · 57 | 마라리버 사파리 로지 · 58 | 메이슨 엘리펀트 로지 · 59 | 발리 새공원 & 파충류공원 · 60 |

바닷가에서 짜릿한 액티비티, 꾸따 · 61

전 세계 서퍼들과 함께 신나는 서핑 · 61 | 엄마 아빠도 즐거운 워터파크, 워터봄 발리 · 62 | 인도양 하늘 위로 연날리기 · 63 | 꾸따 지역 추천 숙소 · 63

꾸따와 우붓 외 아이와 가기 좋은 발리의 숙소 · 65

림바 짐바란 발리 바이 아야나 · 65 | 파드마 레기안 · 66 | 웨스틴 누사두아 · 67

익숙한 맛 저렴한 가격, 발리 미식 탐방 · 67

SPECIAL TIP 아이의 사고 시 대처 매뉴얼 · 000

공항에서 도움 받기 · 71 | 기내에서 도움받기 · 71 | 숙소에서 도움받기 · 71 | 숙소 외 관광지에서 도움받기 · 72 | 미아방지 목걸이 또는 팔찌 채우기 & 튀는 옷 입히기 · 72 | 여행자보험 가입 · 72

AREA 04

사막과 현지인들의 삶이 있는
베트남 무이네

AREA MAP · 74 | AREA INFO · 74 | BEST COURSE · 75

배낭 여행자처럼, 특별한 체험 · 76

무이네 알찬 여행 코스 · 78

화이트샌듄 온몸으로 체험하기 · 78 | 레드샌듄 온몸으로 체험하기 · 79 | 베트남 어촌마을 둘러보기 · 80 | 작은 그랜드캐니언에서 산책하기 · 80 | 무이네 해안에 숙소 잡기 · 82 | 보케거리에서 싱싱한 해산물 맛보기 · 83

무이네로 가는 두 가지 방법 · 84

차량 대여 서비스 이용하기 · 84 | 열차편 이용하기 · 85

짧지만 호치민도 둘러보려면 · 86

공항 근처 호텔을 찾는다면 · 86 | 공항 근처에서 쇼핑을 하고 싶다면 · 87 | 시내 투어를 하고 싶다면 · 87

SPECIAL TIP 항공권 저렴하게 예약하는 매뉴얼 · 88

연령별 아이의 항공요금 · 88 | 항공사 프로모션을 노려보자 · 88 | 최저가를 기다리자 · 89 | 비교사이트에서 최저가를 검색하자 · 89 | 마일리지를 이용하자 · 90 | 항공권 혜택을 주는 신용카드를 사용하자 · 90

CONTENTS

AREA 05 — 원시적인 대자연 탐험 미국 하와이

AREA MAP · 92 | AREA INFO · 92

아름다운 해안 탐방, 오아후섬 · 94
하와이의 중심, 와이키키 비치 · 96 | 와이키키 오션뷰 추천 숙소 · 98 | 와이키키 인근 추천 숙소 · 99 | 하와이 최고의 드라이브 코스, 72번 국도 · 100 | 서핑의 메카 노스쇼어, 83번 국도 · 102 | 렌터카 여행 즐기기 · 105

쥬라기공원 촬영지, 카우아이 · 106
아이들의 지상 낙원, 포이푸 비치 · 107 | 포이푸 비치 추천 숙소 · 107 | 태평양의 그랜드캐니언, 와이메아캐니언 · 108 | 신의 조각품, 나팔리코스트 · 109 | 그 밖의 아기자기한 섬 투어 · 110

책에서 보던 활화산이 눈앞에 펼쳐지는, 빅아일랜드 · 111
차량 타고 화산 탐방 · 112 | 걸어서 화산 탐방 · 113 | 화산을 좀 더 가까이에서 · 114 | 화산과 가까운 추천 숙소 · 115

SPECIAL TIP 아이와 비행기 타기 메뉴얼 · 116
아이 연령별 비행기 타기 · 116 | 좁은 이코노미 좌석 넓혀 타기 · 117 | 꼭 챙기자! 아이를 위한 준비물 · 118 | 아이를 위한 서비스 최대한 이용하기 · 119

SPECIAL TRIP 01 — 어른들도 좋아하는 테마파크 여행

레고 천국, 말레이시아 레고랜드 · 122
AREA MAP · 122 | AREA INFO · 123
장난감 세상에서의 하룻밤 레고랜드 호텔 · 124 | 온몸으로 만끽하는 놀이동산, 레고 테마파크 & 워터파크 · 126

조호바루의 또 다른 캐릭터 세상 · 128
헬로키티타운 & 토마스타운 · 128 | 앵그리버드 액티비티 파크 · 129

아이와 함께 가기 좋은 테마파크 Best 3 · 130
아이들에게 꿈과 환상을 심어준 대표적인 테마파크, 디즈니랜드 · 130 | 베트남에서 가장 큰 테마파크, 빈펄랜드 · 131 | 섬 전체가 하나의 관광지, 싱가포르 센토사 · 133

PART 02 물놀이 중심 여행

AREA 06

해변에서 모든 것이 해결되는
필리핀 보라카이

AREA MAP · 138 | AREA INFO · 139

해변에서 하루 종일 뒹굴 거리기 · 140

저렴한 가격에 베이비시터 이용하기 · 141 | 호객행위 활용하기 · 141 | 배달 음식 시켜 먹기 · 142 | 낭만적인 밤바다 즐기기 · 142

보라카이 100% 즐기기 · 143

스테이션 2 추천 숙소 · 144 | 스테이션 1 추천 숙소 · 145

보라카이에서 아이와 꼭 해봐야 할 베스트 3 · 146

선셋 세일링 · 146 | 우리 가족만의 모래성 쌓기 · 147 | 아름다운 해변 투어 · 148

SPECIAL TIP 우리 가족 숙소 선택 매뉴얼 · 149

위치에 따른 숙소 선택 · 149 | 개인 취향에 따른 숙소 선택 · 150 | 여행자 평가를 반영한 숙소 선택 · 150

AREA 07

기암괴석 다양한 섬 투어
태국 끄라비

AREA MAP · 152 | AREA INFO · 153

끄라비 여행의 시작, 아오낭 비치 · 154

아오낭 비치 추천 숙소 · 155 | 끌롱무앙 비치 추천 숙소 · 155

기암괴석의 절경, 라일레이 비치와 프라낭 비치 · 156

골라 가는 재미, 4섬 투어 · 158

끄라비 보트 이용하기 · 159 | 프라이빗 투어 활용하기 · 159

신비로운 숲속 물놀이, 크리스탈 라군 투어 · 160

카약 타고 맹그로브 정글 탐험 · 162

영화 속 절경 그곳, 피피섬과 뱀부섬 · 162

SPECIAL TIP 숙소 싸게 예약하는 매뉴얼 · 164

신축 숙소 공략하기 · 164 | 비수기 공략하기 · 165 | 경매를 통해 예약하기 · 165 | 손품 팔아 검색하기 · 166

11

CONTENTS

AREA 08
요즘 가장 핫한 휴양지 베트남 냐짱

AREA MAP · 168 | AREA INFO · 168

'내가 제일 잘 나가~' 빠르게 발전하는 대표 휴양지 · 170

냐짱의 네 지역, 네 가지 여행 법 · 171

공항에서 가까운 리조트 해변, 깜란 · 171 | 깜란 추천 숙소 · 172 | 냐짱의 중심, 냐짱 시내 해변 · 173 | 냐짱 시내 추천 숙소 · 174 | 냐짱 시내 추천 맛집 · 175 | 냐짱 시내 추천 카페 · 176 | 고급스러운 은둔의 휴양지, 닌반베이 · 177 | 닌반베이 추천 숙소 · 178 | 신나는 테마파크 섬, 혼째 · 179

날씨에 따라 색다른 물놀이 · 181

다양한 재미가 있는 테마파크 물놀이, 빈펄랜드 · 181 | 뜨끈한 온천과 머드 맛사지, 아이 리조트 · 182

SPECIAL TIP 아이와 함께 먹기 좋은 베트남 음식 · 183

쌀국수 · 183 | 분차 · 183 | 클레이팟 · 183 | 짜오똠 · 184 | 베트남 커리 · 184 | 반미 · 184 | 반세오 · 184

AREA 09
짧은 일정 알찬 여행 말레이시아 코타키나발루

AREA INFO · 186 | AREA MAP · 187

언제든 떠날 수 있는 만만한 여행지 · 188

아이와 머무르기 편한 숙소 · 188 | 자연 속 힐링을 위한 숙소 · 190 | 가성비 좋은 숙소 · 192

가볍게 떠나는 신나는 호핑 투어 · 193

호핑투어의 시작 제셀톤 포인트 · 194

세계 3대 석양으로 손꼽히는 코타키나발루 선셋 · 195

탄중아루 해변 선셋 · 196 | 워터프론트 선셋 · 197

SPECIAL TIP 아이를 위한 한식 준비 매뉴얼 · 198

쌀밥 준비 · 198 | 간편한 반찬 준비 · 198 | 반찬 해 먹기 · 199 | 부피 줄이기 · 199

SPECIAL TRIP 02
3대가 함께 떠나는 대가족 여행

가족 모두가 행복해지는 여행지, 보홀 · 202
AREA MAP · 202 | AREA INFO · 202
해변은 여기가 최고! 팔라오섬의 밀가루 해변 · 204 | 팔라오섬의 추천 숙소 · 205 | 바다에서 보물 탐방 · 206 | 육지에서 보물 탐방 · 208

대가족 여행을 더욱 행복하게 해주는 몇 가지 팁 · 210
솔직하게 의견 나누기 · 210 | 불필요한 경비 줄이기 · 210 | 프라이버시 서로 지켜주기 · 211 | 하루 한 끼는 한식으로 해결하기 · 212

대가족이 함께하기 좋은 휴양지 best 3 · 212
요즘 가장 핫하게 뜨는 베트남 · 213 | 동서양 문화를 한곳에서 만나는 마카오 · 214 | 세계적인 휴양지 명성 그대로, 하와이 · 215

PART 03 휴식을 위한 여행

AREA 10
아이가 어릴수록 만만한 휴양지 베트남 다낭

AREA MAP · 220 | AREA INFO · 220
취향대로 고르는 리조트 천국 · 222
리조트 분위기가 중요하다면 · 223 | 리조트 내에서 마음껏 무료 마사지를 받고 싶다면 · 224 | 대가족이 함께하는 여행이라면 · 225 | 체크아웃 후에도 시간이 많이 남는다면 · 226

다낭의 매력적인 바깥나들이 · 227
아이와 낭만적인 밤 산책, 호이안 · 227 | 한낮의 무더위를 피하고 싶을 때, 바나힐 · 228 | 놀이기구 타고 도시 야경 즐기기, 헬리오센터 & 아시아파크 · 229 | 마트 쇼핑이 꿀재미, 롯데마트 VS 빅씨 VS 빈마트 · 230

SPECIAL TIP 휴양지 날씨 예측 매뉴얼 · 231
연평균 기온 확인하기 · 232 | 연평균 강수량 확인하기 · 232

CONTENTS

AREA 11
도심 속 가성비 갑 호캉스 태국 방콕

AREA MAP · 234 | **AREA INFO** · 234

아이와 보다 편한 도시 나들이 · 236

호캉스의 핵심, 스쿰빗대로 · 237
방콕 최대의 인기 쇼핑몰이 한 자리에, 시암역 · 238 | 처음부터 끝까지 럭셔리, 칫롬역 · 239 | 세계 여러 나라를 여행하는 기분, 아속역 · 241 | 사람들로 북적이는 곳이 싫다면, 프롬퐁역 · 242 | 스쿰빗에 마음에 드는 숙소가 없다면, 사톤 · 243 | 리조트형 숙소를 원한다면, 차오프라야 강변 · 244

쇼핑 천국 방콕에서 꼭 사야 할 베스트 아이템 4 · 245
명품보다는 로컬 디자이너 브랜드 · 246 | 고메마켓의 로컬 식재료 · 246 | 짐 톰슨 실크 · 247 | 럭셔리 스파 제품 · 248

SPECIAL TIP 우리 아이 여행 짐 싸기 매뉴얼 · 249
보다 편한 이동을 위한 가방 꾸리기 · 249 | 해외여행에 꼭 가져가야 할 것 · 249 | 아이 개월 수에 맞춰 챙겨야 할 것 · 251 | 꼭 없어도 되지만 있으면 유용한 것 · 253 | 가져가면 오히려 짐이 되는 것 · 254

AREA 12
숙소에서 다양한 엔터테인먼트가 가능한 중국 마카오

AREA INFO · 256 | **AREA MAP** · 257

아이들의 라스베가스, 코타이스트립 · 258
갤럭시 리조트 마카오 · 258 | 스튜디오 시티 · 260 | 파리지앵 마카오 · 261 | 샌즈 코타이 센트럴 · 262 | 시티 오브 드림스 · 263 | 더 베네치안 · 264 | 윈 팰리스 · 265

코타이스트립 외에 아이와 함께하기 좋은 마카오 관광지 · 267
마카오반도 · 267 | 타이파 빌리지 · 268 | 콜로안 빌리지 · 268 | 홍콩과 묶어서 여행하기 · 269

1인 5식도 가능한 마카오 미식 탐방 · 270
매캐니즈 요리 · 270 | 마카오 디저트 · 271 | 광둥요리 · 271

SPECIAL TIP 공항 100% 활용 매뉴얼 · 273
교통약자 우대출구로 빠르게 통과하기 · 273 | 유모차로 편하게 이동하기 · 273 | 공항에서 신나게 놀기 · 273 | 공항 내 샤워실 이용하기 · 274 | 아이가 아프다면 공항 의료센터 · 274 | 엄마를 위한 항공사 특별 서비스 · 274

AREA 13

지구상 가장 아름다운 풍경
몰디브

AREA INFO · 276 | AREA MAP · 277

여행의 모든 것, 1섬 1리조트 고르기 · 278
라군 VS 수중환경 · 279 | 리조트로 이동하는 세 가지 방법 · 281 | 수상 방갈로 VS 비치 빌라 · 282 | 조식온리 VS 하프보드 VS 풀보드 · 283

몰디브, 동남아 경비로 여행하기 · 284
저가 항공 공략하기 · 284 | 숙소 프로모션 이용하기 · 284 | 경비에서 식비 줄이기 · 287 | 무료 액티비티 이용하기 · 287

신혼부부보다 아이들을 더 반기는 섬 · 289
아난타라 디구 · 289 | 칸디마 · 290 | 원 앤 온리 리시라 · 291

SPECIAL TIP 스마트폰 100% 활용 매뉴얼 · 292
나에게 맞는 해외 데이터 사용법 · 292 | 여행 관련 애플리케이션 사용하기 · 293

SPECIAL TRIP 03

한번쯤 머물고 싶은
럭셔리 리조트 여행

자연주의 힐링 리조트, 태국 소네바 키리 · 298
AREA MAP · 298 | AREA INFO · 298
세상과 단절된 은둔의 장소 · 300 | 나만을 위한 일대일 맞춤 서비스 · 302 | 창립자의 취향과 철학이 반영된 콘셉트 · 303 | 아이를 위한 특별한 서비스 · 304

아이와 함께 보내기 좋은 럭셔리 리조트 Best 3 · 306
소네바 키리의 감동을 반값으로, 베트남 식스센스 콘다오 · 306 | 대학교 교정에서의 하룻밤, 베트남 JW 메리어트 푸꾸옥 · 308 | 요정이 살 것 같은 정글 속 리조트, 태국 키말라 푸켓 · 310

PART 01

다양한 체험과 관광 여행

AREA 01

짧은 동선, 다양한 체험
태국 파타야

여행 전문가 엄마의 주관적인 여행 팁
아이와 여행 매뉴얼

AREA 02

아이와 섬 자전거 여행
인도네시아 길리 트라왕안

여행 전문가 엄마의 주관적인 여행 팁
아이의 연령별 여행 매뉴얼

AREA 03
바다와 정글을 동시에 만나는
인도네시아 발리
여행 리포터 엄마의 주관적인 여행 팁
아이의 사고 시 대처 매뉴얼

AREA 04
사막과 현지인들의 삶이 있는
베트남 무이네
여행 리포터 엄마의 주관적인 여행 팁
항공권 저렴하게 예약하는 매뉴얼

AREA 05
원시적인 대자연 탐험
미국 하와이
여행 리포터 엄마의 주관적인 여행 팁
아이와 비행기 타기 매뉴얼

SPECIAL TRIP 1
어른들도 좋아하는
테마파크 여행

"기저귀 떼고 얼마 안 됐을 때였어요. 애 낳고 처음 간 해외여행이었는데 홍콩에서 제일 길다는 그 에스컬레이터 있잖아요. 영화 〈중경삼림〉을 보고 오랫동안 마음에 담아 두고 있었거든요. 그런데 글쎄 에스컬레이터를 타자마자 애가 갑자기 똥이 마렵다는 거예요. 남편이 업고 뛰다가 그만…, 그 뿐만이 아니에요, 애가 먹을 만한 음식은 왜 그렇게 없는지. 정말 집 나가면 고생이라는 말을 온몸으로 실감했다니까요."

그녀의 이야기를 시작으로 엄마들의 출산 비화 못지않은 여행 비화가 쏟아졌다. 다행히 마무리는 희망적이었다.

"그래도 다섯 살이 넘으니까 좀 수월하지 않아요? 뭐가 급해서 그렇게 기를 쓰고 다녔는지 몰라."

아이마다 차이가 있겠지만 본격적인 체험과 관광을 할 수 있는 나이는 다섯 살 정도다. 그때가 되면 아이는 유모차 없이도 잘 걷고 자다가도 깨우면 바로 일어나는 자제력이 생긴다. 무엇보다 함께 한 여행의 추억을 두고두고 기억할 수도 있게 된다.

아이와 여행을 하면서 느낀 점은, 나이에 따라 다른 여행법이 필요하다는 것이었다. 생후 7일부터 비행기 탑승이 가능하다지만, 한동안은 장소만 바뀐 육아의 연장선상이다. 그렇다 보니 처음에는 숙소 위주의 여행이 필요했고, 아이가 조금씩 주변을 탐색하기 시작할 때는 물놀이 위주의 여행이 필요했다. 그리고 지금, 아이가 제법 커서 온몸으로 세상을 받아들이는 나이가 되자 본격적인 관광과 체험 위주의 여행이 필요해지기 시작했다.

이 책의 이야기는 그 나이를 거슬러 기록되어 있다. 첫 번째 체험여행 편은 아이가 최소 다섯 살은 되었을 때 시도해보길 추천한다.

AREA 01

짧은 동선, 다양한 체험
태국 파타야

AREA 01 파타야(PATTAYA)

이름 없는 작은 어촌에 불과했던 파타야는 방콕에서 가깝다는 이유로 대규모 휴양지로 발전했다. 유흥가가 먼저 자리를 잡았고 해변도 아이와 놀기에 좋은 편은 아니지만, 인근에 다양한 볼거리와 낮은 물가는 아이와의 여행을 풍요롭게 해준다.

AREA INFO

추천 가족	짧은 동선으로 다양한 체험을 즐기고 싶은 가족
추천 계절	일 년 내내. 단, 우기(5~10월)에는 비가 스콜처럼 무섭게 쏟아지다 뚝 그치는 날이 많다. 이때는 귀찮더라도 우산을 가지고 다니는 것이 좋다. 날씨와 바다 상태는 건기인 겨울이 가장 좋은데, 역시 한 낮의 기온은 30도를 웃돌기에 더위를 주의해야 한다.
가는 방법	방콕까지 비행시간 5시간. 각 여행지까지는 다시 차로 이동한다.
이동 방법	택시를 대절하는 것이 가장 편하다. 단, 장거리라 타기 전 요금 협상은 필수. 공항에서 파타야까지 편도 4만 원 전후로 가능하니 나머지 이동은 이를 기준으로 예측해 볼 수 있다.
난이도 하	이동이 많지만 택시를 이용하면 크게 힘들지 않다.

BEST COURSE

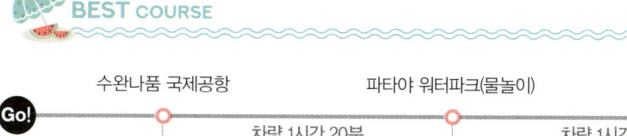

| Go! | 수완나품 국제공항 | → 차량 1시간 20분 → | 파타야 워터파크(물놀이) | → 차량 1시간 → | 라용(과일 먹기) | → 보트 30분 → |

| 코사멧(휴식) | → 보트 30분 + 차량 1시간 30분 → | 오픈주(동물원 탐험) | → 차량 1시간 → | 수완나품 국제공항 | Stop |

Tip 에어아시아 항공을 이용하는 경우 수완나품 국제공항이 아닌 돈무앙 국제공항에 내리게 된다.
화려한 도시 구경이나 쇼핑을 추가하고 싶으면 일정에 방콕 시내를 넣는다.

워터파크에서 신나는 하루, 파타야 Pattaya

지나고 보니 '조금만 더 참았다 갔으면 좋았을 걸' 하는 여행지들이 있다. 파타야도 그 중 하나인데 짧은 이동으로 다양한 체험을 할 수 있는 꽤 알찬 루트였다. 하지만 당시 아이가 만 2세 중반이라 동물원에서 쪼그려 앉아 표지판과 개미를 찾느라 바빴고, 워터 슬라이드를 혼자 타지 못해 남편이 올려주면 아래서 내가 받느라 쉴 새가 없었.

그럼에도 우리가 했던 여행 중, 동선만큼은 파타야가 단연 최고였다. 그래서 5세 이상의 아이가 있는 가족이라면 꼭 한 번 즐겨 보라고 추천하고 싶다. 이동이 많아 보이지만 택시비 지출에만 너그럽다면 크게 힘들지도 않다.

카툰 네트워크 아마존 워터파크

우선 파타야에 도착하면 지루한 비행시간을 견딘 아이를 위해 신나는 놀이시간을 마련해준다. 파타야에는 카툰 네트워크 아마존 워터파크 Cartoon Network Amazone Water Park와 라마야나 워터파크 Ramayana Water Park가 있는데 아이가 커서 활동적인 물놀이를 원한다면 당일치기로 이용해 보는 것도 좋다. 우리처럼 좀 더 편하게 쉬면서 아이를 놀리고 싶다면 워터파크가 있는 숙소를 추천한다.

라마야나 워터파크

🅗 파타야 추천 숙소

센타라 그랜드 미라지 리조트 Centara Grand Mirage Beach Resort Pattaya, 5성급 리조트

아이가 어리다면 역시 워터파크가 있는 숙소가 편하다. 이곳은 놀이기구는 다양하지 않지만 여러 단계의 워터 슬라이드와 유수풀, 아이를 위한 다양한 프로그램이 준비되어 있다. 500개가 넘는 객실 대부분은 바다를 향한 오션뷰라 가슴이 확 트이는 풍경을 즐길 수 있다.

필자도 이 숙소를 이용했는데, 당시 아이는 함께 춤을 추고 놀아주는 슈퍼맨 복장의 아저씨를 '번개맨'이라 부르며 따라다녔다. 그때는 아이가 아직 낮잠을 잘 나이라 물놀이를 즐기다 틈틈이 숙소로 들어와 쉴 수 있는 점도 좋았다. 리조트 내에서 스파, 식사 등 모든 것을 해결할 수도 있지만, 밖으로 나가면 훨씬 비용을 아낄 수 있다. 우리는 밤마다 잠든 아이를 유모차에 태우고 나가 6천 원짜리 발 마사지를 받기도 했다.

🧳 이 가격이 실화야? 열대과일의 천국, 라용 Rayoung

파타야에서 실컷 놀았다면 남쪽으로 내려가 보자. 가다 보면 오래 전부터 현지인들의 휴양지로 인기를 누려온 라용이라는 도시가 나오는데, 아오프라오('반페'에서 변경된 이름) 선착장에서 사멧섬(코사멧)으로 들어가는 배를 탈 수 있다. 라용에서 놓치지 말아야 할 것은 저렴한 열대과일이다. 과일 농장이 많은 라용은 갓 딴 싱싱한 과일이 놀랄 만큼 저렴하다. 당시 가장 비쌌던 과일 망고스틴이 1kg에 600원 정도였고, 망고는 더 저렴해서 양손 가득 들지 못할 정도로 사도 5천 원이면 충분했다. 이렇게 싼 과일들이 파타야로 가면 2배, 방콕에 가면 3배의 가격으로 팔린다.

열대과일이 저렴하다 보니 라용에는 과수원을 견학하고 과일을 마음껏 먹는 투어 프로그램도 있다. 만일 과일만 사려

면 택시를 타고 가다 길에 보이는 과일 노점에 세워달라고 하면 된다. 이때 주의할 점은 과일도 철이 있다는 것! 망고스틴을 비롯한 열대과일은 여름이 가장 저렴하고 종류도 다양하다.

한국인은 잘 모르는 숨은 휴양지, 코사멧 Ko Samet

코Ko가 섬이라는 뜻이니 사멧섬이다. 섬 전체가 태국의 국립공원으로 지정되어 정부의 보호와 관리 아래 있다 보니 잘 닦인 아스팔트 도로도 세계적인 체인호텔들도 없다. 그 때문인지 요즘은 세계 어딜 가나 한국인과 중국인들을 만나곤 하는데, 지금껏 단 한명도 만날 수 없었던 유일한 휴양지였다.

알파벳 T자 모양에 길이가 7km에 불과한 이 작은 섬에는 무려 14개의 해변이 있다. 현지어로 대나무, 꽃송이, 대추 등 정감어린 이름을 지닌 해변들은 선착장 인근의 보석 모래해변이라 불리는 핫싸이깨우Hat Sai Kaew와 초승달해변이라 불리는 아오웡드안Ao Wong Duean을 제외하고는 대부분 한적한 편이다.

필자가 여행할 당시에는 핫싸이깨우 해변에서 저녁 8시마다 불쇼가 진행됐다. 우리가족도 일부러 찾아가 보고 오곤 했는데 검은 바다를 배경으로 화려하게 펼쳐지는 퍼포먼스는 그 어떤 불꽃놀이보다 아름다웠다. 키가 작은 아이를 위해 쇼를 보는 내내 업고 있었는데 한 시간이 흐르는지도 몰랐다. 공연이 끝나고 아이는 불쇼를 흉내 내며 야광봉을 흔들며 다녔고, 외국인보다 더 많은 현지인 관광객들이 만들어내는 들뜬 공기가 상당히 신선하게 느껴졌다. 누가 태국을 환락의 국가라 했던가. 코사멧은 방콕에서 가장 가까운 섬이지만 아직 소박함과 순수함을 간직하고 있는 곳이다.

🅗 코사멧 추천 숙소

아이가 있는 가족여행자라면 숙소는 되도록 코사멧 리조트호텔 그룹에 속해 있는 리조트를 권한다. 별도의 유료 프라이빗 보트를 운영하는 파라디 리조트를 제외하고 라용에서 코사멧까지 무료보트를 공동으로 운영하고 있어 편리하다. 홈페이지(www.samedresort.com)에서 숙소예약도 가능하고 보트 시간도 확인할 수 있다. 홈페이지가 아닌 다른 사이트에서 코사멧 숙소를 검색하면 섬이 아닌 라용 시내의 숙소가 검색될 수 있으므로 위치를 잘 확인해야 한다.

코사멧과 라용을 오가는 보트는 대략 한 시간 간격으로 운영되고, 선박회사마다 출발 시간이 조금씩 다르다. 배를 타기 전 시간이 남으면 근처의 편의점에서 장도 보고 간단하게 요기도 할 수 있다. 하지만 크게 기대할 바는 못 된다.

파라디 리조트 Paradee Resort, 5성급 리조트

코사멧에서 유일한 5성급 숙소이다. 숙박비가 상대적으로 비싸지만 숙소의 환경과 서비스는 그만큼 훌륭하다. 흰 산호모래, 옥빛을 머금은 물빛, 큰 야자수 그늘 게다가 섬 남쪽으로 외떨어져 있다 보니 넓은 해변을 마치 전세 낸 듯 이용할 수 있어 더욱 매력적이다.

한낮에는 아이스크림과 마카롱, 따뜻한 차 등을 세팅한 애프터눈티 세트를 서비스해주기도 한다. 그래서인지 최근 몇 년간 트립 어드바이저에서 부동의 1위 자리를 지키고 있다. 아오프라오 선착장 바로 옆 자뎃 선착장(Jadet Pier)에 전용부스를 운영하고 있는데 왕복 1인당 5만원 정도의 꽤 비싼 보트 요금이 별도로 부가된다.

르 비만 코티지 앤 스파 Le Vimarn Cottages & Spa 4성급 리조트

섬의 서쪽, 아오프라오 해변에 자리하고 있다. 한적한 해변은 모래가 곱고 수심이 적당해서 물놀이장소로 적합하다. 파라디 리조트와 유사한 바다풍경을 보다 가성비 좋게 즐길 수 있다.

싸이깨우 리조트 Sai Kaew Beach Resort 4성급 리조트

코사멧에서는 제법 번화가인 싸이깨우 비치 근처에 자리하고 있다. 다양한 액티비티와 식당 등의 편의시설을 보다 편하게 이용할 수 있다. 다른 리조트에 비해 상대적으로 규모가 큰 편이다.

동물과의 교감, 카오키여우 오픈주 Khao Kheow Openzoo

코사멧을 충분히 즐겼다면 방콕과 파타야 중간쯤에 위치한 카오키여우 오픈주까지 직행하자. 카오키여우 오픈주는 말 그대로 개방형 동물원으로 자연에 방목하고 있는 동물들을 보다 가까이에서 만날 수 있는 곳이다. 400만 제곱미터가 넘는 부지에 8천여 종의 동물이 서식하고 있는데, 차량이나 골프카트를 타고 다니며 동물과 가까이에서 교감할 수 있다.

사슴, 조류, 원숭이들은 자유롭게 돌아다니고 기린, 코뿔소와 같이 덩치가 큰 동물은 우리 안에 있지만 울타리가 낮아 쓰다듬거나 먹이를 줄 수도 있다. 단, 원숭이들은 먹을 것을 보면 거칠게 달려들어 훔쳐가므로 주의해야 한다.

오픈주를 돌아다닐 때는 입구에서 카트를 빌려 타는 것을 권한다. 지도를 보고 자유롭게 돌아다니며 아이와 탐험을 하는 듯한 기분을 낼 수 있다. 거대한 산자락을 따라 바람을 맞으며 달리는 기분은 그 자체로도 가슴까지 힐링이 된다.

한낮의 폭염 때문에 힘들 수도 있어 아침 일찍 서둘러 가라는 후기가 많은데, 필자가 간 날은 부슬부슬 비가 내렸다. 낮게 깔린 구름, 촉촉하게 젖은 숲은 또 다른 매력을 내뿜었다. 폭우만 아니라면 무더위보다 오히려 이런 날이 더 좋지 않을까 싶다.

오픈주 이용 노하우

카오키여우 홈페이지(www.khaokheow.zoothailand.org)에서 운영시간, 입장료, 카트 대여료 등을 확인할 수 있다. 동물에 따라 오후 5시 이후에는 방문이 어려운 곳도 있고, 동물쇼 시간이 정해져 있으므로 동선을 계획하여 움직이는 것이 좋다. 또한 아이들이 동물들과 교감하다 보면 시간 가는 줄 모르기 때문에 여유 있게 시간 계획을 잡아두는 것이 좋다. 필자는 약 4시간을 머물렀지만, 시간이 부족하게 느껴졌다.

SPECIAL TIP

여행 리포터 엄마의 주관적인 여행 법
아이와 여행 매뉴얼

육아에 정답이 없듯, 여행도 그렇다. 하지만 아이와 보다 편한 여행을 하고 싶다면 다음에 제시하는 것들을 염두에 두자. 아이와의 여행은 아이가 편하고 즐거워야 여행이 편하고 즐거워진다.

✳ 긴 동선 쪼개기

파타야 여행동선은 차를 오래 타기 힘들어 하는 아이를 위해 최대한 쪼개고 쪼개다 보니 나온 동선이었다. 아이와 여행할 때 동선은 무조건 단순하고 짧은 것이 좋다. 이동 중간에 볼거리를 넣어 아이의 에너지를 발산할 수 있게 하고, 이동할 때는 낮잠을 재우도록 한다.

필자는 비행시간이 5시간이 넘으면 직항보다는 경유를 선택하기도 한다. 대부분 국제공항에는 어린이 실내 놀이터가 있는데, 조금이라도 신나게 뛰어놀면 비행기 내에서 한동안은 얌전히 잘 있을 수 있다.

✳ 이동수단에 투자하기

아이와의 여행에서 가장 큰 난관은 여행지까지의 이동이라고 말하는 사람이 많다. 이동수단에 투자할수록 여행은 쉽고 편해진다. 현지의 대중교통을 이용하는 재미도 빼놓을 수 없지만, 아이가 어리고 자녀의 수가 많을수록 그것은 여행이 아닌 고행이 될 확률이 높다.

때문에 아이가 어릴수록 교통수단은 택시를 추천한다. 택시는 여행사를 통해 예약하는 것보다 현지

에서 미터로 계산하거나 장거리 이동 시에는 적당히 흥정하는 것이 보다 저렴하다. 하지만 택시에 짐을 맡기고 관광을 다녀야 한다면 한국업체를 통해서 예약하는 것이 안전하다(태초클럽, 몽키트래블 등).

✖ 패키지보다 자유여행

아이들은 낯선 환경에 적응하거나 하던 놀이를 그만두는 데 시간이 필요하다. 때문에 정해진 스케줄에 따라 바쁘게 움직여야 하는 패키지 여행보다는 아이의 속도에 맞출 수 있는 자유여행이 편하고 좋다. 하지만 해외여행이 익숙지 않아 부담스럽고 걱정이 앞선다면 항공권과 숙소, 숙소까지의 교통편만 여행사를 통하는 호텔팩으로 시작하는 것도 한 방법이다.

현지 투어 역시 상품화된 체험보다는 교통편만 예약한 후 자유롭게 즐기는 것이 좋다. 차량이나 배를 프라이빗으로 빌릴 수도 있는데, 그렇지 않다면 자유시간이 충분한지 꼭 확인해야 한다.

  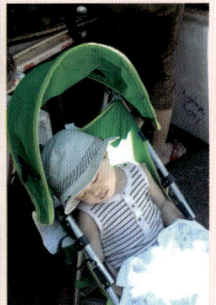

✖ 상세계획은 현지에서

아이와의 여행은 항상 변수가 많다. 때문에 상세 일정은 아이의 컨디션과 날씨를 봐가며 현지에서 정해도 늦지 않다. 대부분의 숙소는 투숙객을 위한 다양한 프로그램을 유·무료로 운영하고 있으며, 관광지마다 택시와 투어 센터가 있다. 대부분 호객행위를 하며 먼저 다가오는 편인데 흥정만 잘하면 미리 예약하는 것보다 훨씬 저렴하게 이용할 수도 있다.

하지만 세부 일정은 좀 늦추더라도 상세 정보만큼은 미리 파악하고 있어야 여행이 순조롭다. 현지에서 아이를 돌보며 관련 정보를 검색하는 것은 쉽지 않을뿐더러 투어 상품의 평균 금액정도는 알고 있어야 제대로 흥정이 가능하다. 하고 싶고, 할 수 있는 것들을 미리 알아두고 최종 결정만 현지에서 하도록 한다.

✳ 다양한 체험

숙소, 쇼핑, 맛집 투어보다 오래 기억에 남는 것은 낯선 곳에서 즐기는 다양한 체험이다. 아이들에게 그 경험의 기준은 눈으로 보는 것보다 몸으로 느끼는 체험 위주가 더 강렬하다. 예를 들어 동물을 보는 것보다 직접 먹이라도 줘야 재미있어 하고, 아름다운 바다를 감상하는 것보다 그곳에 들어가 발이라도 담가봐야 멋진 곳이라고 기억하는 것이다. 오감으로 체험하는 여행은 아이를 보다 능동적인 여행자로 성장시키며, 부모도 편해진다.

✳ 엄마 아빠의 취향 반영

사실 아이와의 여행은 엄마 아빠가 가고 싶어 떠나는 여행이다. 그렇기에 엄마 아빠의 취향이 적극적으로 반영되어야 한다. 자칫 아이만을 위해 그날의 에너지를 하얗게 불태운다면 피곤함과 공허만 남을 수 있다. 하지만 아이가 즐거워야 모두가 즐거운 여행이 될 수 있으니 최대한 아이를 고려해야 한다. 부모가 원하는 여행에 아이가 좋아할 만한 체험을 간간이 넣는다면 모두가 만족스러운 여행이 될 수 있다.

AREA
02

아이와 섬 자전거 여행
인도네시아 길리 트라왕안

AREA 02 길리 트라왕안(Gili Trawangan)

윤식당 촬영지로 우리에게 알려진 섬. 차량이 다니지 않아 대부분 자전거를 타고 달린다. 아름다운 풍경과 아기자기한 관광 포인트를 품은 해안도로는 총 길이가 3km에 불과해 아이와 자전거 여행을 즐기기에 부담이 없다.

 **AREA INFO**

추천 가족 윤식당 촬영지의 여유를 만끽하고 싶은 가족. 발리나 롬복 여행 중 추가로 둘러볼 곳을 찾는 가족.
추천 계절 남반구라 여름이 건기 시즌이다. 이때가 가장 날씨도 좋고 바다도 예쁘다. 우기에 접어드는 12월부터 이듬해 3월까지는 강수량이 많아 간혹 섬으로 들어가는 배가 뜨지 못하는 경우도 발생한다.
가는 방법
1. 발리까지 비행시간 7시간 ➡ 세랑간 선착장까지 차로 20~30분 ➡ 길리 트라왕안까지 스피드보트 1시간 30분~2시간
2. 발리까지 비행시간 7시간 ➡ 롬복까지 비행시간 30분 ➡ 방살 항구까지 차로 1시간 30분 ➡ 길리 트라왕안까지 스피드보트 15분

> 두 가지 방법 모두 경비는 비슷하다. 그 사이 윤식당의 인기를 타고 스피드보트에 대한 정보가 많아졌는데, '길리 트라왕안 가는 법'을 검색하면 꽤 많은 보트 업체와 방법이 나온다. 아이와 이동이 번거로울 수 있으니 이왕이면 발리 호텔이나 공항에서부터 픽업&드랍 서비스를 이용하면 편하다. 선착장은 공항 근처라면 세랑간, 우붓에서 이동한다면 빠당바이(우붓 시내에서 차로 1시간)가 가깝다. 만일 배멀미가 심하다면 롬복을 경유하는 것도 좋다.

이동 방법 길에 모래도 많고 보도블록이 깨진 곳이 많아 유모차나 캐리어를 끌기가 수월하지 않다. 섬 내에서는 엔진을 쓰는 이동수단이 없어 걷거나 자전거 또는 마차를 타야 한다.
난이도 상 가는 방법이 번거롭다. 필자의 경우 일정을 조금 길게 잡아 발리와 롬복을 여행했는데 이렇게 일정을 쪼개지 않았다면 아이가 있어 더욱 힘들었을 것이다.

길리 트라왕안으로 들어가는 방법

아이와 함께 자전거로 달리기 좋은 섬

여행은 기억에서 시작된다. 처음부터 여행의 매력을 알 수는 없다. 어쩌다 생긴 여행의 즐거움이 다음 여행을 계획하게 한다. 아이가 생기기 전 종종 남편과 자전거 여행을 했다. 전문적인 자전거 여행은 아니었지만, 여행지에서 자전거를 빌릴 수 있으면 일부 구간만이라도 반드시 자전거를 타고 달렸다. 차가 다니지 않는 구석구석을 둘러보고 느끼는데 자전거만큼 좋은 방법은 없다고 믿었기 때문이다.

그런데 아이가 태어난 후 할 수 없었던 자전거 여행이 길리 트라왕안에서 다시 시작되었다. 물론 아이가 제 발로 페달을 밟는 건 아니었지만, 아빠 등 뒤에 껌딱지처럼 붙어 내 앞을 질러나가는 모습은 첫걸음마를 하던 그 순간처럼 대견하고 뿌듯했다. 스치던 해변과 바다는 몹시 아름다웠고 섬 곳곳에 있는 그네와 해먹, 소라와 조개껍데기로 만든 풍경들은 더욱 특별하게 느껴졌다.

그렇게 아이와 자전거 여행을 시도해 볼 수 있었던 것은 길리 트라왕안이었기 때문에 가능했다. 별다른 교통수단이 없어 아이를 자전거에 태우지 못하면 걷거나 말똥 받이를 달고 달리는 작은 마차, 치도모Cidomo를 타고 다녀야 한다. 그 말은 곧 길리 트라왕안은 아이가 최소 5살은 돼야 제대로 즐길 수 있는 곳이라는 뜻이기도 하다.

나영석 피디보다 먼저 알아본 윤식당 촬영지

틈만 나면 휴양지 정보를 검색하는 남편은 앞으로 뜰 휴양지나 숙소를 귀신같이 알아보는 능력이 있다. 그만큼 시간과 에너지를 투자하니 그 정도 능력은 당연하다고 생각하면서도 가끔 신기하고 놀랄 때가 있다. 윤식당 촬영지도 우리가 갈 때까지 그런 곳이 있는지조차 모르는 사람이 많았는데 이제는 여행을 좋아하는 사람이라면 한 번쯤 가보고 싶은 로망의 섬이 되었다.

처음 윤식당 촬영지는 우리에게 익숙한 발리로 소개됐지만 곧 발리의 옆 섬인 롬복에 딸린 작은 섬이라는 것이 알려졌다. 아마 한국 관광객이 많지 않아 리얼리티 프로그램 촬영지로는 최적이었을 것이다. 섬이 크지 않아 촬영하기에도 수월했을 것이다. 게다가 서양의 젊은

배낭 여행객들이 만들어내는 활기찬 기운은 '나도 한번 가보고 싶다'는 마음이 들기에 충분했다. 방송은 끝났지만 지금도 윤식당은 '떡카페Teok Cafe'라는 이름으로 떡볶이, 김밥, 라면 등을 판매하고 있다.

길리 삼총사

길리(Gili)는 부족어로 작은 섬이라는 뜻인데 롬복(Lombok)섬에는 길리 트라왕안(Gili Trawangan), 길리 메노(Gili Meno), 길리 아이르(Gili Air)라는 세 개의 섬이 삼총사처럼 붙어 있다. 윤식당은 그 중에서도 편의시설이 가장 잘 돼 있는 트리왕안에서 촬영됐다.
남성스럽고 장쾌한 매력을 뽐내는 발리나 롬복의 바다에 비해 길리 삼총사는 파도가 없는 잔잔하고 얕은 수심, 에메랄드 물빛, 스노클링 포인트 등 아기자기한 매력이 있다. 그런데 이 섬들에 없는 것이 몇 가지가 있다. 5성급 숙소와 엔진을 사용하는 교통수단, 담수 그리고 경찰이다. 그 말은 섬이 꽤 작다는 것과 연결된다. 그나마도 발달 된 곳은 동쪽 해변뿐이다.

🄗 길리 트라왕안 추천 숙소

식당, 환전, 투어 부스 등 편의시설 대부분이 선착장 주변에 모여 있다. 때문에 아이와 함께라면 선착장 주변에 숙소를 잡는 것이 좋다. 숙소까지 트렁크를 끌기가 만만치 않아 마차를 타는 경우가 많은데 요금이 꽤 비싸다. 샤워할 때 짠물이 나온다 하여 걱정했지만 아이를 씻기는 데 큰 문제는 아니었다.

펄 오브 트라왕안 Pearl Of Trawangan, 4성급 리조트

선착장에서 도보 10분 거리로 번화가에서 가까워 편의시설을 이용하기 좋다. 전용 비치가 있고 식당도 해변 앞이라 보다 자유로운 분위기에서 식사를 할 수 있다. 필자도 이 숙소를 이용했는데 작지만 운치가 있고 소박하지만 유기농 식단을 제공하는 품위가 있었다.

코코모 리조트 Ko Ko Mo Resort 4성급 리조트

중심에서 살짝 벗어난 해안 남쪽에 자리하고 있어 바다가 예쁘고 한적하다. 식사와 직원들 서비스 평이 좋아 레스토랑만 이용하는 관광객들도 많다.

잘리 리조트 Jali Resort 3성급 리조트

중심가에서 약간 떨어져 해안가는 아니지만 가성비가 좋고 깨끗하다. 최근 트립 어드바이저 평점 1위를 기록할 정도로 호평을 받고 있다. 투숙객에 한하여 자전거를 무료로 대여해 준다.

길리 트라왕안에서 아이와 꼭 해봐야 할 것 Best 3

ⓢ 자전거 여행

길리 트라왕안의 해안도로는 총 길이가 3km에 불과해 아이와 자전거 여행을 즐기기에 딱 좋다. 해변 앞으로 난 좁은 도로로 자전거를 타고 달리다가 마음에 드는 해변이 나오면 그대로 바다로 뛰어들고, 물이 뚝뚝 떨어지는 옷을 입은 채로 다시 달린다. 그리고 가다가 배가 고프면 윤식당 같은 곳에 들어가 허기를 채우면 된다. 트라왕안의 어느 식당에 쓰여 있던 문구, '노 슈즈, 노 셔츠, 노 프라블럼!'. 길리 트라왕안에서는 정말 맨발에 수영복 한 벌이면 충분하다.

아이와 자전거 타기

북쪽과 남쪽 해변의 끝으로 갈수록 길이 흐릿해지고 모래가 많아진다. 아이 혼자 자전거를 탄다면 위험할 수 있으므로 주의가 필요하다. 자전거는 대부분 숙소에서 빌려주는데 아이가 탈만한 자전거가 있는지는 미리 확인하는 것이 좋다. 우리는 뒤에 짐받이가 있는 자전거에 아이를 태웠었는데 오래 타니 엉덩이가 아프다고 했다.

ⓢ 선셋과 함께 인생사진 남기기

휴양지마다 일몰을 볼 수 있는 곳에는 '세계 몇 대 선셋'이라는 이름이 붙어 있곤 하는데, 길리 트라왕안의 선셋은 그 중에서도 더 특별했다. 마침 우리가 갔을 때는 썰물 시점이라 꽤 넓은 바다 표면이 드러나 있었고 붉은 대지와 발목에서 찰랑거리는 물결이 유리알처럼 반짝였다. 그 풍경으로 서 있는 사람들의 실루엣은 과히 환상적이었다. 스마트폰으로 대충 찍어도 가족의 인생사진이 나올 정도로 아름다웠다.

선셋 포인트

길리 트라왕안에서 선셋으로 유명한 곳은 호텔옴박선셋(Hotel Ombak Sunset)이라는 리조트 앞 해변이다. 다행히 프라이빗 해변이 아니라서 누구나 이용할 수 있다. 해안을 따라 돌 필요 없이 섬을 가로질러 가는데 거리가 멀지는 않지만 돌아올 때는 해가 진 뒤라 아이와 함께라면 마차를 타고 가는 편이 안전하다.

🅢 바다거북 만나기

길리섬 삼총사는 수중 상태가 좋아 다이버들에게 인기가 좋다. 심지어 바다거북을 개처럼 흔하게 볼 수 있어 우스갯소리로 '개북이'라고도 부른다. 윤식당이 촬영된 북쪽 해변 인근에 수심이 낮은 '터틀 포인트'가 있는데 이곳에서 스노클링을 즐기다보면 제법 큰 바다거북도 여러 마리 볼 수 있다. 단, 이곳은 부서진 산호가 많아 발바닥을 다칠 수 있으므로 아쿠아슈즈를 꼭 신어야 한다.

선착장 근처에는 투어 상품을 파는 부스가 여러 곳 있다. 길리 메노 근처에 특히 스노클링 포인트가 많은데 몇 군데 스노클링 포인트를 들렀다가 길리 메노나 아이르섬을 들러 오는 호핑투어의 인기가 높다. 우리는 당시 아이가 만 3세로 스노클링을 혼자 할 수 없었으므로 배 바닥이 유리로 되어 바다 속을 볼 수 있는 글라스바텀Glass Bottom 보트를 빌려 타고 바다로 나갔다. 나와 남편이 번갈아 바다로 뛰어드는 동안 아이는 유리 바닥을 통해 바다 속을 살펴 볼 수 있었다. 지금처럼 스노클링을 잘 할 수 있을 때 갔더라면 더 좋았을 텐데, 하는 아쉬움이 남는 여행지 중 한 곳이다.

아이와 스노클링 🌸

호핑투어는 인원이 많은 단체일 경우, 1인당 1만 원 이하로도 즐길 수 있다. 프라이빗 투어는 시간당 요금이 산정되는데 당시 우리는 2시간 기준으로 7만 원에 이용할 수 있었다. 배에는 항해사와 스노클링 포인트를 가이드해 줄 두 사람이 함께 탑승했다.

아이와 스노클링을 즐길 계획이라면 스노클링 마스크를 미리 준비해 가는 것이 좋다. 스노클링 마스크는 얼굴 전체를 덮는 것을 사용하면 코로 숨을 쉴 수 있고 대롱이 물에 잠겨도 물 먹을 일이 없어 아이들에게 좋다. 그리고 안전을 위해 바다 한가운데보다 부모가 돌볼 수 있는 해변에서 즐기는 것이 좋다.

SPECIAL TIP

여행 리포터 엄마의 주관적인 여행 법

아이의 연령별 여행 매뉴얼

아이와 여행을 하는데 있어 가장 좋은 시기란 없다. 연령에 따라 장단점이 있는데 그에 맞춰 여행의 경로와 패턴을 달리하면 된다. 중요한 것은 아이가 하루가 다르게 자라고 있다는 것이다. 추억하고 싶은 아이의 현재 모습은 정말 쏜살같이 지나가버린다.

❈ 생후~15개월 이하 아이와 여행

지나고 보니 여행 만족도가 가장 높았던 시기였다. 기저귀 가방에 젖병까지 바리바리 싸들고서라도 떠나고 싶은 것이 이맘때 엄마의 마음이다. 하지만 장소만 바뀐 육아의 연장이기에 숙소를 벗어나 많은 것을 하기 힘들다. 때문에 이 기간만큼은 다양한 부대시설을 갖춘 리조트에서의 휴식이 제일 좋다.

숙소 타입으로는 풀빌라를 가장 효과적으로 이용할 수 있는 시기이다. 수유 횟수가 잦고, 기저귀를 수시로 갈아줘야 하고, 아이가 낯가림도 심할 때라 공공장소는 아무래도 불편할 수 있기 때문이다. 아이가 모든 것을 입으로 확인하는 시기이므로 모래 해변을 제대로 이용할 수가 없기도 하다.

우리가족은 우리만의 공간에서 편히 쉬며 아이가 낮잠을 자는 동안에는 기저귀까지 벗겨 풍욕으로 땀띠와 기저귀 발진을 예방하기도 했다. 때문에 필자는 좋은 숙소는 아껴뒀다 이때 쓰라고 권하고 싶다.

❈ 16개월~4살 이하 아이와 여행

가방도 점차 홀가분해지고 엄마들도 외출에 자신감이 생기기 시작한다. 아이들은 걷고 뛰기가 능숙해지며 본격적인 바깥놀이를 하게 되는데 여행은 다양한 경험을 함께 할 수 있는 더 없이 좋은 기회가 된다.

점점 입으로 사물을 확인하는 횟수가 줄어들며 모래놀이도 하

기 시작한다. 부피가 크지 않은 작은 소꿉놀이 세트를 챙겨 가면 모래와 물만 있어도 혼자서 잘 노는 편이다. 때문에 모래의 질, 바다의 수심과 파도 등이 여행지 선택의 중요한 요소가 된다.

워터파크까지는 아니어도 작은 슬라이드나 놀이터가 있다면 아이들은 신나게 놀 수 있다. 리조트 내 키즈클럽을 잘 활용할 수 있는 시기이기도 하다. 키즈클럽은 규모는 크지 않더라도 체크인하기 전이나 체크아웃을 한 후, 또는 한낮의 더위를 피해 아이를 놀리기 좋은데 한두 시간 신나게 놀고 나면 아이도 엄마 아빠도 여행이 한결 수월해진다.

하지만 이 시기 아이는 호기심도 왕성하고, 행동까지 민첩해지면서 아이를 잃어버릴 수 있으므로 주의해야 한다. 규모가 광범위하고 번잡한 곳은 가지 않거나 유모차를 태우는 것이 안전하다. 부모의 연락처를 기재한 미아방지용 목걸이나 팔찌를 꼭 채워주도록 한다.

✣ 5세 이상 아이와 여행

드디어 함께했던 여행의 추억을 기억하고 유모차가 없어도 잘 걸어 다닐 수 있어 기동성까지 좋아지며 여행이 한결 수월해진다. 단순한 물놀이나 키즈클럽은 시시하게 느낄 수 있어 보다 다양한 체험과 놀이가 필요해진다.

점차 스노클링이나 패러세일링, 근거리 자전거 여행 등 활동적인 액티비티를 시도해 볼 수 있다. 동남아의 테마파크는 우리나라보다 한적하고 저렴해 가성비가

좋은 편인데, 규모가 큰 곳보다는 오히려 작은 곳이 시야에 둘 수 있어 덜 피곤하고 아이가 놀기에도 좋다. 놀이기구에 따라 키 제한이 있으니 미리 검색을 통해 추천 연령을 확인하는 것이 좋다.

8세 이상 아이와 여행

학교라는 사회생활을 하며 아이는 부쩍 성숙해진다. 제법 진지한 대화도 가능해지고, 스스로 할 수 있는 것이 많아지며 아이와 할 수 있는 여행의 한계가 상당부분 사라지게 된다. 이때부터는 아이가 주도하는 여행을 계획해보는 것도 좋다. 경험이 풍부해지고 주관이 뚜렷해지는 시기이기에 여행을 계획할 수 있는 기회를 주면 보다 능동적인 모습을 보이며 훨씬 즐거워한다.

필자는 여행지와 관광 포인트를 함께 검색하며 아이의 의견을 반영하고, 현지에서도 간단한 상황은 직접 의사소통을 하며 스스로 해결해 보는 기회를 주었다. 여행 사진을 직접 찍거나 여행 중 생기는 궁금증을 함께 스마트폰으로 검색하고, 휴식을 취할 때 어울리는 음악을 직접 골라 듣게 되면 그 기억은 훨씬 강렬하게 남는 듯했다.

AREA
03

바다와 정글을 동시에 만나는
인도네시아 발리

AREA 03 발리(BALI)

대규모 리조트가 많고 날씨가 쾌적해 휴양지로도 좋지만, 다이내믹한 자연과 문화가 있어 체험여행을 하기에도 좋다. 다양한 해변이 공항 가까이에 있고 한 시간만 달려가면 엄청난 규모의 정글을 만날 수 있다.

 **AREA** INFO

추천 가족 바다와 정글을 동시에 경험하고 다양한 체험을 원하는 가족

추천 계절 건기인 4월부터 10월까지 날씨가 가장 좋다. 단, 고도가 높은 우붓은 좀 더 시원해 아침, 저녁으로 물놀이하기에 쌀쌀할 수 있다. 우기인 12월부터 1월까지는 한낮에 집중적인 스콜이 오기도 한다.

가는 방법 발리까지 비행시간 7시간

> 발리로 가는 직항은 대한항공과 가루다항공이 있다. 하지만 비행시간이 길어 아이가 힘들어할 수도 있으니 일정에 여유가 있다면 홍콩, 방콕, 쿠알라룸푸르 등을 거치는 경유 노선을 추천한다. 잠시 들러 여행을 할 수도 있고 항공료도 절반 가까이 아낄 수 있다.
> 이 경우 갈 때는 경유, 올 때는 직항 노선을 이용하면 좋은데 대부분의 항공사가 갈 때, 올 때 루트가 같다. 그렇다고 편도 항공권을 각각 끊자니 항공권 비용이 커진다. 이럴 때는 경유 항공권을 왕복으로 끊되 한 번은 경유 시간을 길게, 또 한 번은 공항 대기시간을 짧게 한다. 경유지 체류 시간이 24시간이 안 될 때는 수화물을 중간에 찾지 않고 최종 목적지로 바로 보내는 스루보딩이 가능하다.

이동 방법 택시가 기본이다. 하지만 남부 주요지역을 제외하면 미터택시를 만나기 쉽지 않아 대부분 흥정을 해야 한다. 장거리나 하루에 이동하는 일정이 많으면 기사가 있는 차량을 렌트하는 것이 경제적이다. 1일 8시간 기준에 5만 원 정도면 가능하다.

택시 회사는 푸른색의 블루버드가 가장 믿을 만하고 그랩이나 우버도 이용 가능하다.

난이도 중 발리까지의 이동시간이 다소 긴 편이다.

발리의 명절, 뇨피데이 Nyepi Day

힌두교의 신년 행사로 24시간 동안 활동이 통제된다. 그래서 사일런스 데이라고도 불린다. 이날은 항공편도 운항이 중지되고 해외 여행자들은 숙소 밖을 나갈 수 없다. 보통은 3월 중에 열리지만 매년 일정이 바뀐다. 3월에 여행을 계획한다면 미리 확인하는 것이 좋다. 참고로 뇨피데이는 2019년은 3월 7일, 2020년은 3월 25일이다.

전 세계 여행자들의 사랑을 독차지 하는 곳

발리의 자연은 유난히 스펙터클하다. 해안을 따라 발달한 남부지역은 일 년 내내 파도가 몰아치고 몇 해 전부터 인기가 높아진 우붓은 어마어마한 규모의 정글을 품고 있다. 곳곳에 세워진 사원과 다양한 신들의 조각품은 위엄 있는 모습으로 분위기를 압도한다. 이런 풍경을 보기 위해 오랜 시간 이동할 필요가 없다는 점 또한 발리의 매력 중 하나이다.

발리는 고급 풀빌라의 원조 격으로 좋은 숙소가 많아 오래전부터 대표적인 휴양지로 사랑받아왔다. 아이가 있는 가족을 겨냥한 숙소도 많아 동남아 휴양지 중 워터슬라이드를 갖춘 리조트도 압도적으로 많다. 우리나라와는 정반대인 남반구에 있어 여름휴가를 시원하고 쾌적하게 보내기에도 좋다.

이런 매력에 빠진 세계 여행자들이 몰리면서 관광 인프라도 발달했다. 아이가 어릴 땐 숙소 위주의 여행을 하고, 체험여행을 할 수 있는 나이가 되면 본격적인 관광에 나서 보자. 발리는 책 한 권을 할애해도 부족할 만큼 할 이야기가 많은 곳이다. 그 중 해양 액티비티를 즐길 수 있는 대표적인 지역 꾸따Kuta와 울창한 정글을 경험할 수 있는 우붓Ubud을 중심으로 아이와 함께하기 좋은 여행을 소개해 본다.

온통 푸른 정글로 둘러싸인, 우붓

야자수가 빼곡히 자리한 정글과 계곡. 그 사이에 퍼즐처럼 끼워져 있는 대규모 논밭. 이 평화로운 풍경 덕분에 우붓은 대표적인 힐링 여행지로 손꼽힌다. 실제로 우붓에 머무는 동안 필자의 아이와 남편은 만성 비염에서 해방되었다. 당시 필자를 지긋지긋하게 따라다니던 기침도 사라졌다. 머무는 것만으로도 건강해지는 곳, 바로 우붓이다.

그러나 어마어마한 자연의 규모는 평온함을 넘어 아찔하게 다가오기도 한다. 우붓에서는 그런 정글을 온몸으로 만끽할 수 있는 다양한 체험을 시도해보자.

우붓의 시내는 인도가 좁고 도로 사정이 좋지 않아 캐리어나 유모차를 끌기 힘들다. 관광객들이 몰리면서 교통체증도 심해 동선을 잘 짜는 것이 중요하다. 시내는 되도록 도보로 움직이고, 외곽은 무료 셔틀을 이용하거나 이동이 많다면 가이드가 있는 차량을 하루 렌트해서 움직이는 일정이 좋다. 공항에서 우붓 시내까지는 차량으로 1시간 거리이지만 시내와 인근의 교통체증을 고려하면 1시간 반은 잡아야 한다.

Ⓢ 정글 속으로 날아오르는 정글 그네

우붓을 검색하다 보면 한 번쯤 보게 되는 사진이 있다. 우거진 정글을 향해 그네를 타고 날아오르는 모습. 보기만 해도 짜릿하고 가슴이 확 트이는 풍경을 본 순간, 필자도 같은 사진을 찍어보리라 다짐했었다.

정글 그네의 원조는 '발리스윙(Bali Swing)'이란 업체인데 이후 우붓 곳곳에 유사한 정글 그네가 생기고 있다. 까마득한 높이에서 정글을 향해 온몸을 내던지는 스릴과 짜릿함은 우붓에서만 느낄 수 있는 특별함이다.

그네는 5~78m까지 줄의 길이에 따라 난이도가 달라진다. 만 5세부터 이용할 수 있고 허리에 줄을 묶어두기 때문에 크게 위험하지 않다. 필자는 약간의 고소공포증이 있어 무서웠지만 아이는 높은 난이도까지 잘 타며 즐거워했다.

정글 그네는 최대한 오픈 시간에 맞춰 가는 것이 중요하다. 특히 원조 발리스윙은 관광객이 어마어마하게 몰리는 명소라 기다리는 시간은 길고, 그네를 타는 시간은 1분도 채 안 되는 경우가 많다. 아이와 지루한 기다림의 시간을 보내지 않으려면 무조건 일찍 가는 것이 좋다. 필자는 오픈 시간인 오전 8시에 도착해 다양한 그네를 즐길 수 있었는데 11시가 넘자 더는 이용이 힘들 정도로 사람들이 몰려들었다.

아쉬운 점은 1인에 4만 원이나 하는 입장료이다. 점심이 포함된 금액이기는 하지만 레스토랑이 강 하류에 있어 한참을 내려가야 한다. 다른 곳에 있는 그네를 이용하면 풍경이 덜 아찔한 대신 더 저렴하고 한가롭게 이용할 수 있다.

정글 그네에서 인생사진 찍는 법

입장료에 $10을 추가하면 사진사가 포인트마다 사진을 찍어 퇴장할 때 휴대전화에 옮겨준다. 필자도 이용해봤는데 남편이 스마트폰으로 찍어준 것과 화질의 차이만 있을 뿐, 풍경의 차이는 거의 없었다.

멋진 사진을 위해 필요한 것은 좋은 카메라보다는 오히려 의상이다. 정글과 대비되는 노랑이나 빨강 같은 원색 계열 또는 흰색 의상을 입었을 때 가장 사진이 잘 나온다. 그래서 사진 고수들은 공작새처럼 앞은 짧지만, 뒤는 길고 하늘거리는 원피스를 준비한다. 그네가 높이 올라가는 순간, 치맛자락이 펄럭이며 꽤 우아한 모습을 연출할 수 있기 때문이다. 인생사진을 남기고 싶다면 의상에 신경을 써 보자. 발리스윙에는 그네뿐만 아니라 재미있는 사진을 위한 다양한 소품이 준비돼 있다.

ⓢ 야생 원숭이들의 거주지, 몽키포레스트 Sacred Monkey Forest Sanctuary

이름 그대로 야생 원숭이가 모여 사는 숲이다. 동물원이 아닌 원숭이들 거주지로 들어가는 것이라 꽤 독특한 느낌이다. 필자의 아이도 탐험하는 기분이라며 흥분을 감추지 못했다. 30분 정도면 다 둘러볼 수 있는 공간이지만, 유심히 보려면 한 시간 정도가 소요된다. 머무는 동안 수백 마리의 원숭이를 보게 되는데 원숭이들도 관광객들이 익숙한지 피하거나 도망가지 않는다.

이끼 낀 사원이나 계곡의 풍경도 매력적이라 구석구석, 여유 있게 둘러보기를 추천한다. 단, 유모차를 밀고 다니기가 쉽지 않아 아이가 잘 걸을 수 있을 때 가는 것이 좋다. 우붓 시내에 위치해 접근성이 좋고 시내를 순환하는 무료 셔틀버스가 15분 간격으로 다닌다.

ⓢ 온몸으로 정글 탐험, 래프팅 Rafting

우거진 정글과 계곡을 온몸으로 만끽하고 싶다면 래프팅을 추천한다. 발리에서는 뜨라가와자강Telaga Waja River과 아융강Ayung River, 두 곳에서 래프팅을 할 수 있는데 아이와 함께라면 수심이 얕고 유속이 빠르지 않은 아융강이 안전하다. 협곡을 따라 우거진 정글과 폭포를 감상할 수 있는 것도 매력적이다.

가이드를 제외하고 4~6인 기준으로 탑승하기에 가족 단위로 즐기기 좋다. 상류에서 하류로 물살을 타고 내려가므로 자주 노를 저을 일이 없어 아이들도 무리 없이 해낼 수 있다. 총 길이 11km로 1~2시간 정도 소요되는데, 가이드가 다른 보트와 물싸움을 하고 쉬었다 가기도 해, 시간 조절이 가능하다.

대부분의 투어 상품은 숙소 픽업과 드롭이 포함되어 있으며 한낮의 더위를 피해 오전과 오후로 나뉘어 진행된다. 오전 프로그램은 점심을 포함하기도 한다.

ⓢ 쁘넷강 튜빙 Penet River Tubing

래프팅과 비슷한 체험으로 쁘넷강을 따라 튜브를 타고 내려오는 액티비티이다. 래프팅보다 좁은 계곡에서 이뤄지며 4.5km 되는 계곡 상류에서 물살을 타고 내려온다. 보통 40~60분에 걸쳐 내려오는데 수심이 깊지 않고 유속이 빠르지 않아 위험하지 않다. 하지만 래프팅보다 물에 빠질 확률이 높다는 것은 감안하자. 우붓 근교에서 이뤄지는 래프팅과 달리 차량으로 40분 정도 이동해야 한다는 단점이 있다.

래프팅 제대로 즐기기

래프팅 업체가 워낙 많아 현지에서 가격을 비교하고 예약해도 충분하다. 어린이용 구명조끼와 헬멧은 준비되어 있으니 안전을 위한 아쿠아 슈즈와 갈아입을 옷만 준비한다. 규정상 만 5세가 되어야 이용할 수 있지만, 업체에 따라 만 7세 이상으로 제한하기도 한다. 가능여부는 아이의 체격으로 결정하는 편이다.

부모들은 아이가 혼자서 잘할 수 있을까를 걱정하지만, 그보다는 래프팅 전후로 5~10분간 가파른 계단을 오르내리는 것이 더 큰 문제이다. 쁘넷강 튜빙도 마찬가지인데 걷기 싫어하는 아이나 무릎이 좋지 않은 어르신이 있다면 이 점을 고려한다.

🅢 우붓의 중심, 시내 투어

우붓 시내의 핵심 지역은 몽키포레스트에서부터 우붓시장까지 이어지는 약 3km 남짓의 몽키포레스트거리Jl. Monkey Forest, 그와 평행한 하노만거리Jl. Hanoman, 그리고 두 길을 잇는 데위시따거리Jl. Dewisita라 할 수 있다. 이곳은 한국의 인사동과 비슷한 느낌으로 숙소와 아기자기한 식당, 카페, 투어샵, 마트, 상점들이 빼곡히 자리 잡고 있다.

시내를 둘러보는 가장 좋은 방법은 중심에 숙소를 잡고 도보로 다니는 것이다. 우붓왕궁과 우붓시장은 마주 보고 있어서 함께 둘러보기 좋다. 왕궁은 마지막 왕이 살았던 곳으로 생각보다 작고 소박하며 저녁이 되면 공연이 열리기도 한다. 시장은 라탄백이나 유니크한 그릇,

소품, 과일 등을 사기에는 좋지만, 바가지 상술이 심해 흥정의 기술이 필요하다. 왕궁과 시장 인근이 우붓 시내에서 가장 혼잡한 곳이라는 것도 염두에 두자.

고급 숙소들은 대부분 접근이 어려운 우붓 인근의 정글이나 계곡 사이에 있다. 저렴한 숙소들은 시내나 시골 정취가 물씬 나는 논 사이에 있다. 편의성이 좋은 시내 중심에 숙소를 잡고 관광을 즐기다가, 우붓을 조금 벗어난 고급 리조트에서 휴식을 즐기는 일정을 추천한다. 에프터눈티 서비스와 무료 셔틀을 운영하는 리조트가 많으니 혜택을 꼼꼼히 챙기자.

🅗 우붓 시내 추천 숙소

코마네카 앳 라사사양 Komaneka at Rasa Sayang, 4성급 리조트

도보로 시내를 둘러보고 싶다면 가장 좋은 위치이다. 몽키포레스트와 우붓왕궁까지 도보 10분이면 충분하다.

코마네카 계열의 숙소는 발리 예술의 중심인 코마네카그룹에서 운영하는 곳으로 시설, 서비스 등 전반적인 평점이 좋은 편이다. 하지만 객실 뷰는 기대만큼 특별하지 않다. 1, 2층은 어두울 수 있으니 되도록 3층을 요구하는 것이 좋다. 조식은 뷔페가 아닌 주문식이지만 원하는 만큼 충분히 먹을 수 있다.

코마네카 앳 몽키포레스트 Komaneka at Monkey Forest, 4성급 리조트

라사사양과 도보로 1분 거리에 있는 만큼 탁월한 위치를 자랑한다. 라사사양보다 리조트 부지가 작고 객실 수는 적지만, 좀 더 가족적인 분위기이다. 주변이 논으로 둘러싸여 있어 시골 정취를 느낄 수 있으며, 리조트 안으로 들어오면 중심 도로에 있다는 생각이 들지 않을 정도로 평온하다. 규모가 작아 객실이 없을 수 있으니 일찍 예약하는 것이 좋다.

플라타란 Plataran Ubud Hotel & Spa, 4성급 리조트

시내 중심에서 살짝 벗어나 있지만, 숙박비를 4~5만 원 이상 아낄 수 있다. 좁은 입구로 들어가면 리조트 부지 내에 꽤 넓은 논과 숲이 펼쳐진다. 특히 레스토랑은 지대가 높은 곳에 위치해 내려다보이는 전망이 상당히 훌륭하다.

몽키포레스트까지 도보로 8분이면 갈 수 있고 맛집과 마트가 가까이에 있어 큰 불편함은 없다. 다만, 우붓왕궁이나 시장은 아이가 걸어가기에 힘든 거리이다. 필자는 시내 먼 곳은 몽키포레스트의 무료 셔틀버스나 오토바이를 흥정해서 타고 다녔다. 오토바이는 업체가 아니어도 현지인에게 부탁하면 흔쾌히 나서주는 편이다. 아이가 함께 간다면 안전 운행을 부탁하자.

ⓗ 우붓 인근 추천 숙소

포시즌즈 앳 샤얀 Four Seasons Resort Bali at Sayan, 5성급 리조트

리츠칼튼과 함께 우붓을 대표하는 럭셔리 리조트이다. 비싼 가격만큼 환경, 서비스, 음식 등 모든 것이 완벽하다. 아융강이 보이는 언덕을 따라 울창한 열대 우림 속에 자리 잡고 있으며 현대적이고 모던한 인테리어에 고급 티크나무와 대리석을 주재료로 사용해 세월의 흔적이 느껴지지 않는다.

필자는 풀빌라를 이용했는데 규모가 크고 소품 하나하나까지 고급스러워 만족도가 높았다. 메인 수영장을 비롯한 부대시설이 좋아 보다 저렴한 객실을 이용해도 좋다. 투숙

객은 자쿠지, 사우나 시설을 무료로 이용할 수 있고, 도서관에는 보드게임이 마련되어 있다. 요가, 모내기 체험, 래프팅, 자전거 투어 등 꽤 다양한 유·무료의 프로그램이 리조트 내에서 진행된다. 키즈클럽은 규모가 크지는 않지만 시터가 상당히 친절하다. 우붓 시내에서 차량으로 10분 정도 떨어져 있다.

파드마 리조트 우붓 Padma Resort Ubud, 5성급 리조트

산꼭대기 울창한 숲 한가운데 있어 숲속 힐링을 원하는 여행객에게 딱 좋다. 숲이 시야를 가리지도 않고 멀리 보여 독보적인 뷰를 자랑한다.

수영장이 넓다는 것도 큰 장점이다. 우붓은 일교차가 큰 편이라 해가 떨어지면 쌀쌀한데 수온을 따뜻하게 조절해줘 야간 수영도 가능하다. 산책로를 따라 내려가는 숲속 트래킹 코스, 키즈클럽, 어린이 놀이터가 있다. 작은 동물원(Animal Garden)에서는 동물에게 사료 주기 무료 체험을 할 수도 있다.

단점이라면 우붓 시내에서 차량으로 40~50분, 공항에서 2시간 정도 떨어져 있다는 점이다. 몽키포레스트까지 무료 셔틀버스가 운행된다.

더 로얄 피타마하 The Royal Pita Maha, 5성급 리조트

우붓 왕가가 운영하는 곳으로 최고의 위치 덕분에 풍경만큼은 비교할 데가 없다. 특히 로비에 들어서는 순간 만나는 아찔한 절벽 전망은 말 그대로 충격적이다. 전 객실에 개인 풀 또는 자쿠지가 있고 객실에서도 정글을 감상할 수 있다. 2005년 지어져 낡은 느낌은 있지만, 여전히 평점이 높다.

아이가 있는 가족보다 신혼 여행객들이 많이 찾는 숙소이지만 아이와 머무는 데도 전혀 문제가 없다. 로비에서 아융강 하류까지 내려가는 길이 꽤 힘들긴 한데 엘리베이터가 운영되고 있으며 무료 셔틀버스가 있어 시내 투어도 충분히 할 수 있다.

압도적이고 아찔한 풍경이 궁금한데 다른 곳에 투숙하고 있다면 테라스 레스토랑에서 식사만이라도 해보자. 우붓 시내에서 차량으로 약 20분 정도 소요된다. 이때 같은 계열의 부띠그 빌라 피타마하와 헷갈리지 않게 주의한다.

요가로 힐링하기

평소 운동과 담을 쌓고 지내는 사람이라도 우붓에서 요가만큼은 꼭 경험해보자. 평화로운 자연 속에서 맑은 공기를 마시며 진행되는 요가는 우붓에서만 느낄 수 있는 특별함이다. 한 번만 해도 부쩍 개운하고 건강해지는 것을 느낄 수 있다.

우붓 곳곳에 요가스쿨이 있지만, 대부분 리조트에서 무료로 요가수업을 운영한다. 플라잉 요가, 반야사 요가 등 다양한 프로그램이 있으며 아이와 함께하고 싶다면 개별 수업을 신청한다.

정글 속 동물들과 지내는 하루

ⓢ 발리 사파리 앤 마린파크 Bali Safari & Marine Park

숙소와 동물원, 아쿠아리움, 워터파크, 놀이동산, 공연장까지 갖춘 테마파크이다. 규모가 크지는 않지만 체험 위주의 공간으로 다양한 프로그램이 쉴 새 없이 펼쳐진다. 레스토랑이나 화장실에서도 동물을 볼 수 있어 머무는 동안 동물들에게 둘러싸인 느낌을 받을 수 있다.

유모차를 밀고 다닐 수 있으며, 아이와 걸어서 둘러보기에 부담 없는 규모이다. 동물원과 별도 공간인 사파리는 단체 버스나 개별 지프 투어를 통해 둘러볼 수 있다(약 20분 소요).

나이트 사파리 투어

워터파크와 놀이동산은 신나게 몸을 쓰고 싶은 아이를 반나절 정도 놀리기에 좋다. 규모가 큰 편은 아니지만 알차게 꾸며져 있고, 금액도 비싸지 않아 가성비가 좋다(워터파크 1인당 약 3천원, 놀이동산 개당 약 2,300원). 우붓 시내에서 차량으로 40분, 발리공항에서 차량으로 1시간 정도 걸린다.

ⓗ 마라리버 사파리 로지 Mara River Safari Lodge, 4성급 리조트

발리 사파리 앤 마린파크 내에 있는 숙소로 사파리 안에 위치해 편하게 초식 동물의 일상을 감상할 수 있다. 안전상 설치한 펜스나 수로가 있어 동물들이 발코니 앞까지 다가오지는 못하지만, 꽤 가까이에서 먹이 주는 체험을 할 수 있다. 체크인 시 당근 한 바구니를 무료로 주는데 필자도 이른 아침 객실 앞으로 다가온 얼룩말 무리에게 던져주었다. 스위트룸 투숙객은 조식을 먹으러 갈 때 코끼리를 타고 사파리를 가로질러 간다.

객실은 쾌적한 편이며, 틈틈이 휴식을 취하며 시설을 여유롭게 즐길 수 있어 좋다. 투숙객의 동물원 입장은 무료지만 나머지 시설은 추가 요금을 내야 한다. 다양한 패키지 상품이 있어 예약할 때 함께 구매하는 것이 경제적이다.

사파리 앤 마린파크 제대로 이용하기

무료 셔틀이 남부와 우붓 주요지역을 다녀 당일치기도 가능하지만 1박 이상 투숙하는 것을 추천한다. 다양한 프로그램이 끊임없이 이어지고 동물 먹이 주기, 코끼리 타기 등의 체험을 하다 보면 시간이 금방 지나간다.
사방이 막혀 있어 바람이 잘 통하지 않는 공간이다 보니 더위에 지치기 쉽다. 오전이나 오후에는 동물원을 둘러보고 한낮에는 워터파크에서 쉬는 일정을 추천한다. 저녁을 먹은 후에는 나이트 사파리를 즐기거나 로비 앞마당에서 펼쳐지는 무료 공연을 보고 숙소로 돌아온다. 사파리 내 극장에서 진행되는 아궁쇼(Agung Show)는 별도의 입장료가 있다.
한 가지 아쉬운 점은 식사의 수준이 상당히 떨어진다는 점이다. 바비큐 파티 등에 대한 기대는 접고 가는 것이 좋다. 셔틀버스의 정류장과 탑승시간은 홈페이지(www.balisafarimarinepark.com)에서 확인할 수 있으며 우붓 시내에서 차량으로 약 40분가량 떨어져 있다.

마라리버 레스토랑

🅗 메이슨 엘리펀트 로지 Mason Elephant Lodge, 4.5성급 리조트

코끼리를 집중적으로 보고 싶다면 이곳으로 가자. 코끼리가 있는 사파리에서 투숙할 수 있고 직접 씻기고 먹이를 주고 등에 올라타는 등의 체험을 할 수 있다.

사파리 내에 있는 객실은 코끼리를 테마로 디자인되어 있으며 코끼리가 코로 붓을 쥐고 그린 그림도 걸려있다. 투숙객은 코끼리를 타고 객실에서 식당까지 갈 수도 있다.

숙박비에 입장료와 무료 액티비티 일부가 포함되어 있으며, 투숙하지 않고 코끼리 사파리만 이용할 수도 있다. 우붓 시내에서 차량으로 약 30분가량 떨어져 있으며, 자세한 내용은 홈페이지(www.masonelephantlodge.com)에서 확인가능하다.

🅢 발리 새공원 & 파충류공원 Bali Bird Park & Rimba Reptile Park

아이가 새와 파충류를 좋아한다면 추천한다. 발리와 꾸따 중간쯤에 있어 우붓으로 가는 길에 들러보면 좋다.

새공원에서는 약 250여 종, 1000여 마리의 새들을 만나볼 수 있다. 규모가 큰 편은 아니지만 다양한 쇼를 볼 수 있고 먹이 주는 체험을 통해 가까이에서 새를 관찰하고 교감할 수 있다. 파충류공원에서는 각종 뱀과 희귀 파충류를 직접 안고 사진도 찍을 수 있다.

두 공원은 마주 보고 있어 함께 둘러보기에 좋다. 입장료가 꽤 비싼 편이지만 클룩(www.klook.com)을 비롯한 외부 업체를 이용하면 절반 정도의 금액에 구매할 수 있다.

바닷가에서 짜릿한 액티비티, 꾸따

우붓에서 정글을 충분히 만끽했다면 남부해안의 꾸따로 내려가 보자. 꾸따는 전 세계 수많은 서퍼들이 몰리는 서핑의 메카로 발리를 대표하는 지역이다.

여행자들을 위한 숙소, 식당, 백화점, 쇼핑몰 등이 몰려 있어 발리에서 가장 번화한 곳이기도 하다. 그런 만큼 교통체증이 심하고 복잡해 한적한 휴양과는 거리가 멀지만, 편의시설을 이용하면서 발리다움을 경험하고 싶다면 방문해 볼 만하다. 공항에서 차량으로 10분 거리에 있어 이동에 대한 부담도 적다.

ⓢ 전 세계 서퍼들과 함께 신나는 서핑

발리만큼 서핑하기 좋은 곳이 또 있을까. 바람이 많아 일 년 내내 양질의 파도가 치고 교육비가 저렴해, 서핑만을 위해 찾는 관광객도 많다. 파도에 맞서 고군분투하는 서퍼를 보는 재미도 좋지만 직접 해보면 더 좋다. 아이가 만 5세 이상이고 아직 혈기왕성한 부모라면 함께 도전해보자.

꾸따 해변은 수심이 완만하고 파도가 세지 않아 아이와 서핑을 즐기기에 적당하다. 서핑이

처음이라면 일대일 레슨을 추천한다. 만 5세 이상이라면 영어가 능숙하지 않아도 충분히 가능하다. 이때 업체에 따라서 아이의 나이를 만 7세 이상으로 제한하거나 일대일 강습만 하기도 한다. 업체는 해변 인근에 많고 호객행위를 하며 먼저 다가오기도 한다.

ⓢ 엄마 아빠도 즐거운 워터파크, 워터봄 발리 Waterbom Bali

아이와 신나는 물놀이를 하고 싶으면 꾸따 시내 한복판에 있는 워터봄으로 간다. 워터봄은 발리 유일의 워터파크로 2012년 새롭게 단장했다. 아이들을 위한 키즈존은 물론, 어른들을 위한 아찔한 어트랙션도 있다. 한국의 워터파크에 비해 규모는 작지만 오래 기다리지 않고 즐길 수 있다. 또한, 선베드가 넉넉하고 워터파크 내에 헤어, 네일, 마사지샵 등이 있어 물놀이를 즐기지 않는 엄마들도 좋아한다. 푸드코트의 음식도 나쁘지 않아 필자는 인도네시아에서 먹은 나시고랭 중 이곳에서 먹은 것이 가장 맛있었다.

홈페이지(www.waterbom-bali.com)에서도 할인판매를 하고 한국 소셜을 통해서도 구매할 수 있다. 아이가 두 명 이상일 때는 패밀리권이 경제적이다. 디스커버리 쇼핑몰 맞은편에 있다.

🅢 인도양 하늘 위로 연날리기

해외 휴양지에서 '웬 연 날리기냐' 할 수도 있지만, 발리는 일 년 내내 바람이 많은 곳으로 매년 연날리기 축제가 열린다. 축제 때가 아니어도 다양한 모양과 크기의 연 날리는 풍경을 심심찮게 볼 수 있다.

도심에 사는 아이라면 생각보다 연을 날릴 기회가 많지 않다. 그러니 발리의 해변에서 아이와 함께 연을 날려보는 것도 좋지 않을까. 꾸따 해변이 아니어도 좋다. 어쩌면 한적한 해변이 더 좋을 수도 있다.

🅗 꾸따 지역 추천 숙소

쉐라톤 꾸따 Sheraton Bali Kuta Resort, 5성급 리조트

꾸따 비치 바로 앞에 있다. 리조트 내에서 해변을 볼 수 있고 발리 최대 규모의 쇼핑몰인 비치워크가 호텔과 연결되어 있다. 주변 골목에 맛집, 저렴한 마사지샵, 마트 등이 모여 있어 편의시설을 가깝고 편하게 이용할 수 있다. 숙소 음식에 대한 평가가 좋지 않지만 골라갈 수 있는 맛집이 많으니 문제가 되지 않는다.

아이를 위한 편의시설이 다른 리조트에 비해 잘 되어 있는 편은 아니지만, 키즈클럽, 키즈풀 등을 갖추고 있다. 워터파크 워터봄까지는 제법 떨어져 있어 아이의 걸음으로 20분 정도 소요된다.

하드락 호텔 발리 Hard Rock Hotel Bali, 4성급 호텔

꾸따 시내의 편의시설을 도보로 이용하기 좋은 위치이다. 아이들을 위한 시설이 특히 잘 되어 있는데, 제법 큰 수영장에는 워터슬라이드와 작은 놀이터가 있고 버블 파티 등 아이들을 위한 이벤트가 다양하게 펼쳐진다. 특히 키즈클럽은 온종일 아이를 돌봐주고 프로그램에 참여시키는 데이케어 서비스로 운영된다. 부모의 입장이 불가능하고 만 4세 이상의 아이부터 이용할 수 있다. 때문에 부모의 케어가 필요한 어린 아이보다 제법 큰 아이가 있을 경우 리조트의 장점을 제대로 누릴 수 있다. 발리에서 부모만의 시간을 갖고 싶다면 강력 추천한다. 단, 객실은 하드락이란 이름에 걸맞은 콘셉트로 꾸며져 있긴 하지만 평범하고 퀄리티가 높지 않다.

키즈클럽 운영시간 09:00~18:00 **이용요금** 약 1만 5천 원(점심식사와 기프트 팩 포함)

근처 갈만한 쇼핑몰

접근성이 좋은 곳에 대형 쇼핑몰이 있다는 것은 엄마들에게 꽤 든든한 일이다. 마트와 환전소, 푸드코트 등을 편하게 이용할 수 있고, 아이와 보다 안전하게 밤나들이를 즐길 수도 있다. 대부분 해변에 인접해 있으니 더위에 지칠 때쯤 땀을 식히며 구경해 보자.

디스커버리 쇼핑몰(Discovery Shopping Mall) 두 개의 백화점과 상점들이 모여 몰을 형성하고 있다. 해변 앞에 위치해 물놀이를 즐기다 편의시설을 이용하기 좋다. 공연장에서 수시로 공연이 펼쳐지기도 한다.

비치워크 쇼핑센터(Beachwalk Shopping Center) 디스커버리 쇼핑몰과 함께 꾸따를 대표하는 대형 쇼핑몰이다. 오픈한 지 오래되지 않아 세련되고 쾌적해 아이와 이용하기 좋다. 레스토랑과 유명 해외 브랜드들이 입점되어 있고 마트가 지하에 있다.

꾸따 스퀘어(Kuta Square) 150m의 좁은 도로에 상점과 레스토랑들이 늘어서 있다. 항상 많은 관광객이 몰리고 차량 정체까지 이어져 몹시 혼잡한 편이다.

마타하리 백화점(Matahari Kuta Square) 보다 쾌적한 공간을 찾는다면 가볼만 하다. 1층 슈퍼마켓에서 장을 보고 기념품을 사기 좋다.

꾸따와 우붓 외 아이와 가기 좋은 발리의 숙소

발리 하면 역시 대규모 리조트에서의 휴양을 빼놓을 수 없다. 우붓과 꾸따에서 다양한 체험을 했다면 한적한 해변을 낀 리조트에서 휴식을 취해보자. 발리의 남부지역은 아름답고 놀기 좋은 해변이 섬을 둘러싸고 있다. 마음에 드는 리조트를 고른 후 그 앞의 해변을 즐기면 된다.

ⓗ 림바 짐바란 발리 바이 아야나 RIMBA Jimbaran BALI by AYANA, 5성급 리조트

짐바란은 꾸따에 비해 즐길거리는 부족하지만 아름답고 한적한 해안을 따라 고급 리조트들이 늘어서 있다. 그 중 림바는 우리나라 사람에게 허니문으로 인기가 높은 아야나와 같은 계열의 리조트로 아야나 바로 옆에 위치해 있다. 아야나는 조금 오래되기는 했지만 주변의 자연 풍경이 좋고 발리 특유의 분위기가 고급스럽게 나는 반면, 림바는 최근에 지어져 룸이 깨끗하고 모던한 분위기이다. 림바가 아야나보다 조금 더 저렴하고 키즈클럽 등 어린이 시설도 더 잘 되어 있다.

조식이 꽤 잘나오는 편인데, 아야나의 조식과 부대시설도 함께 이용할 수 있다. 무료 셔틀이 10분 간격으로 왕래하기 때문에 두 곳의 워터슬라이드와 수영장, 키즈클럽만 이용해도 지루할 틈이 없다. 아야나 쪽에 있는 쿠부 해변은 파도가 세서 아이와 수영을 하기에는 적합하지 않지만, 물빛과 풍경이 꽤 아름답다.

ⓗ 파드마 레기안 Padma Resort Legian, 5성급 리조트

레기안 해변은 꾸따와 스미냑Seminyak 중간쯤에 위치해 두 곳의 관광을 하기 좋은 위치이다. 파드마는 발리에서도 부지가 넓은 곳으로 손꼽히는 리조트로 429개의 객실을 보유하고 있는데도 한적한 느낌이다. 조경이 잘 꾸며져 있어 정원은 하나의 예술공원을 보는 듯하다. 프라이빗 비치가 아니라는 점이 아쉽지만 해변도 전반적으로 한적한 편이다.

워터슬라이드가 있는 풀, 작은 놀이터, 키즈클럽 등 아이를 위한 부대시설이 잘 꾸며져 있다. 특히 체크아웃 후 시간을 보낼 수 있는 디파쳐 라운지Departure Lounge가 있

어 밤 비행기로 귀국할 경우, 출국 시간까지 편하게 부대시설을 이용할 수 있다. 소지품을 보관할 수 있는 별도의 로커가 있고 사우나, 샤워실이 라운지와 연결돼 있다.

ⓗ 웨스틴 누사두아 The Westin Resort Nusa Dua, 5성급 리조트

누사두아는 합리적인 가격의 리조트가 많아 가족단위 여행객이 많이 찾는 곳이다. 인근의 편의시설은 부족하지만 대규모 리조트가 많아 크게 아쉬움이 없다.
웨스틴리조트 역시 럭셔리하진 않지만 아이와 함께 가성비 좋게 즐길 수 있다. 프라이빗 비치가 있어 해변도 한적하다. 리조트 앞에 자전거 도로가 조성되어 있어, 아이와 자전거를 타고 해변을 둘러볼 수도 있다. 자전거는 리조트에서 빌릴 수 있는데 어른용, 어린이용이 따로 구비되어 있다. 테니스장, 어린이 풀, 워터슬라이드 등의 부대시설이 있고 키즈클럽은 토들러, 키즈, 틴에이저 등으로 나누어져 있어 만족도가 높다.
발리다운 객실을 원한다면 디럭스룸, 모던함을 추구한다면 프리미엄룸을 선택하는 것이 무난하다.

신들의 섬 발리

발리를 여행하다 보면 코코넛 잎으로 만든 작은 바구니에 꽃과 음식을 담은 모습을 수없이 마주치게 된다. 호텔 입구, 식당, 심지어 자동차 안에서도 볼 수 있는데 차낭(Canang) 또는 차루(Charu)라 불리는 신들에게 바친 제물이다. 인도네시아의 국교는 이슬람이지만 발리는 힌두 문화를 가지고 있어 하루의 시작을 이런 종교의식으로 시작하는 경우가 많다. 길바닥에도 많으니 아이들이 장난을 치거나 밟지 않도록 미리 주의시킨다.
사원에 들어갈 때는 반바지나 짧은 치마 밖으로 드러난 다리를 사롱으로 가려야 한다. 허리에는 사리 또는 세렌당이라 부르는 띠를 두른다. 저렴하게 구입할 수 있고 리조트에서 대여해 주기도 한다.

익숙한 맛 저렴한 가격, 발리 미식 탐방

발리에서만큼은 음식에 대한 걱정을 살짝 접어두자. 인도네시아 음식은 신기하게도 한국 음식과 유사한 것이 많다. 쌀밥이 곁들여 나오기도 하고 향신료를 과하게 사용하지 않아 낯선 맛에 대한 거부감도 적다. 세계적인 휴양지인 만큼 맛도 전 세계인의 입맛에 맞게 평준화된 편이다. 아이와 함께 먹기 좋은 익숙한 음식 몇 가지를 소개한다. 저렴하게 단품으로 즐겨도 좋지만 가격이 저렴한 편이라 코스요리에 도전해봐도 좋다.

나시고렝 Nasi Goreng

우리나라에서 가장 유명한 인도네시아 대표 요리이다. 볶음밥이라는 말 그대로 고기와 채소 등을 밥과 함께 볶은 것이다. 짭짤한 알새우칩 과자와 달걀프라이가 곁들여져 있어 입맛 까다로운 아이도 무난하게 잘 먹을 수 있다.

미고렝 Mi Goreng

나시고렝과 더불어 인도네시아를 대표하는 요리이다. 밥 대신 국수를 볶은 것으로 달걀프라이가 곁들여 나오기도 한다. 누구나 무난하게 먹을 수 있는 맛으로 특히 인스턴트 미고렝 라면은 전 세계에서 가장 많이 팔리는 라면 중 하나이다.

바비굴링 Babiguling

어린 돼지를 오랜 시간 통째로 구운 요리로 바삭한 껍질이 일품이다. 부드러운 고기는 살살 찢어 밥과 함께 먹으면 좋다.
우붓왕궁 근처에 있는 이부오카(Ibu Oka)가 대표적인 맛집이다. 허름한 분위기에도 전 세계 관광객들의 발길이 끊이지 않는다. 포장해가는 사람도 많아 늦은 오후에 가면 고기가 떨어질 확률이 높다. 필자도 이른 저녁에 갔는데 바삭한 돼지껍질이 동이나 살코기와 돼지 튀김만 먹고 와야 했다.

베벡고렝 Bebek Goreng

껍질까지 바삭바삭한 오리 튀김이다. 우붓과 누사두아에 있는 베벡벵길(Bebek bengil)이 대표적인 맛집이다. 1인분을 시키면 한 접시에 오리 반 마리와 밥, 채소가 곁들여 나오는데 닭고기와는 또 다른 담백함이 있다. 오리가 작아 아이도 1인분을 거뜬히 먹는다.

랄라빤 Lalapan

베벡고렝과 유사한 모습으로 밥 한 공기와 닭다리 튀김이 함께 나온다. 레스토랑뿐 아니라 길거리에서도 흔히 볼 수 있는데 한국에서 준비해간 김이나 밑반찬과 함께 먹으면 든든한 한 끼 식사가 된다. 엄마 아빠는 매콤한 삼발소스와 함께 먹으면 좋다.

사태 Satay

숯불에 구운 꼬치 요리이다. 보통 그 자리에서 석쇠에 바로 구워주는데 냄새부터 식욕을 돋운다. 닭고기, 돼지고기, 소고기 등 종류도 다양하고 모두 다진 고기라 아이가 먹기에도 좋다. 곁들여 나오는 땅콩소스에 듬뿍 찍어 먹으면 금상첨화이다.

나시짬뿌르 Nasi Campur

원하는 반찬과 밥을 접시 하나에 얹어 먹는 것으로 인도네시아식 백반이다. 현지인들이 가장 흔하게 먹는 음식으로 가격도 저렴하고 고기, 채소 등 적당한 반찬을 취향껏 골라 먹기 좋다.

비프렌당 Beef Rendang

CNN이 세계에서 가장 맛있는 음식 1위로 선정해 유명세를 탄 요리이다. 인도네시아식 소고기 장조림으로 소고기란 뜻의 사삐를 붙여 렌당사삐(Rendang Sapi)라고도 부른다.
색이 붉지만 맵지 않고 살코기가 부드러워 밥과 함께 아이가 먹기에 좋다. 하지만 한식의 장조림이나 갈비찜 맛을 기대한다면 살짝 실망할 수도 있다.

부부르아얌 Bubur Ayam

인도네시아 닭죽이다. 우리나라의 닭죽보다 묽지만 무난하게 입맛에 맞는 편이라 이유식 대용으로 먹이기 좋다. 호텔 조식으로 흔히 등장하는데 간장으로 간을 맞추고 튀긴 마늘이나 파, 닭고기를 얹어 먹으면 훌륭한 한 끼가 된다.

끌로뽄 Kelopon

겉에 코코넛 가루가 뿌려져 있는 것만 빼면 우리나라 송편과 유사하다. 식감이 쫄깃하고 안에 들어있는 흑설탕이 톡톡 터져 아이들이 좋아한다. 코스요리의 디저트로 자주 등장하고 시장에서도 판다.

우리 입맛에도 잘 맞는 삼발(Sambel) 소스

인도네시아를 대표하는 맛은 삼발소스가 아닐까. 고추와 다진 양파, 마늘 등을 넣고 식초, 소금, 민트 등을 넣어 만든 삼발소스는 매콤해서 특히 우리 입맛에 잘 맞는다. 나초에 찍어 먹어도 좋고 밥이나 다양한 음식에 곁들이면 한국 음식의 그리움을 조금이나마 달랠 수 있다. 아이의 음식을 덜어주고 엄마 아빠는 삼발소스와 함께 발리의 음식을 즐겨보자.

SPECIAL TIP

여행 리포터 엄마의 **주관적인 여행 법**

아이의 사고 시 대처 매뉴얼

아이와 함께 떠나는 해외여행에서 엄마를 불안하게 하는 것 중 하나는, 낯선 곳에서 발생할 수 있는 다양한 사고의 가능성이다. 다행히 필자는 경험하지 않았지만, 아이가 아파서 병원 응급실을 갔다거나 눈 깜짝할 새 사라져 가슴을 쓸어내렸다는 후기를 심심치 않게 볼 수 있다. 그럴 때를 대비해 대처 요령과 도움받을 수 있는 곳을 미리 알아두자.

✖ 공항에서 도움 받기

세계 모든 공항에는 의무실이 있고 도움을 요청하면 무료로 간단한 처치나 약을 지급해 준다. 의료기술이 낙후된 동남아 지역도 유럽의 고급 약재까지 비치하고 있으니 안심하자. 인천공항에 도착했는데 아이가 갑자기 아프거나 치료가 필요하다면 공항 내 인하대병원 공항의료센터를 찾아간다. 간단한 치료부터 치과 시술, 예방접종까지 가능하다. 또한 여행하는 동안 필요한 약도 처방받을 수 있다. 하지만 면세구역으로  들어간 후에는 이미 출국 처리가 된 것이기에 번거로워질 수 있다. 응급 시 119 구조대원이 즉시 달려오지만, 문제가 생겨 출국장으로 나오려면 출국심사를 받아야 하므로 해당 항공사 직원의 인계가 필요하다. 탑승시간까지 사고처리를 못 할 경우, 비행기를 놓칠 수도 있으니 주의한다.

인천국제공항의료센터 진료시간 08:30~18:00 연락처 032-743-3119
찾아가기 제 1, 2 여객터미널 모두 지하 1층에 위치

✖ 기내에서 도움받기

비행기 내에는 간단한 상비약이 구비되어 있다. 필요한 경우 승무원에게 요청하면 무료로 지급받을 수 있다. 하지만 약의 종류가 다양하지 않고 아이에게 맞는 물약이 없을 수도 있다. 간단한 비상약은 직접 소지하고 탑승하는 것이 좋다.

✖ 숙소에서 도움받기

4성급 이상의 호텔과 리조트에는 의무실이 있거나 간단한 상비약이 비치되어 있어 무료로 약을 받거나 도움을 받을 수 있다. 그 이상의 조치가 필요한 경우에는 가까운 병원을 추천해 주고 택시나 교통편을 도와주기도 한다. 고급 숙소는 전담 의사가 상주하거나 호출 시, 숙소로 오기도 한다.

❈ 숙소 외 관광지에서 도움받기

낯선 곳에서 사고가 발생하면 우선 택시기사나 현지인에게 도움을 요청한다. 여의치 않을 때는 한국대사관이나 영사관의 도움을 받는다. 해외 안전여행 어플리케이션은 대한민국 외교부가 해외 여행자들을 위해 만든 것이다. 여행 전 미리 깔아두면 위급 시 편하게 도움 받을 수 있다. 여행 중 발생할 수 있는 다양한 위기 상황에 대한 대처 매뉴얼과 나라별 총영사관 연락처, 현지 긴급 구조번호 등을 제공한다. 어플리케이션을 통해 24시간 통화가 가능하며 3자 통역 서비스도 받을 수 있다.

❈ 미아방지 목걸이 또는 팔찌 채우기 & 튀는 옷 입히기

어디로 튈지 모르는 아이들은 순식간에 사라져 부모를 당황스럽게 한다. 특히, 부모가 쇼핑하는 사이 사라지는 사고가 자주 발생하기 때문에 주의한다. 사람이 많거나 복잡한 곳에서는 유모차에 앉히는 것이 안전하고 아이가 부모의 연락처를 확실히 외우기 전까지는 목걸이나 팔찌에 아이의 영문 이름과 연락처(영문 연락처 입력 예 : 82-10-234-5678)를 적어둔다. 인천공항 인포메이션 데스크에 가면 미아방지 팔지를 무료로 받을 수 있다.

자녀가 많거나 천방지축 돌아다니는 아이라면 튀는 옷을 입히는 것도 방법이다. 또한 관광지의 안전요원들은 무전시스템을 갖추고 있어 빠르게 소통하는 편이니 적극적으로 도움을 요청한다.

❈ 여행자보험 가입

의료기술이 상대적으로 덜 발달한 동남아의 병원도 기대 이상으로 시설이 좋고 쾌적한 곳이 많으며, 한국인 통역이 상주하는 곳도 많다. 하지만 외국인은 보험적용이 되지 않아 꽤 비싼 의료비와 약값을 내야하는 편이다. 특히 미국령은 의료비가 상상을 초월한다.

여행자보험에 가입하면 이러한 진료비 혜택을 받을 수 있다. 청구할 때 의료비 영수증과 진단서가 필요하다는 것을 잊지 말자. 여행 중 아이가 남의 물건을 파손해도 보상받을 수 있다.

보험가입은 여행사나 인천국제공항 여행자보험 창구에서 할 수 있으며, 공항으로 가는 길에 스마트폰 애플리케이션을 통해서도 할 수 있다. 은행이나 신용카드사 등에서 제공하는 여행자보험 무료가입 이벤트를 활용하는 것도 방법이다.

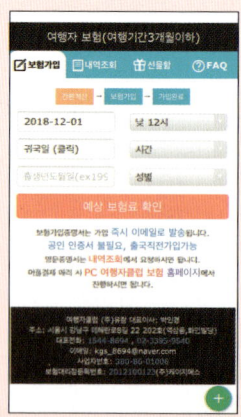

AREA 04

사막과 현지인들의 삶이 있는
베트남 무이네

AREA 04 무이네(MUI NE)

독특한 자연을 품은 베트남 남부의 어촌마을. 인접한 공항이 없어 가는 길이 힘들지만 도시 규모가 작아 아이와 특별한 경험을 즐기기에 더없이 좋은 곳이다. 아직까지도 물가가 저렴하고 일 년 내내 물놀이가 가능해 휴양지로서도 제격이다.

AREA INFO

추천 가족	대자연을 온몸으로 경험하는 특별한 체험과 관광을 원하는 가족.
추천 계절	여행 적기는 서늘하고 습도가 낮은 12월부터 4월까지이다. 우기에도 강수량이 비교적 적은 편이지만 스콜성 비가 내린다. 비가 오면 아무래도 관광이 힘들어진다.
가는 방법	1. 호치민까지 비행시간 5시간 ➡ 무이네까지 차로 약 4시간 20분 2. 냐짱까지 비행시간 5시간 ➡ 무이네까지 차로 약 3시간 20분 3. 호치민까지 비행시간 5시간 ➡ 호치민 역까지 차로 20분 ➡ 판티엣 역까지 기차로 약 3시간 50분 ➡ 무이네까지 차로 10분 4. 호치민까지 비행시간 5시간 ➡ 호치민 역까지 차로 20분 ➡ 빈투언 역까지 기차로 약 3시간 30분 ➡ 무이네까지 차로 20분 이동
이동 방법	택시가 기본이며, 관광지는 현지 투어를 이용하는 것이 편하다.
난이도 상	무이네 인근에는 국제공항이 없어 장시간 육로로 이동해야 한다. 사막투어도 아이가 적어도 5세 이상이 되어야 원활하게 즐길 수 있다.

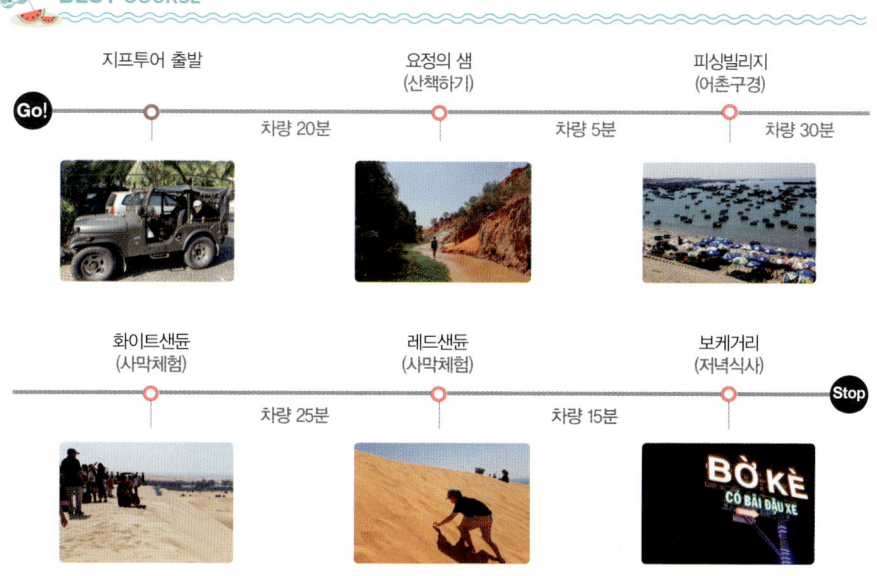

BEST COURSE

Go! ─── 지프투어 출발 ──차량 20분── 요정의 샘 (산책하기) ──차량 5분── 피싱빌리지 (어촌구경) ──차량 30분──

──── 화이트샌듄 (사막체험) ──차량 25분── 레드샌듄 (사막체험) ──차량 15분── 보케거리 (저녁식사) ─── **Stop**

75

배낭 여행자처럼, 특별한 체험

아이와 여행을 하다 보면 늘 아쉬운 부분이 현지인의 삶을 느껴보기가 쉽지 않다는 것이다. 숙소 중심의 여행을 하고 택시같이 편한 교통수단을 이용하면, 쉬고 놀기에는 좋지만 돌아서면 다 거기서 거기처럼 느껴진다. 아이와 배낭 여행을 떠나지 않는 한 느낄 수 없는 경험들이라 생각했다.

그러던 중 발견한 곳이 무이네였다. 바다를 낀 휴양지에 사막이 있다니! 그런데 아직도 마을 사람 대부분이 전통방식으로 조업을 하고 있단다. 까이뭄 Chài Múm 혹은 통버이 Thùng bơi 이라 부르는 대바구니 모양의 배가 수십 대 떠 있는 무이네 바다의 풍경은 이색적이면서 호기심을 자극하기에 충분했다.

무엇보다 무이네로 떠나야겠다고 마음을 먹은 이유 중의 하나는 베트남 종단열차를 타

볼 수 있다는 점이었다. 현지인 틈에 섞여 함께 이동하는 것은 감정 없이 무심하게 흘러갈 수 있는 시간을 특별하게 해준다. 아이와 자유로운 여행자가 된 듯한 기분을 만끽할 수 있는 것이다.

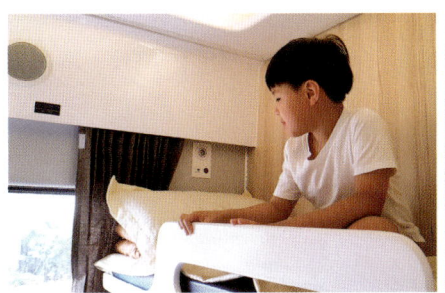

휴양지로도 좋은 여행지, 무이네

무이네의 자연 풍경은 기대했던 것만큼 대규모는 아니었지만, 그렇기에 아이와 함께하기에 더 좋았다고 말할 수 있다. 한나절이면 둘러볼 수 있는 작은 규모라 짧게 들렀다 가는 여행자도 많지만 휴양지로도 손색이 없는 곳이다. 저렴한 물가에 가성비 좋은 숙소, 한적한 해변. 특히 필자가 갔을 때는 겨울이었는데 날씨가 정말 쾌적하고 좋았다. 그늘에만 들어가면 물에 들어갈 생각이 들지 않을 정도로 시원한 바람이 살랑살랑 불었다.

때문에 아이와 함께 무이네를 간다면 발도장만 콩콩 찍고 오지 말고 길게 머물러보라 추천하고 싶다. 인근에 공항이 없다는 것만 빼면 무이네는 나무랄 데 없는 최고의 여행지이다.

무이네 알찬 여행 코스

무이네의 가장 큰 특징은 해변에서 사막을 체험할 수 있다는 것이다. 정확히 말하자면 진짜 사막이 아니라 해풍이 만들어 낸 거대한 모래언덕으로 모래색이 붉은색과 하얀색 두 가지가 있다. 이 두 모래언덕은 차로 20분 정도 거리를 두고 떨어져 있다.

ⓢ 화이트샌듄 온몸으로 체험하기

하얀 모래언덕 White Sand Dunes 은 규모가 꽤 큰 편이라 광활한 사막의 정취를 느낄 수 있다. 기대했던 대로 시야 가득 펼쳐지는 하늘과 모래의 이분할된 모습이 꽤 강렬하게 다가왔다. 이렇게 단순한 풍경이 세상에 얼마나 될까. 걸어서 사구를 오르기에는 무리가 있어 사륜구동 오토바이를 타고 오른다. 직접 빌려서 운전을 할 것인지, 가장 높은 사구까지 오르내리는 픽업만 부탁할 것인지를 입구에서 결정해야 한다. 필자는 사구까지 픽업을 부탁했는데 사막을 신나게 질주하는 오토바이 옆으로 수십여 마리의 소 떼가 느릿느릿 사막을 가로질렀다. 이곳에서만 볼 수 있는 이런 서정적인 풍경 또한 상당히 독특한 느낌이었다.

화이트샌듄 이용하기

사륜구동 운전사들은 가파른 경사를 곤두박질치듯 내려간다. 모래언덕에서 스릴을 만끽하라고 일부러 그렇게 운전해주는 재미 포인트인데 생각보다 몹시 무서웠다. 별도의 안전장치가 없으므로 아이와 탑승할 때는 미리 안전운전을 요구하는 것이 좋다.

사륜구동(ATV) 요금 : 30분 대여 한화 5만 원. 픽업서비스 1인당 1만 원(당시 부르는 대로 준 가격이라 흥정에 재주가 있다면 훨씬 더 저렴하게 이용할 수도 있다.)

ⓢ 레드샌듄 온몸으로 체험하기

붉은 모래언덕Red Sand Dunes은 하얀 모래언덕보다 상대적으로 규모가 작아 걸어서 이동할 수 있다. 개인적으로 하얀 모래언덕보다 이곳이 더 마음에 들었다. 붉은 모래와 파란 하늘의 명확한 대비가 상당히 아름다웠고 모래 너머로 보이는 푸른 바다의 수평선은 이곳이 아니면 볼 수 없는 진풍경이었다.

사실 무이네에서 가장 기대했던 것은 바로 모래 썰매였다. 높은 모래언덕에서 썰매나 보드를 타고 질주해 내려오는 모습은 꼭 한 번 경험해보고 싶은 버킷리스트 중 하나였다. 입구에서 현지 아이들이 만든 장판 썰매를 빌리면 되는데, 타는 내내 바닥에 초칠도 해주고 끌어주고 밀어도 준다. 그런데 막상 해보니 생각만큼 낭만적인 경험은 아니었다.

얼굴에 모래가 많이 튀고 다시 언덕 위로 올라가려면 꽤 힘이 들었다. 몇 차례 타고 나니 귓바퀴며 머리카락, 옷의 주머니와 틈 사이사이에서 모래가 한 움큼씩 쏟아져 나왔다.

화이트 & 레드샌듄 이용 팁

사막답게 쏟아지는 햇살을 온몸으로 받아낼 수밖에 없으므로 햇살을 가릴 모자와 선글라스, 썰매를 탈 때 모래가 얼굴로 튀는 것을 방지하기 위한 스카프 등을 꼭 챙겨야 한다. 사막을 데굴데굴 구르며 온몸으로 노는 아이들도 많았는데 소지품을 잃어버리지 않도록 가방이나 호주머니 단속도 신경 써야 한다.

레드샌듄 장판 썰매 요금 : 1개 당 원화로 1천 500원(역시 부르는 대로 준 거라 정해진 금액은 없다.)

🅢 베트남 어촌마을 둘러보기

베트남 무이네의 어촌마을Fishing Village은 관광지로 개발되기 전부터 지금까지 마을의 중심이자 현지인들 삶의 터전인 곳이다. 새벽 5시부터 오전 8시까지는 인근 해역에서 밤새 고기를 잡고 들어오는 어선들을 볼 수 있다. 현지인의 삶을 가까이에서 보고 싶다면 이 시간에 방문해 보는 것도 좋다.

우리는 모래언덕에서 놀다가 해가 중천일 무렵 마을에 도착했는데 이미 조업을 마친 까이뭄이 바다에 빼곡히 떠 있었다. 까이뭄은 대나무를 바구니 모양으로 엮은 후 물이 들어오지 않도록 그 사이를 소똥으로 메운 배다. 몇몇 까이뭄만이 점점이 떠다니며 남은 작업을 하고 있었는데, 삼각뿔 모양의 전통 모자 농Non을 쓰고 바구니 안에서 기우뚱거리며 조업하는 모습은 아이도 상당히 흥미로워했다.

🅢 작은 그랜드캐니언에서 산책하기

시내 중심도로에서 좁은 골목길을 따라 조금만 들어가면 독특한 토양이 만들어낸 협곡이 나온다. 한쪽은 붉고 하얀 사암 절벽이, 다른 한쪽은 울창한 푸른 숲이 조화를 이룬 기이한 풍경이다. 그 사이로 개울 같은 물이 흐르는데 이런 신비로운 분위기 때문에 요정의 샘Suối Tiên이라고 불리기도 한다. 또한 미국의 그랜드캐니언을 축소해 놓은 것 같다 하여 리틀 그랜드캐니언Phan Thiet Cayon이라 불리기도 한다.

발바닥으로 전해지는 부드러운 진흙의 감촉을 그대로 느끼기 위해 신발을 벗고 골짜기를 따라 올라가며 풍경을 감상한다. 발목까지 찰랑거리는 시냇물은 시원했고, 바람도 선선하게 불어 한낮에도 크게 덥지 않았다. 일정을 짤 때 이곳을 가장 더운 시간에 잡으면 효율적일 듯하다.

발가락 사이를 비집고 파고드는 진흙 바닥의 촉감이 좋은지 아이는 특히 이곳을 좋아했다. 그래서인지 다른 곳보다 유난히 아이들도 많았다. 총 길이 7km 정도 이어지는 협곡이라 아이 컨디션에 맞춰, 왕복 30분 정도로 계산해 중간쯤에서 되돌아와도 충분하다.

무이네 투어 이용하기

3~4시간에 걸쳐 화이트, 레드 두 곳의 모래언덕과 요정의 샘물, 어촌마을을 둘러보는 투어가 많다. 보통은 화이트샌듄에서 일출을 보는 것으로 시작하는 투어(새벽 4시 반 또는 5시 출발)와 레드샌듄에서 일몰을 보는 것으로 마무리하는 투어(오후 2시에서 2시 반 출발)로 운영된다.
단체 투어는 발 도장 찍기 바쁘다는 평이 많아 필자는 4시간 기준, 30달러에 기사가 있는 지프 한 대를 프라이빗으로 이용했다. 관광지는 별도의 입

장료가 없어 순수하게 원하는 장소로 데려다만 주는 요금이다. 하지만 오전 9시에 출발했더니 금방 더워져 사막을 즐기기에 힘이 들었다. 사막을 방문할 예정이라면 아침이나 해 질 녘에 방문하는 것이 좋겠다.
지프는 기분을 내기 좋고 아이가 재밌어 했지만 승차감이 좋지 않고, 창문까지 없어 바람을 정면으로 맞아야 했다. 택시를 이용한다면 보다 편하게 이동할 수 있을 것 같다. 시내 중심에는 다양한 투어회사가 있으니 둘러보고 적당한 가격으로 협상하면 된다. 온라인 예약은 무이네 익스플로어(www.muine-explorer.com), 무이네 고(www.muinego.com) 등을 이용하면 된다.

🄷 무이네 해안에 숙소 잡기

해변 앞 메인도로를 따라 10km에 걸쳐 리조트들이 늘어서 있다. 그 곳에 식당, 여행사, 스파, 작은 가게들이 모여 나름 여행자 거리를 형성하고 있다. 아이와 함께 도보로 편의시설을 이용하고 싶다면 대략 아난타라 무이네 리조트에서 보케거리 사이에 숙소를 잡는 것이 좋다. 그 중 아담한 4성급 리조트, 뱀부 빌리지 BamBoo Village, 빌라 아리아 Villa Aria, 미아 리조트 Mia Resort의 평이 좋은 편이다.

더 클리프 리조트
The Cliff Resort & Residences 4성급 리조트

전체적으로 화이트톤에 파란색으로 포인트를 준 지중해풍 인테리어가 특징인데 대부분의 객실에서 오션뷰를 감상할 수 있다. 더블베드를 붙여놔 침대를 크게 쓸 수 있고, 유아 놀이터, 키즈풀, 소극장 등이 있어 리조트 내에서 아이와 시간을 보내기에 좋다. 하지만 중심가와 약간 떨어져 있어, 멀지는 않지만 편의시설을 이용하려면 매번 택시를 타고 이동해야 하는 불편함이 있다. 따라서 리조트에서 휴식에 집중하고 싶을 때 선택하면 좋다.

아난타라 무이네 리조트
Anantara Mui Ne Resort 5성급 리조트

무이네에 있는 유일한 5성급 리조트로 고급스럽고 조용해 인기가 높다. 특히 인피니티풀과 리조트 앞 해변은 무이네 해변에서 최고의 컨디션으로 손꼽힌다. 대부분의 편의시설을 도보로 이용할 수 있는 것도 장점이다. 하지만 다른 4성급과 비교해 시설이나 비용이 큰 차이를 보이지는 않는다.

🅔 보케거리에서 싱싱한 해산물 맛보기

무이네 해변과 어촌마을 사이에는 1km 정도 되는 해산물 거리, 보케거리Bo Ke Street가 있다. 해변 앞 식당마다 수족관을 길거리에 내놓고 싱싱한 해산물을 파는데 직접 해산물을 골라 kg당 계산을 하고 자리에 앉으면 원하는 조리법대로 즉석에서 요리를 해준다. 그냥 찐 요리는 소금에만 찍어 먹어도 재료의 신선함을 느낄 수 있어 좋고, 좀 더 익숙한 맛을 원한다면 갈릭 버터구이를 추천한다. 상대적으로 비싼 크랩이나 랍스터보다 이 지역에서 많이 나는 가리비, 맛조개 같은 조개류나 새우 등이 저렴하면서도 맛도 좋다. 해산물을 잘 먹지 못하는 아이에게는 볶음밥을 시켜주면 된다. 즉석에서 과일을 바로 갈아주는 생과일주스도 함께 먹기 좋은데 인근에 대규모 용과Dragon Fruit 과수원이 있어 용과가 유독 저렴하고 맛이 좋다. 해산물 전문 식당은 점심시간에는 문을 닫는 곳이 많고, 본격적인 장사는 저녁부터 늦은 밤까지 이어진다. 물론 보케거리까지 굳이 가지 않아도 무이네 리조트 근처에도 식당은 꽤 많은 편이다.

무이네로 가는 두 가지 방법

무이네 여행을 계획할 때 가장 고민되는 것은 교통편이다. 인근에 공항이 없어 호치민이나 냐짱에서 육로로 이동해야 하는데 대부분의 여행자는 침대처럼 누워서 갈 수 있는 슬리핑 버스를 이용한다. 야간 버스를 이용하면 1인당 편도 약 6천원 정도로 저렴한데다 숙박비까지 아낄 수 있다는 장점이 있다. 하지만 5~6시간의 긴 이동 시간 동안 좁은 공간에서 침묵을 지켜야 한다는 점이 아이에게는 많이 힘들 수 있다.

🅣 차량 대여 서비스 이용하기

돈이 많이 들기는 하지만 가장 편한 방법은 기사가 딸린 차량을 렌트하는 것이다. 공항이나 숙소 등 원하는 장소에서 무이네 숙소까지 원스톱으로 데려다준다. 차량으로 무이네 시내까지 호치민공항에서는 4시간 20분, 냐짱공항에서는 3시간 20분가량 소요된다.

우리는 무이네 행 기차 시간이 맞지 않아 편도로 차량을 렌트했다. 렌터카는 일반 세단부터 마사지 체어가 있는 차량까지 종류가 다양하다. 당시 고급 리무진을 선택했는데, 여기에는 남편의 꼼수가 숨어 있었다. 호치민에서 무이네까지는 200km 거리로, 시속 70km로만 달려도 3시간이면 충분히 도착할 수 있어 차가 좋으면 더 빨리 달릴 수 있을 거라 계산한 것이다. 그런데 도로사정을 고려하지 않은 터라 막상 타보니 차량과 뒤섞여 달리는 오토바이들 때문에 전혀 속도를 낼 수 없었다. 중간에 휴게소에 들린 20분을 제외하면 예정대로 4시간이 꼬박 걸렸다.

> **렌터카 이용하기**
> 무이네 렌터카를 검색하면 여러 사이트가 나오는데, 그 중 현지 여행사인 무이네 익스플로러(www.muine-explorer.com)와 무이네 고(www.muinego.com)가 영어도 잘 통하고 답변이 빠른 편이었다. 요금은 차량 한 대당 받기 때문에 인원이 많을수록 경제적이다. 리무진은 비싸기는 했지만 다리를 쭉 뻗고 쉴 수가 있어 피로감은 덜했다. 참고로 렌터카 요금은 다음과 같으며, 편도 기준이라 왕복을 예약하면 좀 더 저렴하다.
>
> 일반 세단(4인승) - $75   SUV(7인승) - $85
> 승합차(Van 15인승) - $100~110   리무진(Limousine 7~8인승) - $130

🚆 열차편 이용하기

무이네에서 가장 가까운 기차역은 판티엣이다. 호치민과 판티엣을 오가는 노선은 하루 2회뿐인데 최근 기차가 새것으로 바뀌면서 시설은 더 좋아졌다. 판티엣역Ga Phan Thiết에서 좀 더 떨어진 곳에는 빈투언역Ga Mương Mán이 있다. 호치민에서 하노이까지 베트남을 남북으로 종단하는 기차가 다니는 곳으로 더 많은 노선이 운행된다. 판티엣역에서 열차시간이 맞지 않거나 침대칸을 이용하고 싶다면 빈투언역으로 가는 것도 한 방법이다.

호치민에서 판티엣까지는 3시간 50분, 빈투언까지는 3시간 30분이 소요된다. 하지만 무이네 시내까지 다시 이동하려면 판티엣은 차량으로 10분 빈투언은 20분이 소요되므로 어느 경로를 이용하든 4시간 정도가 소요된다.

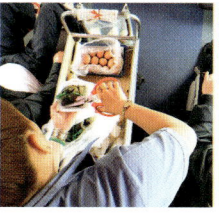 

우리는 빈투언역에서 침대칸을 이용했는데, 기차는 예전 우리나라 무궁화호와 비슷한 느낌이었다. 딜컹거리기는 했지만 독립된 객실에서 자유롭게 움직일 수 있었고, 에어컨도 잘 나와 생각보다 쾌적했다. 간단한 쌀국수를 파는 식당칸도 있고 삶은 달걀이나 옥수수 등을 파는 카트가 지나다니기도 한다.

베트남 기차 이용하기 🎀

베트남의 기차 예약은 대부분 국영 사이트(www.dsvn.vn)에서 하면 된다고 나와 있다. 영문을 지원하므로 시도해 봤지만, 막상 해보니 최종 결제 시 베트남 은행과 제휴된 카드만 사용할 수 있었다. 결국 한국에서 예약하는 것은 불가능했다. 이 때문인지 예약 대행 사이트가 많은 편인데 그 중 바오러우(www.baolau.com)가 열차편도 다양하고 수수료도 가장 저렴했다(수수료 포함 침대칸 1인 기준 1만 원 초반). 무이네 거리에 있는 많은 여행사에서 이런 예약 절차를 대행해주기도 한다.

베트남 기차는 좌석의 종류에 따라 크게 세 가지로 나뉜다. 소프트 체어는 우리나라 일반 열차 수준으로 장시간 이동에도 큰 불편함은 없다. 우리가 여행할 당시 판티엣역으로 도착하는 기차는 침대칸이 없었다.

하드체어 – 딱딱한 나무 의자 / **소프트체어** – 일반적인 푹신한 의자 / **침대칸** – 4인용, 6인용

짧지만 호치민도 둘러보려면

무이네뿐 아니라 푸꾸옥Phú Quốc, 콘다오Côn Đảo 등 베트남 남부를 여행할 때도 호치민공항을 이용한다. 호치민 떤선녓 국제공항Sân bay quốc tế Tân Sơn Nhất에는 국내선 청사도 붙어 있어 환승이 용이하다. 공항 내 맛사지 샵과 라운지 등이 있어 몇 시간은 보낼 수 있고, 공항 터미널에 있는 쌀국수 체인점 빅볼Big Bowl의 와규 쌀국수도 꽤 먹을만 하다.

하지만 경유 시간이 애매하거나 무이네처럼 갈 길이 멀다면 호치민에 잠시 머물며 둘러보는 것을 추천한다. 호치민은 볼거리가 많은 도시는 아니지만 물가가 저렴하고 유명 맛집이 많아 한나절이나 하루 정도 머물기엔 매력적이다.

ⓗ 공항 근처 호텔을 찾는다면

이비스사이공 에어포트호텔 Ibis Saigon Airport Hotel, 3성급 호텔

공항에서 가장 가까운 호텔로 최근에 생겨 깨끗하고 트랜디하다. 방음이 잘되어 비행기 소음이 없는 편이며 룸타입에 따라 간이주방과 어린이용 2층 침대가 있기도 하다. 3성급이지만 아이와 머물기에 여러모로 만족스럽다. 공항에서 10분 정도 걸어가야 하는데 길이 좋지 않아 트렁크를 끌고 가기엔 힘들 수 있다. 다행히 30분 간격으로 공항과 호텔간 무료 셔틀이 24시간 운영되고 있다.

공항 내 수하물 보관소

숙박을 하지 않고, 한나절 일정으로 잠시 시내투어를 다녀오고 싶을 때 이용하면 보다 가볍게 움직일 수 있다. 짐 1개당 계산되며, 시간당 1,370원. 10시간부터 24시간까지는 동일하게 13,700원을 받는다. 국제선 1층(G층) 버거킹 옆에 위치해 있어 어렵지 않게 찾을 수 있다.

ⓢ 공항 근처에서 쇼핑을 하고 싶다면

팍슨백화점 Parksons

백화점이라 할지라도 패션의 수준이 높지 않아 마트에서 장을 보거나 간단한 기념품 정도를 사기에 적당하다. 마트의 규모는 크지 않지만 베트남 커피와 말린 과일, 김치, 라면 등의 한국제품을 구매할 수 있다.
푸드코트에서 한식과 돈가스, 디저트 등을 즐길 수 있고, 지하에 키즈카페가 하나 있어 지루해 하는 아이를 잠시 놀릴 수 있다. 이비스 에어포트 호텔 바로 옆에 있으므로 이비스 호텔을 찾는 것이 빠르다.

ⓢ 시내 투어를 하고 싶다면

동커이거리 Đồng Khởi

호치민의 중심부이자 여행객들이 가장 많이 머무는 곳으로 1km 정도 거리에 호텔, 맛집, 상점, 스파, 투어센터 등이 밀집해 있다.
프랑스 식민지배 시대에 지어진 콜로니얼 스타일의 건축물인 오페라하우스, 중앙우체국, 노트르담 대성당 등을 구경한 후 냐항응온(Nhà Hàng Ngon), 베트남 하우스, 마이 반미(My Banh Mi) 등의 맛집 탐방을 해보자. 공항에서 택시로 20분 정도 소요된다.

호치민 택시 이용하기 🦐

다양한 택시 회사 중 흰색의 비나선(Vinasun)과 초록색의 마일린(Mai Linh)의 평이 좋은 편이다. 택시 회사나 차량 크기에 따라 기본요금은 조금 차이가 있는데 시내까지 몇 천 원이면 갈 수 있다. 대부분 미터제로 운영되며 영어가 통하지 않는 경우가 많아 지도를 보여주면 편하다. 참고로 택시 요금과는 별도로 승객이 공항 출입요금 1만 동(5백원)을 지불해야 한다.

SPECIAL TIP

여행 리포터 엄마의 **주관적인 여행 법**

항공권 저렴하게 예약하는 매뉴얼

가족여행은 항공권만 저렴하게 예약해도 여행 총경비의 앞자리가 달라진다. 항공권은 같은 좌석이라도 모두 다른 가격에 팔린다는 불편한 진실이 있다. 경비를 아끼고 싶다면 손품을 팔아보자.

연령별 아이의 항공요금

아이와 동행하는 경우 항공료는 크게 만 2세 미만의 '유아요금'과 24개월~만 12세 미만의 '소아요금'이 적용된다. 항공사에 따라 다소 차이가 있을 수 있지만 유아요금은 성인요금의 10%만 지불하는 대신 별도의 좌석이 없고, 소아요금은 성인요금의 75% 전후를 지불하며 좌석을 하나 배정받게 된다. 하지만 이도 특가 항공권이나 저가항공사를 이용할 경우 소아라도 성인요금에 육박하기도 한다.

Q1. 성인 1명에 24개월 미만의 아이가 2명이라면?

A1. 성인 1인에 동반 유아 1명만 무료이므로 나머지 유아는 별도의 좌석을 구입해야 한다.

Q2. 출국 시 24개월 미만 아이가 입국 시 24개월을 초과했다면?

A2. 항공사별로 다르지만 입국 시 아이의 좌석은 따로 구입해야 하는 경우가 일반적이다.

항공사 프로모션을 노려보자

항공사마다 얼리버드(몇 달 전에 예약하는)나 신규 취항노선 등을 홍보하기 위한 프로모션 특가 이벤트가 종종 진행된다. 고고싱, 플레이윙즈 같이 항공사 프로모션을 알려주는 어플리케이션을 설치하면 해당 이벤트 알림 메시지를 받을 수 있어 편리하다. 항공사의 SNS를 팔로우하거나 회원가입을 하면 프로모션 알림 메일을 받을

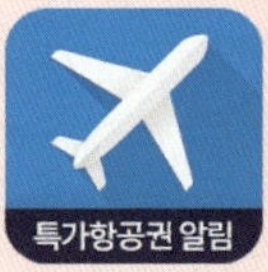

고고싱 앱

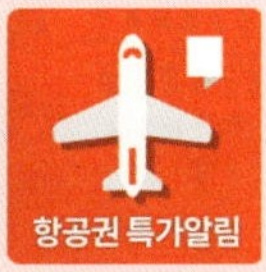

플레이윙즈 앱

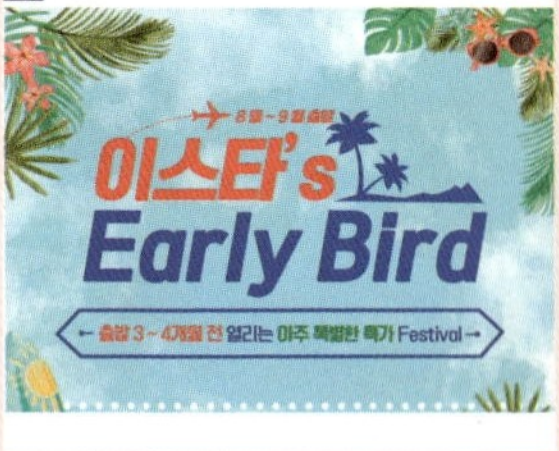

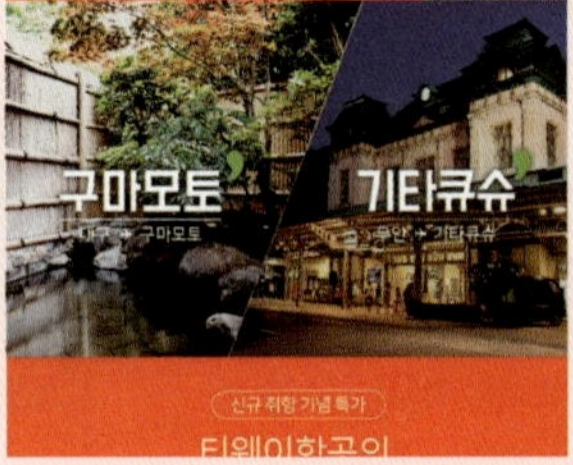

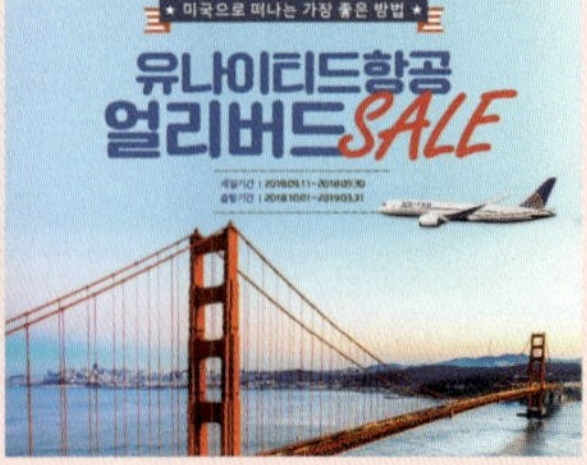

수도 있다. 하지만 입소문이 나면서 경쟁이 치열해져 최저가를 사는 것이 부쩍 어려워지고 있다. 가격이 낮은 순으로 팔리기 때문에 속도가 생명이다. 오픈 시간 전부터 미리 회원가입을 하고 로그인을 해두거나 결제 프로그램을 설치해두는 것이 좋다. 그 외에도 다양한 구매 요령들이 인터넷에 공유되고 있으니 참고하면 좋다.

✖ 최저가를 기다리자

카약과 같은 항공권 비교사이트에 원하는 노선을 입력해 놓으면 최저가항공권이 나왔을 때 알림 메일을 받을 수 있다. 단, 비행 스케줄에 나의 스케줄을 맞춰야 하는 치명적인 단점이 있다.

여행사가 미리 항공권을 사두었다가 판매를 다 하지 못했을 때 파격적인 저가로 판매하는 땡처리 항공권도 있다. 모든 노선이 항상 인기가 있는 것이 아니라서 성수기에도 땡처리 항공권은 나온다. 특히 날짜가 임박할수록 가격이 바닥을 치기 때문에 일정만 잘 맞추면 상당히 경제적이다.

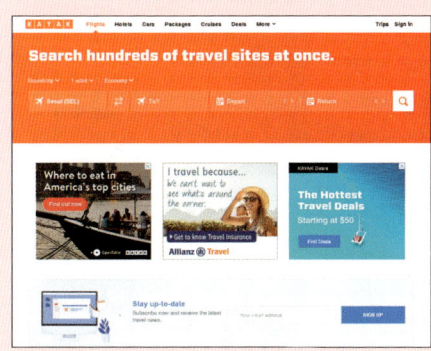

카약 홈페이지 www.kayak.com   땡처리닷컴 홈페이지 www.ttang.com

✖ 비교사이트에서 최저가를 검색하자

가장 쉽고 흔한 방법은 스카이스캐너, 카약, 에어픽과 같은 항공권 비교사이트에서 저렴한 항공권을 직접 찾는 것이다. 환불 불가, 비수기, 평일 또는 사람들이 선호하지 않는 날짜나 시간대, 경유 등의 조건이 많을수록 항공권의 가격은 저렴해진다.

그러나 변수가 많은 아이와의 여행에서 환불불가 항공권은 매번 고민일 수밖에 없다. 이때 대행업체를 거치면 환불이나 교환절차가 복잡할 수 있으므로 최저가를 알아본 후, 해당 항공사

스카이스캐너 홈페이지 www.skyscanner.co.kr

에서 직접 표를 사는 것이 현명한 방법이다. 외국 사이트나 외국 항공사는 통화가 잘 안 되거나 우리나라처럼 친절하지 않을 수 있다는 것도 감안해야 한다.

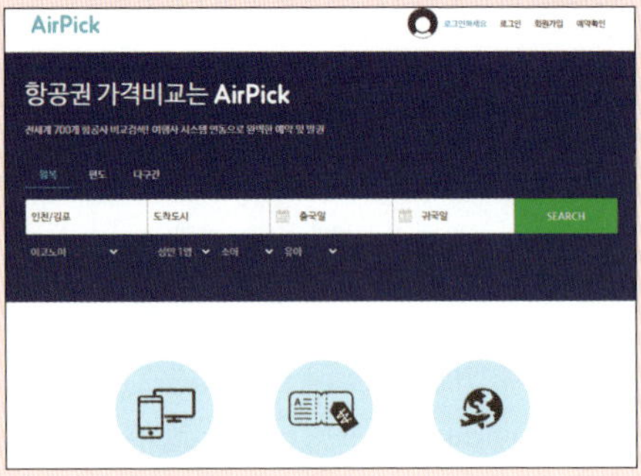

에어픽 홈페이지 www.airpick.co.kr

마일리지를 이용하자

티끌모아 태산이라고 탑승에 따른 마일리지를 모으거나 항공사 마일리지로 전환이 가능한 신용카드를 사용해 공짜 항공권을 얻을 수 있다. 최근 마일리지를 이용한 항공권 예약이나 취소에 수수료를 부가하는 항공사가 늘고 있는데, 반면 저렴한 항공권은 많아지고 있어 마일리지로 항공권을 예약하는 것보다는 좌석 업그레이드를 받는 편이 경제적일 수도 있다. 또한 적립된 항공 마일리지는 항공권 구입 외에도 공항 라운지 이용, 초과 수화물 요금결제, 항공사 기념품 구입 등에도 사용할 수 있다.

항공사에 따라 가족합산이 가능하며 성수기에는 1.5배 정도 차감률이 높아지므로 비수기에 사용하는 것이 보다 경제적이다. 마일리지도 획득한 날짜에 따라 유효기간이 생성되므로 계속 모으지 말고 일정액이 쌓이면 반드시 사용하도록 한다.

항공권 혜택을 주는 신용카드를 사용하자

여행으로 특화된 신용카드 중에는 항공 마일리지뿐만 아니라 항공권 결제 시 청구 할인을 받거나 동반자 무료 항공권을 받을 수 있는 카드들도 있다. 이런 혜택은 구성원이 많은 가족여행에서 꽤 유용하게 쓰인다.

필자는 발리와 같은 장거리 비행은 저렴한 항공사의 비즈니스 클래스를 1+1 으로 구매해 이코노미 좌석의 금액으로 이용하기도 한다. 여행을 자주 하는 가족이라면 여행으로 특화된 카드의 혜택을 비교해 꼼꼼히 따져보도록 하자.

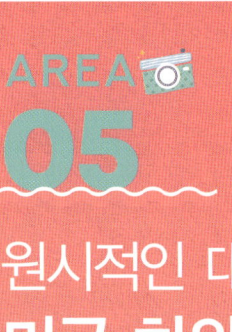

AREA
05

원시적인 대자연 탐험
미국 하와이

AREA 05 하와이(HAWAII)

무려 140여 개의 크고 작은 섬으로 이루어진 군도, 하와이. 그 중 관광객에게 개방된 섬은 여섯 개뿐이지만 화산 활동으로 생긴 섬들은 열대우림, 사막, 고산 등 다양한 특징을 지니고 있다. 그렇기에 아이와 함께 하는 여행에서 하와이의 다양한 대자연은 반드시 경험해봐야 할 필수 코스이다. 일정이 5일 이상이면 국제공항이 있는 오아후섬을 중심으로 이웃한 섬 한두 곳을 취향에 따라 추가하면 좋다.

카우아이섬
리후에 국제공항
오아후섬
호놀룰루 국제공항
몰로카이섬
카팔루아공항
카훌루이 국제공항
라나이섬

AREA INFO

추천 가족	수려한 자연과 어우러진 아름다운 바다에서 다양한 체험을 즐기고 싶은 가족. 일정에 여유가 있고 기동성 있게 움직일 수 있는 가족.
추천 계절	일 년 내내 습도가 낮고 쾌적해 휴양지 날씨로는 최고다. 특히 기온이 27~28도인 겨울이 관광의 최적기이지만 물에 들어가기에는 살짝 추울 수도 있다.
가는 방법	호놀룰루 국제공항까지 비행시간 9시간
이동 방법	와이키키 해변 주변에서는 대중교통을 이용하고, 그 외의 지역이나 이웃 섬을 여행할 때는 렌터카가 편리하다. 이웃 섬은 국제선이 있는 오아후섬에서 국내선 비행기로 이동한다.
난이도 중	하와이까지 거리가 멀고 시차 적응이 힘들 수 있다.

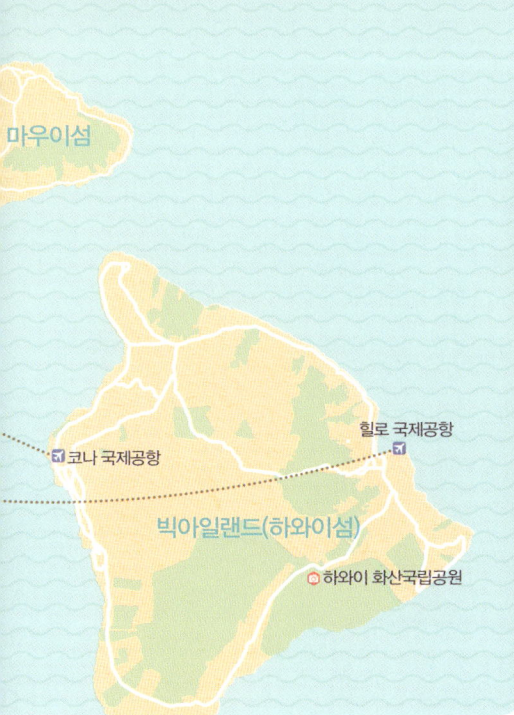

마우이섬

코나 국제공항　　힐로 국제공항

빅아일랜드(하와이섬)

하와이 화산국립공원

아름다운 해안 탐방, 오아후섬 Oahu Island

와이키키 해변Waikiki beach을 따라 늘어선 초고층 호텔 숲을 벗어나면 상점 하나 없는 자연 그대로의 바다가 펼쳐진다. 그리고 그 에메랄드 빛 바다에서 일광욕을 즐기는 거대한 바다거북이나 바다표범을 만나기도 한다. 가는 곳마다 새로운 얼굴을 보여주는 곳. 취향대로 해변을 골라 즐길 수 있다는 점이 바로 하와이의 감출 수 없는 매력이다.

하지만 동남아의 호사를 기대한다면 실망할 수도 있다. 해변에 있는 숙소가 아니라면 비치의자, 파라솔, 수건 등을 직접 챙겨 다녀야 하고 프라이빗 해변이란 게 따로 없어 고급 리조트 앞 해변도 누구나 이용할 수 있다. 심지어 탈의실이나 샤워시설이 없는 곳이 많아 노상 샤워기에서 짠물만 대충 씻어야 한다.

다행히도 하와이는 날씨가 좋아 젖은 옷이 금방 마른다. 때문에 호텔을 나설때부터 수영복 위에 비치웨어를 입는 것이 일반적이다. 그런 자유로운 분위기만 미리 알고 간다면 오히려 하와이는 두 배의 매력으로 다가 올 수 있다.

아이와 하와이 해변 이용하기

젖은 옷을 입고 다녀도 춥지 않고 금방 마르는 날씨이지만 아이들을 위한 큰 수건과 갈아입힐 옷은 가지고 다니는 것이 좋다. 렌트카 내부와 유모차에는 미리 비닐을 깔아둔다. 찬물 샤워를 싫어하는 아이라면 빈 생수통에 물을 미리 담아 두었다가 미지근해졌을 때 씻기면 된다.

Waikiki Beach

- 마루카메 우동집
- 더 레이로우
- 이야스메 무스비
- 로스
- 와이키키 리조트 호텔
- 하얏트 리젠시 와이키키 비치
- 알라모아나 쇼핑센터
- 쉐라톤 와이키키
- 애스톤 와이키키 비치 호텔
- 와이키키 비치
- 쿠히오 비치
- 힐튼 하와이안 빌리지 리조트

🅢 하와이의 중심, 와이키키 비치 Waikiki beach

하와이 여행의 중심은 호놀룰루 국제공항Honolulu International Airport이 있는 오아후섬이고, 오아후 여행의 중심은 호텔과 편의시설이 밀집된 와이키키 비치이다. 그래서 하와이 여행은 와이키키에 머물며 다른 지역을 추가로 둘러보는 것이 일반적이다. 약 3km가량 이어지는 와이키키 비치를 따라 숙소, 식당, 쇼핑센터 등이 모여 있는데, 도시도 깨끗하고 이른 아침부터 늦은 시각까지 영업하는 곳이 많아 여러모로 편리하다.

와이키키 해변에 머무를 예정이라면 해변이 훤히 내려다보이는 오션뷰 숙소를 꼭 경험해보라 권한다. 사람들로 넘쳐나는 와이키키는 높은 곳에서 멀리 봐야 그 아름다움을 제대로 볼 수 있기 때문이다. 그래서 와이키키의 숙박비는 바다가 잘 보일수록 비싸지고, 실제 바다가 손바닥만큼만 보여도 오션뷰라며 비싼 숙박비를 받는 곳이 많다. 제대로 된 오션뷰를 즐길 수 없다면 과감하게 뒤쪽에 있는 숙소를 선택하는 것도 방법이다. 도보 2~3분이면 해변에 닿을 수 있는데 해변 한 블록 뒤에 있다는 이유만으로 숙박비가 낮아진다.

와이키키에서 이동하기

전체적으로 도로가 잘 정리되어 있어 유모차를 밀고 다니기 편하다. 더운 날씨에 아이가 걷기 힘들어하면 시내 주요 명소와 쇼핑센터를 순환하는 버스 트롤리(Trolley)를 이용하자. 노선별로 주요 지역 대부분에 정차하는데 창이 뚫려 있어 이동하면서 시내를 구경하기에도 좋고 아이가 재밌어 한다. 와이키키 트롤리 홈페이지(www.waikikitrolley.com)에서 한국어로 된 탑승 구간, 지도, 승차 시간 등의 자료를 다운받을 수 있다. JCB 카드가 있다면 본인 외 성인 1명, 아이 2명까지 무료로 탑승할 수 있다.

하와이에서 쇼핑 제대로 즐기기

와이키키 해변 인근은 하나의 거대한 쇼핑 단지라고 해도 과언이 아니다. 명품부터 로컬까지 수많은 브랜드가 들어서 있고 한 집 건너 하나씩 보이는 마트에는 비치웨어부터 물놀이용품, 식품, 생필품까지 없는 게 없다. 심지어 같은 중국산이라도 우리나라보다 미국이 훨씬 저렴하다. 이러다 보니 쇼핑에 관심이 없어도 돌아올 때 보면 트렁크 하나씩을 더 들고 오게 되는 곳이 하와이다.

세계 최대 규모의 쇼핑몰인 알라모아나 쇼핑센터Ala Moana Center나 와이켈레 프리미엄 아울렛Waikele Premium Outlets은 각각 반나절 이상씩을 잡아야 하는 코스이다. 아이가 있어 상황이 여의치 않다면 시내에 있는 창고형 아울렛 로스Ross나 노드스트롬 랙Nordstrom Rack을 이용해도 좋다. 정상가의 50~80% 가격으로 살 수 있고 패션뿐만 아니라 온갖 잡화와 장난감, 생수 같은 식품까지 없는 게 없다. 심지어 로스는 새벽 1시까지 영업하므로 잠든 아이를 유모차에 태워 둘러볼 수도 있다. 하지만 두 곳 다 창고형이라 물건이 눈에 잘 안 들어올 수 있다. 노드스트롬 랙은 디자이너 로Designer Row 코너에서 명품이나 유명 디자이너 브랜드를, 로스에서는 영유아 의류나 잡화, 클리어런스 세일을 노려보자.

하와이에서 식사 제대로 즐기기

아시아계 인구가 42%나 되는 국제적 휴양도시 하와이에는 맛있고 특색 있는 음식이 많다. 저렴한 길거리 음식부터 고급 정찬까지, 메뉴도 가격도 천차만별이다. 게다가 이른 아침부터 문을 여는 식당도 많고 테이크아웃도 되는 곳이 많아 굳이 비싼 호텔 조식을 고집할 필요가 없다. 미국을 대표하는 최고의 메뉴는 역시 햄버거와 스테이크이기에 하와이에 간다면 꼭 한 번 먹어보기 바란다.

일본 사람이 많은 만큼 일식 퓨전 요리도 많다. 그 중 대표적인 메뉴가 주먹밥에 스팸을 얹은 스팸 무스비Spam musubi 인데 치즈나 아보카도, 달걀말이 등을 함께 얹기도 해 아이들이 먹기에 좋다. 필자는 이야스메 무스비Iyasume Musubi와 마루카메 우동집Marukame Udon의 무스비가 퍽퍽하지 않고 맛있었다.

전 세계 90%를 생산하는 마카다미아 너트Macadamia Nut와 빅아일랜드의 코나 지역에서 생산되는 코나커피Kona Coffee도 빼놓을 수 없다. 또한 한낮의 더위를 식히고 싶다면 얼음을 간 빙수에 여러 색깔의 시럽을 뿌린 셰이브아이스Shaved Ice를 먹어보자. 주문할 때 시럽의 색을 고르라고 하는데 하와이를 상징하는 무지개로 하고 싶다면 그냥 레인 보우로 해달라고 한다.

레스토랑 이용 시 염두에 둬야 할 것은 우리에게 익숙하지 않은 팁 문화이다. 테이크아웃을 제외하고 테이블에서 직원의 서빙을 받았다면 주문 금액의 15~20%의 팁을 의무적으로 줘야 한다. 신용카드로 결제할 경우에는 먼저 영수증을 요구한 후 팁을 더한 금액을 적어주면, 팁이 포함된 합산 금액으로 카드결제를 해준다. 영수증은 총 두 장을 주는데 한 장은 본인이 갖고 한 장은 테이블에 두고 나온다.

🄷 와이키키 오션뷰 추천 숙소

애스톤 와이키키 비치 호텔 Aston Waikiki Beach Hotel, 오션뷰 3성급 호텔

3성급 호텔 중 오션뷰가 가장 좋은 가성비 높은 곳이다. 와이키키주변 상당수 호텔이 그렇듯 룸 컨디션은 낡았지만 바다와 해변이 한눈에 들어오는 오션뷰는 환상적이다. 와이키키 중심에서 살짝 벗어난 쿠히오 비치 앞에 있지만, 방파제가 있어 아이들이 놀기에 좋다.

하얏트 리젠시 와이키키 비치 리조트 앤 스파
Hyatt Regency Waikiki Resort & Spa, 오션뷰 4성급 호텔

멀리서도 보여 이곳의 랜드마크 역할을 하는 40층짜리 쌍둥이 빌딩이다. 고층이라 전망이 좋으며, 특히 40층에 위치한 수영장에서 호놀룰루 시내와 태평양을 바라보며 수영을 즐길 수 있다.

쉐라톤 와이키키
Sheraton Waikiki, 오션뷰 4성급 호텔

와이키키 해변 정 중앙에 자리한 호텔로 객실의 80%가 오션뷰이다. 워터슬라이드가 있는 인피니티풀과 아이들을 위한 놀이방 포핀스 케이키 하와이 Poppins Keiki Hawaii 등의 부대시설을 갖추고 있다. 와이키키 숙소 중 우리나라 사람들에게 인기가 높은 호텔이다.

🏨 와이키키 인근 추천 숙소

더 레이로우 The Laylow, 4성급 호텔

중심 도로 한 블록 뒤쪽인 쿠히오로드 Kuhio Avenue에 자리한다. 최근에 생긴 부티크 호텔답게 깨끗하고 인테리어가 예쁘다. 전 객실 킹사이즈 침대로 트윈룸도 킹사이즈 침대가 두 개라 아이와 보다 편한 잠자리를 누릴 수 있는 반면, 주변 건물과 간격이 좁아 창을 열었을 때 답답하게 느껴질 수 있다. 와이키키 중심 한복판에 자리하고 있어 각종 편의시설을 이용하기 좋다.

와이키키 리조트 호텔 Waikiki Resort Hotel, 3성급 호텔

대한항공이 운영하는 호텔로 한국인 스태프가 있어 영어에 익숙하지 않아도 체크인, 아웃이나 각종 부대시설을 편하게 이용할 수 있다. 또한 도심 한복판에 자리해 여러 편의시설을 도보로 이용하기에도 좋다. 특히 호텔 2층에는 한국 음식점 '서울정'이 있어 느끼한 맛에 지쳐갈 때쯤 이용해볼 만하다.

힐튼 하와이안 빌리지 리조트 Hilton Hawaiian Village Resort, 4성급 리조트

대규모 부지에 5개의 수영장과 인공 라군을 갖춘 초대형 리조트이다. 와이키키 중심부에서 조금 떨어져 있지만, 리조트 내에서 모든 것을 해결할 수 있어 아이가 있는 가족 여행객이 선호한다. 매주 금요일 저녁에는 화려한 공연과 함께 불꽃놀이가 펼쳐진다.

객실 뷰의 종류 🌺

오션뷰 숙소는 객실 전망에 따라 크게 다음과 같이 구분할 수 있다. 참고로 하와이 내 호텔은 숙박비 외 별도의 리조트 피를 받는다. 보통 1일 기준으로 $20~40인데 체크아웃할 때 결제하면 된다.

오션프론트뷰(Ocean Front View) – 바다가 정면으로 보인다.
오션뷰(Ocean View) – 바다가 옆으로 보이거나 멀리 보일 수도 있다.
파샬오션뷰(Partical Ocean View) – 바다가 건물에 가려 살짝 보인다.
스탠다드(Standard) – 바다가 안 보인다.

ⓢ 하와이 최고의 드라이브 코스, 72번 국도

하나우마 베이Hanauma Bay에서 라니카이 비치Lanikai Beach로 이어지는 72번 국도변에는 오아후의 아름다운 해변이 모여 있다. 반나절쯤은 가슴이 확 트이는 풍경들을 보며 해안 드라이브를 즐겨보자.

그 시작인 하나우마 베이는 하와이의 대표적인 스노클링 포인트이다. 하지만 교육용 영상을 의무적으로 시청해야 하고 가파른 길을 오르내려야하는 것 등의 이유로 아이와 이용하기엔 불편함이 많았다. 아이가 어리다면 노스쇼어North Shore의 푸푸케아 해변공원Pūpūkea Beach Park이 스노클링을 즐기기엔 더 좋다.

하나우마 베이

샌디 비치Sandy Beach는 하와이 출신 오바마 전 미국 대통령이 유년시절 서핑을 즐겼던 곳으로 유명하다. 무서울 정도로 높은 파도에 맞서는 서퍼들의 모습을 감상하고, 마카푸우 해변공원Makapuu Beach Park의 뷰포인트에서 멋진 해안선을 배경으로 기념사진을 남겨보자.

샌디 비치 　　　　　　　　　　　마카푸우 해변공원 뷰포인트

와이마날로Waimānalo와 카일루아 해변Kalama Beach Park은 아이와 놀기 좋은 해변이다. 와이마날로는 밀키스 해변이라는 별칭답게 뽀얗고 파란 물빛이 인상적이다. 카일루아는 파도가 적당해 아이와 파도타기를 즐길 수 있다. 카일루아에서 리히와이로드Lihiwai Road를 따라 주택 사이로 들어가면 미국 전

와이마날로 해변

역에서 비치 순위를 다투는 아름다운 라니카이 비치Lanikai Beach가 나온다. 해안 드라이브를 즐긴 후 와이키키로 돌아올 때는 해안도로 대신 내륙을 관통하는 61번 국도를 이용하면 빠르다.

카일루아 비치

72번 국도 여행의 팁

이 구간에는 마트나 음식점을 찾기 어렵다. 숙소에서 미리 얼음을 채운 보냉백에 음료수와 간식을 든든히 준비한다. 카일루아 근처 마을로 들어가면 마카다미아 넛 팬케이크로 유명한 부츠 앤 키모스(Boots & Kimo's)를 비롯해 여러 맛집과 마트가 있다. 하지만 여행의 마지막 동선이라는 것을 고려해야 한다.

72번 국도 드라이브 코스(이동 시간 1시간 30분)

하나우마 베이(Hanauma Bay) → 샌디 비치(Sandy Beach) → 마카푸우 비치 파크(Makapuu Beach Park) → 와이마날로 비치(Waimanalo Beach) → 카일루아 비치 → 라니카이 비치(Laniakea Beach)

ⓢ 서핑의 메카 노스쇼어, 83번 국도

83번 국도를 타고 올라가 서핑의 메카 노스쇼어에 들러 99번 국도로 다시 내려오는 코스이다. 다양한 액티비티를 경험할 수 있는 쿠알로아 랜치Kualoa Ranch와 원주민의 삶을 체험할 수 있는 테마파크 폴리네시안 문화센터Polynesian Cultural Center는 꽤 많은 시간이 소요되는 데다 예약이 필수이므로 시간 배분을 잘해야 한다.

쿠알로아 랜치

폴리네시안 문화센터

노스쇼어로 가다보면 하와이 대표 푸드트럭인 지오반니 새우트럭Giovanni's Shrimp Truck을 만날 수 있다. 주변 공터에는 한국 갈비부터 과일, 구운 옥수수, 음료 등의 먹거리 푸드트럭이 몰려 있어 한 끼 식사를 해결하기에 좋다. 작지만 간이 화장실과 세면대도 있다. 선셋 비치Sunset Beach는 말 그대로 오아후의 가장 아름다운 노을을 볼 수 있는 곳이다. 파도가 높아 매년 겨울에 세계적인 서핑대회가 열리기도 한다. 대회시기에 방문한다면 거대한 파도 위를 자유자재로 미끄러지는 서퍼들을 구경할 수 있다.

푸푸케아 해변공원Pūpūkea Beach Park에는 작은 바위들이 파도를 막아 자연 수족관을 형성한 곳이 있다. 그 모습이 상어 지느러미 같다하여 샤크코브

Sharks Cove라고도 불린다. 다양한 수심이 있어 아이들도 스노클링을 체험해볼 수 있는데, 발바닥을 다칠 수 있으므로 아쿠아 슈즈를 꼭 착용하도록 한다.

절벽 다이빙으로 인기 높은 와이메아 베이 비치Waimea Bay Beach에서 아찔한 다이빙을 즐기는 사람들을 구경하고

푸푸케아 비치

터틀 비치Turtle Beach라고도 불리는 라니아케아 비치Laniakea Beach에서 바다거북을 만난다. 필자가 본 바다거북은 1m 남짓 제법 큰 크기였는데 하와이는 야생동물이 해변으로 올라오면 근방에 바리케이드를 치고 만지거나 괴롭히지 못하게 보호한다.

와이메아베이 비치

터틀 비치

하와이의 옛 풍경을 잘 간직한 복고적인 서핑 마을 할레이바 타운Haleiwa Town을 둘러보고, 돌 파인애플 농장Dole Pineapple Plantation에서 파인애플 아이스크림을 먹으며 더위를 식힌다. 농장 내에서는 기네스북에 오른 세계 최대의 미로숲(들어갔다 빠져나오는데 약 1시간이 소요된다)과 기차를 타고 농장을 둘러보는 파인애플 익스프레스 투어를 즐길 수 있다. 체력이 허락한다면 직접 경험해보는 것도 좋을 것 같다.

할레이바 타운센터

돌 파인애플 농장

아이와 서핑 즐기기

하와이는 아이들이 놀기에 좋은 잔잔한 바다부터 파고 10m의 거친 바다까지, 해변마다 물결의 높이가 다르다. 덕분에 매년 하와이에서는 국제서핑대회가 열리고 전 세계 서퍼들이 한자리에 모인다. 하와이에 왔다면 서핑을 꼭 한 번 시도해봐야 하는 이유이다. 특히 와이키키 해변은 파도가 잔잔한 편이라 아이들도 서핑에 도전해볼 만하다. 만 5세부터 시도해 볼 수 있는데 개인이나 가족 단위로 레슨을 받으면 일대일로 밀착 지도를 해준다. 가격은 제법 비싼 편이지만 아이들에게 특별한 경험이 될 수 있다.

서핑에 자신이 없다면 서핑보드보다 길이가 짧아 엎드려 타는 바디보드(부기보드)로 파도타기를 시도해보자. 긴 끈이 달려있어 엄마 아빠가 끌어주면 되는데 필자는 마트에서 1만 원대의 바디보드를 사서 여행 내내 유용하게 사용했다. 서프보드에 올라 노를 저어 움직이는 패들보드도 가족이 즐기기 좋다. 이때 중심을 잡지 못하면 잘 뒤집히는데 물에 빠지는 것을 두려워하지 않는 아이라면 상당히 재밌어 한다.

83번 국도 드라이브 (이동 시간 2시간 40분)

쿠알로아 랜치(Kualoa Ranch) → 폴리네시안 문화센터(Polynesian Cultural Center) → 지오반니 새우트럭(Giovanni's Shrimp Truck) → 선셋 비치(Sunset Beach) → 푸푸케아 비치(Pūpūkea Beach Park) → 와이메아 베이 비치 파크(Waimea Bay Beach Park) → 라니아케아 비치(Laniakea Beach) → 할레이바(Haleiwa) → 돌 파인애플 농장(Dole Pineapple Plantation)

🅣 렌터카 여행 즐기기

아이와 좀 더 자유로운 여행을 하고 싶다면 렌터카 여행을 추천한다. 미국은 렌터카 비용과 기름값이 저렴하고 우리와 같은 우측통행에 운전석도 같아 처음이라도 금방 적응할 수 있다. 게다가 길도 단순하고 심하게 붐비지도 않는다. 단, 와이키키 인근은 일방통행이 많고 복잡한 데다가 호텔마다 하루 30달러 내외 주차료를 받기 때문에 이 지역을 다닐 때는 걷거나 대중교통을 이용하는 것이 경제적이다. 하지만 대중교통 비용이 만만치 않기 때문에 호텔의 위치나 인원에 따라 공항부터 차를 렌트하는 것이 저렴할 수도 있다.

렌터카는 온라인 예약을 이용하자

프라이스라인(www.priceline.com)

렌터카는 현지에서 빌리는 것보다 온라인으로 예약하는 것이 20% 정도 저렴하다. 비용을 더 아끼려면 프라이스라인에서 경매로 예약하는 것도 방법이다. 프라이스라인 경매방법은 인터넷에 꽤 많이 공유되고 있으므로 참고하자.
차를 인수할 때 직원들이 좀 더 큰 차, 좀 더 비싼 종합보험을 권하는 경향이 있는데, 영어가 익숙하지 않다고 무조건 YES!를 외쳤다가는 엄청난 비용의 견적서를 받을 수 있다.
여권, 한국운전면허증, 국제운전면허증, 운전자 본인의 신용카드를 지참해야 하며 국제면허증은 가까운 경찰서나 운전면허 시험장에 가서 면허증을 보여주면 바로 발급해준다.

길 안내는 구글 지도를 이용하자

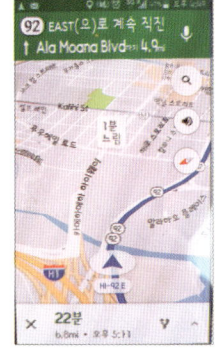

스마트폰에 구글 지도 앱을 깔아두면 내비게이션 기능이 자동으로 켜진다. 한국어 자막과 음성으로 안내받을 수 있고 미리 여행지역의 지도를 다운 받아두면 인터넷에 연결되지 않아도 GPS로 안내받을 수 있다. 이때를 대비해 스마트폰 거치대를 꼭 챙겨가자. 킬로미터가 아닌 마일 속도계라 헷갈릴 수 있는데, 1마일은 1.6km이고, 대략 시속 40마일(64km)로 달리다가 60마일(97km)을 넘으면 속도를 줄인다.

카시트는 미리 준비하자

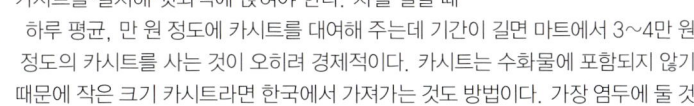

8세 이하, 키 145cm 이하 아이를 동반한 경우 반드시 카시트를 설치해 뒷좌석에 앉혀야 한다. 차를 빌릴 때 하루 평균, 만 원 정도에 카시트를 대여해 주는데 기간이 길면 마트에서 3~4만 원 정도의 카시트를 사는 것이 오히려 경제적이다. 카시트는 수화물에 포함되지 않기 때문에 작은 크기 카시트라면 한국에서 가져가는 것도 방법이다. 가장 염두에 둘 것은 미국은 자동차보다 보행자 중심이라는 것! 보행자가 있는 경우 무조건 정차해야 하며, 스쿨버스가 정차해 있을 경우 절대 추월하면 안 된다. 반대 차선에 있을 경우에도 마찬가지로 잠시 멈췄다가 스쿨버스가 움직이면 출발한다. 차량 내부에 있는 물건이 도난당할 수도 있으므로 차에서 내릴 때는 내비게이션을 비롯한 모든 짐을 트렁크에 넣어 깨끗하게 비워두자.

쥬라기공원 촬영지, 카우아이 Kauai Island

쥬라기공원, 킹콩, 퍼팩트 겟 어웨이 등의 영화를 보면 외딴 지상낙원이 등장한다. 온통 녹음으로 가득해 CG가 아닐까 의심이 드는 곳은 다름 아닌 카우아이이다. 오아후와는 또 다른 원시적인 풍경이 있는 하와이의 대표적인 섬 중 하나이다.

카우아이 서부 루트(이동시간 1시간 20분)
포이푸(Poipu) → 포트알렌 하버(Port Allen Harbor) → 와이메아캐니언(Waimea Canyon) → 칼라라우 전망대(Kalalau Lookout)

카우아이 동북부 루트(이동시간 1시간 10분)
포이푸(Poipu) → 콜로아(Koloa) → 와일루아폭포(Wailua Falls) → 카파아(Kapaa) → 킬라우에아 등대(Kilauea Lighthouse) → 하날레이(Hanalei)

ⓢ 아이들의 지상 낙원, 포이푸 비치 Poipu Beach

카우아이에서 아이와 함께 머무르기에는 남쪽 포이푸 비치 쪽이 좋다. 지역에 따라 꽤 다양한 날씨를 보이는데 비가 많이 오는 북쪽에 비해 남쪽이 쾌청한 날씨가 많기 때문이다. 또한 인근에 쇼핑 빌리지가 있어 이곳을 기점으로 왼쪽 혹은 오른쪽으로 섬 투어를 하기에도 좋다. 포이푸 비치는 피크닉 시설이 잘 갖춰져 있고 산호가 방파제 역할을 해 아이들이 안전하게 수영과 스노클링을 즐길 수 있다. 하와이에만 서식한다는 몽크바다표범을 해변에서 만날 수 있는데 당시 필자는 해변에서 일광욕을 즐기는 바다표범을 세 마리를 만났다. 12월과 5월에는 혹등고래와 바다거북도 볼 수 있다고 한다.

ⓗ 포이푸 비치 추천 숙소

콜로아 랜딩 리조트 앳 포이푸
Koloa Landing Resort at Poipu, 4성급 리조트

2베드, 3베드룸까지 있는 콘도미니엄으로 장기간 머물며, 취사와 세탁까지 해결할 요량이면 제격이다. 포이푸 비치까지 차로 3분정도 소요되는데, 폭포와 작은 슬라이드, 자쿠지가 있는 수영장, 축구를 할 수 있는 잔디밭 등의 다양한 부대시설을 갖추고 있어 리조트 내에서도 충분히 아이와 시간을 보내기 좋다.

쉐라톤 카우아이 리조트
Sheraton Kauai Resort, 5성급 리조트

전 객실의 80% 이상이 오션 프론트라 전망이 좋다. 포이푸 비치 바로 앞에 위치해 해변을 즐기기 좋고, 아이들을 위한 다양한 프로그램도 운영하고 있다. 또한 투어 데스크에서 포이푸 투어 및 관광 예약을 바로 할 수 있다.

ⓢ 태평양의 그랜드캐니언, 와이메아캐니언 Waimea Canyon

포이푸 비치에서 왼쪽으로 올라가면 태평양의 그랜드캐니언이라 불리는 와이메아캐니언이 나온다. 약 500만 년 동안 강물의 침식으로 붉은색, 회색, 푸른색 등 다양한 색깔의 용암층이 모습을 드러냈는데 이런 골짜기가 10km나 이어진다. 미 본토의 그랜드캐니언에 비하면 크지 않지만 다채로운 풍경은 한폭의 그림을 보는 듯 훨씬 아름다웠다. 이 협곡은 오후에는 전망대 쪽 산 그림자가 암석 표면에 드리우기도 하고, 안개가 끼는 날이 많으므로 둘러보려면 아침 일찍 서두르는 것이 좋다.

좀 더 북쪽으로 올라가면 나팔리코스트Nā Pali Coast와 칼랄라우계곡Kalalau Valley을 산쪽에서 바라볼 수 있는 칼랄라우전망대Kalalau Lookout가 나온다. 이곳 역시 지대가 높아 구름 끼는 날이 많으므로 오전에 방문하는 것이 좋다.

ⓢ 신의 조각품, 나팔리코스트 Nā Pali Coast

카우아이섬의 하이라이트는 나팔리코스트이다. 나팔리코스트는 절벽, 벼랑을 뜻하는 하와이어로 칼날처럼 솟은 산맥이 해안을 따라 병풍처럼 늘어서 있다. 이 독특한 비경을 감상하는 방법은 세 가지가 있는데 트레일 코스를 따라 걷기, 세일링 투어로 바다에서 보기, 헬기 투어로 항공에서 보기이다. 단, 나팔리코스트의 트레일 코스는 세계에서 가장 아름답고도 어려운 트레킹 코스 10위 안에 드는 곳으로 아이와 함께라면 불가능하다.

세일링은 남서쪽 포트앨런 하버Port Allen Harbor나 북쪽에서 출발하는데, 4~5시간 정도 소요되며 출발 시각이 정해져 있다. 보통 오전에는 스노클링을 하고, 오후에는 선셋을 보며 식사하는 것이 일반적이다. 그날의 파도 상태에 따라 멀미를 할 수 있으니 이점을 고려해 계획해야 한다.

아이와 함께하기에 가장 쉬운 방법은 헬기 투어이다. 비용은 꽤 들지만 카우아이섬을 한눈에 담을 수 있다. 리후에공항Lihue Airport 근처에서 출발하는데 와이메아캐니언, 나팔리코스트 그리고 그 협곡을 따라 쏟아지는 폭포를 지나 보석처럼 아름다운 해변까지 대자연이 스펙타클하게 펼쳐진다. 투어 상품 중에는 폭포에 잠시 내려주기도 하는데, 그만큼 비용이 비싸다.

🅢 그 밖의 아기자기한 섬 투어

포이푸 비치에서 오른쪽 도로를 따라 북쪽으로 올라가면 사탕수수농장이 번성했던 시절의 옛 모습을 그대로 간직한 올드콜로아타운Old Koloa Town이 나온다. 계속해서 100년 된 유칼립투스나무가 2km 가량 늘어선 트리터널과 액티비티 장비 렌탈샵과 맛집이 많은 카파아Kapaa 마을을 지나 와일루아 폭포Wailua Falls, 킬라우에아 등대Kilauea Lighthouse 등을 차례로 만날 수 있다.

특히 하날레이Hanalei는 영화 소울서퍼(Soul Surfer, 2011), 디센던트(The Descendants, 2011) 등의 배경이 되었던 곳으로 산에 둘러싸인 해변이 꽤 근사하다. 엄청난 강수량을 기록하는 곳으로 구름이 자욱한 독특한 느낌의 해변도 경험해 볼 수 있다.

카우아이 투어

필자는 섬의 극히 일부만 개발된 카우아이를 구석구석 보고 싶어 헬리콥터 투어를 선택했다. 가족 모두 하와이 여행의 최고로 꼽는 경험이었다. 비용이 많이 든다는 단점이 있지만 아찔한 자연풍광을 감상하는 데 한 번쯤 과감하게 투자해볼 만하다.

하와이는 각 공항마다 지도와 투어 상품 안내서를 비치하고 있다. 같은 투어라도 회사마다 가격이 다르고, 할인쿠폰이 있는 경우도 많으니 꼼꼼하게 비교해 본 후 안내서에서 나온 연락처로 전화를 하거나 사이트에서 예약하면 된다.

헬리콥터 투어에 나이 제한은 없지만, 아이도 성인 비용으로 하나의 좌석을 배정 받는다. 가격은 좌석의 넓이와 비행시간에 따라 달라지는데, 필자는 좁은 좌석에 50분 투어를 이용했지만 큰 불편은 없었다. 오히려 아이들은 일정 시간이 지나면 지루해하기 때문에 50분 정도가 딱 적당했다. 참고로 좌석은 헬기의 균형을 맞추기 위해 몸무게에 따라 지정되므로 원하는 좌석을 골라 앉을 수는 없다.

책에서 보던 활화산이 눈앞에 펼쳐지는, 빅아일랜드 Big Island

빅아일랜드의 원래 이름은 하와이섬Hawaii Island이지만 하와이주와 혼동할 가능성이 커 빅아일랜드라고 부른다. 이름처럼 빅아일랜드는 오아후, 마우이, 카우아이섬을 합친 것보다 면적이 넓어 관광 포인트도 무궁무진하다. 그런 이유로 일정을 여유롭게 계획하지 않는다면 이동하다 지칠 수 있다.

빅아일랜드의 하이라이트를 꼽으라면 단연 하와이 화산국립공원Hawaii Volcanoes National Park이다. 세계에서 유일하게 드라이브를 하며 화산을 볼 수 있는 곳으로 킬라우에아 분화구Kilauea crater는 2018년 5월 화산이 폭발해 2달 넘게 분화를 지속한 바 있으며, 아직도 뜨겁게 끓어오르는 붉은 용암을 분출하고 있다. 모험심이 강하고, 함께 트레일 코스를 걸을 수 있는 6세 이상의 아이들에게 추천한다.

ⓢ 차량 타고 화산 탐방

빅아일랜드는 크게 서쪽의 코나Kona와 동쪽의 힐로Hilo로 나뉜다. 공항은 양쪽 끝에 하나씩 있지만 화산국립공원을 방문할 계획이라면 동쪽의 힐로 국제공항을 이용하는 것이 편하다(공항에서 화산국립공원까지 차량으로 50분 소요).

투어를 시작하기 전 반드시 칼라우에아 관광안내소에 들러 지도와 관련 정보를 얻는다. 화산 활동에 따라 출입통제 지역이 발생하거나 관광 포인트가 달라질 수 있기 때문이다. 미국의 국립공원은 관광안내소가 꽤 잘 되어 있는 편인데, 레인저Ranger로부터 무료교육을 받을 수도 있다. 아이와 동행하기 좋고 안전한 코스를 추천받아 출발하도록 하자. 국립공원 홈페이지(www.nps.gov/havo/planyourvisit/hikes_day.htm)에 들어가면 정보가 상시 업데이트 돼 있어 미리 확인해 볼 수도 있다.

하와이 화산국립공원을 한 바퀴 도는 크레이터 림드라이브Crater Rim Drive는 17km의 코스로 주요 명소를 차량으로 둘러볼 수 있다. 현재는 일부 구간이 무기한 통제 중이다. 여기에 체인오브 크레이터스로드Chain of Craters Road까지 이용하면 반나절 이상의 시간이 걸린다. 곳곳에 트레일 코스가 있으니 차를 주차하고 아이와 걸어볼 수도 있다.

ⓢ 걸어서 화산 탐방

오래전 용암이 흘러가면서 생긴 자연 터널 서스톤 라바튜브Thurston Lava Tube는 800m 밖에 되지 않아 아이도 쉽게 따라 걸을 수 있다. 동굴 초입은 열대우림의 신비로운 풍경을 띄고 있으며, 내부에 약한 조명이 있지만 손전등을 비춰 가면 진짜 탐험하는 기분을 낼 수 있다.

라바튜브를 빠져 나오면 맞은편에 화산이 폭발했던 분화구를 둘러보는 이키 트레일Iki Trail이 이어진다. 왕복 2~3시간이 걸리는 총 6.4km의 가파른 길이라 아이들은 힘들어할 수 있으므로 왕복 40분 정도로 분화구 아래까지만 갔다 오는 것을 추천한다. 국립공원 내에는 곳곳에 트레일 코스가 있는데 아이와 함께하기 부담스럽다면 휠체어 접근이 가능한 코스를 골라 경험해 본다.

ⓢ 화산을 좀 더 가까이에서

화산을 좀더 실감나게 즐길 수 있는 방법은 하늘과 바다에서 바라보는 것이다. 헬리콥터 투어는 비용은 들지만 용암을 볼 확률이 매우 높다. 검은 대지와 붉은 용암, 녹색의 계곡과 짙푸른 바다의 대비를 하늘에서 한눈에 내려다 담을 수 있다. 힐로 공항에서 출발해 약 1~2시간이 소요된다.

스피드 보트를 타고 바다에서 용암을 보는 투어도 권할 만하다. 좀 더 극적인 느낌을 원한다면 일출이나 일몰시간에 맞춰 신청하는 것이 붉게 타는 용암을 좀더 사실적으로 볼 수 있다. 4세 이상 탑승이 가능하며 파도에 배가 심하게 출렁거릴 수 있어 허리가 좋지 않은 사람은 주의해야 한다. 약 2시간이 소요된다.

빅아일랜드 투어

빅아일랜드는 투어를 진행하는 업체의 수가 많지 않고 인기는 높다 보니 예약이 필수이다. 오아후에서 당일 투어로 둘러보기도 하지만 대부분 새벽 비행기로 출발해 밤늦게 돌아오는 강행군이다. 하와이 화산국립공원만 해도 설악산 국립공원의 네 배에 달하는 면적이라 충분한 시간을 두고 즐기는 것이 현명하다.

고지대인 데다 날씨가 변덕스러워 긴 소매 옷과 우산을 준비하는 것이 좋다. 렌터카를 이용할 때는 출발할 때 기름을 가득 채우고 음식과 물도 충분히 준비한다. 멀리서 보이는 풍경을 좀 더 실감 나게 즐기고 싶다면 망원경도 챙긴다.

🅗 화산과 가까운 추천 숙소

볼케이노 하우스 Volcano House Hotel, 4성급 호텔

하와이 화산국립공원 내에 있는 유일한 숙소이다. 객실과 레스토랑에서 연기가 피어오르는 할레마우마우 분화구(Halemaumau Crater)를 감상할 수 있는데, 화산이 보이느냐 안 보이느냐에 따라 방의 종류가 나뉜다. 가격이 상당히 비싼 편으로 숙박이 부담스럽다면, 1층 레스토랑만 이용해 볼 수 있다.

홈페이지 www.hawaiivolcanohouse.com

볼케이노 인 Volcano Inn, 3성급 호텔

국립공원을 조금만 벗어나면 멀지 않은 곳에 볼케이노 빌리지가 있다. 이곳에 우리나라 산장 같은 형태의 숙소와 몇 개의 레스토랑이 있는데, 그 중 평점이 좋은 곳이다. 화산이 보이지 않고 시설이 고급스럽지는 않지만 울창한 열대우림 속에서의 하룻밤을 경험해 볼 수 있다. 취사가 되는 객실을 선택하면 밥도 해 먹을 수 있으며, 예약은 일반 호텔 예약 사이트나 공식 홈페이지에서 하면 된다.

SPECIAL TIP

여행 리포터 엄마의 주관적인 여행 법
아이와 비행기 타기 매뉴얼

아이와 비행기 타는 것이 두려워 해외여행을 안 간다는 엄마도 많다. 활동적인 아이가 비행기 안에서 답답함을 못 참고 떼를 쓰면 어쩌나, 큰 소리로 울기라도 하면? 그 긴 시간을 아이와 어떻게 보내야 할까? 아이와의 여행 첫 번째 난관, 비행기만 잘 타도 여행의 절반은 성공이다.

✈ 아이 연령별 비행기 타기

12개월 이전의 아이

공식적으로 생후 7일이 지나면 비행기 탑승이 가능하다. 하지만 생후 4주 미만은 신체적으로 환경 변화에 미숙하기 때문에 특별한 경우가 아니라면 생후 4주가 지난 후 탑승하는 것이 좋다. 필자는 생후 4주가 되는 날 아이와 비행기를 탔는데 수면시간이 길기도 하고 안고 있거나 화장실에서 기저귀를 가는 것이 편해 비행만큼은 이 시기가 가장 편했다.

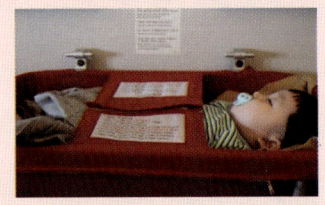

아이가 이유 없이 운다면 기압차로 인한 귀 통증일 수 있다. 이착륙 시 수유를 하면 도움이 되는데, 특히 이륙할 때는 비행기가 지정된 활주로로 이동하는 시간이 길 수도 있으므로 바퀴가 땅에서 떨어질 때를 기다렸다가 수유를 한다.

12~24개월의 아이

아이와 비행기 타기가 가장 힘든 시기는 기내 요람에서 재우기엔 좀 크고, 따로 좌석을 구매하지 않고 무릎에 앉혀가야 하는 12~24개월쯤이다. 말귀를 못 알아듣고 자꾸 일어나 돌아다니려 하는 시기이므로 아이를 달랠 특단의 대책이 필요하다(예를 들면 수면 시간을 비행시간에 맞추거나 아이가 좋아하는 영상 혹은 과자 등을 준비하는 것). 그리고 이 시기 아이는 수시로 바닥에 앉고 넘어지니 여름이라도 얇은 긴 바지와 양말을 신기는 것이 좋다.

24개월까지는 항공요금을 성인의 10%만 내므로 경제적인 부담을 생각한다면 항공권이 비싼 장거리 여행에 도전해 보면 좋다. 하지만 아이도 비행기라는 공간이 어떤 곳임을 알아야 하기에, 첫 비행이라면 먼 거리를 갑작스럽게 시도하기보다는 가까운 거리부터 경험해 보는 것이 안전하다.

24개월 이후의 아이

24개월이 지나면 아이 좌석도 별도로 구입해야 하지만 엄마 입장에서는 이전보다 비행이 한결 편안해진다. 아이가 잠이 든 경우 제법 큰 아이를 안고 좁은 통로를 빠져 나오는 것이 쉽지 않으므로 좌석을

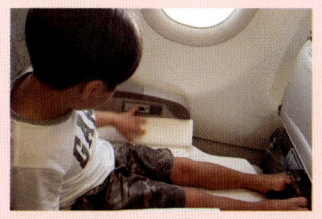

선택할 때는 기내 앞쪽을 추천한다. 하지만 유모차가 나오는 시간을 위해 탑승객이 어느 정도 내린 후 나가는 것이 좋다. 유모차는 보통 탑승구 앞에서 받지만 공항마다 다르므로 내리기 전에 승무원에게 확인하는 것이 좋다.

✈ 좁은 이코노미 좌석 넓혀 타기

사전에 좌석 신청하기

출국 당일 티켓팅을 하면서 좋은 좌석을 배정해달라고 하면 이미 늦은 것이다. 보통 출국 48시간 전부터 인터넷을 통해 좌석을 선택할 수 있으므로 입구나 통로 쪽 등 상대적으로 좌석이 넓은 곳을 미리 신청해두는 것이 좋다.

프리미엄 좌석 구입하기

저가항공을 비롯한 일부 항공사들은 이코노미 좌석 중에서 좀 더 편한 프리미엄 좌석을 유료로 판매하기도 한다. 가격은 항공사와 운항편마다 다르고 결제 시 프리미엄 좌석 선택 여부가 뜨는 편이다. 시트구루(Seatguru)라는 애플리케이션을 깔고 항공사와 편명을 입력하면 좌석 위치를 미리 확인할 수 있다. 필자는 베트남 여행 시 비엣젯 항공Vietjet Air을 주로 이용하는데 몇 천 원만 추가하면 앞좌석과의 공간이 약 15cm 정도 더 넓은 좌석을 선택할 수 있다.

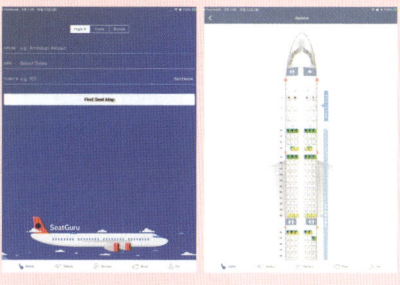

옵션타운 이용하기

항공권을 발행한 승객들을 대상으로 약간의 추가비용을 받고, 연계된 항공사의 빈자리가 있을 경우 좌석을 업그레이드 해주거나 옆 좌석을 비워주는 서비스이다. 필자는 몰디브 여행을 할 때 편도 약 2만 원 정도에 한 좌석을 더 얻어 아이를 편하게 눕혀 재울 수 있었다. 항공권 구매 후 옵션타운 홈페이지(www.optiontown.com)에서 신청하고 결제를 하면 출발 며칠 전 승인 여부를 알려준다. 모든 항공사가 가능한 것은 아니며 이용하지 못할 시 환불 받는다.

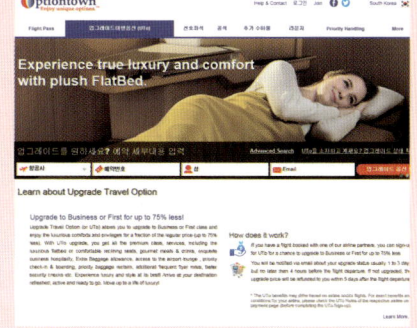

옆 좌석 구매 서비스 이용하기

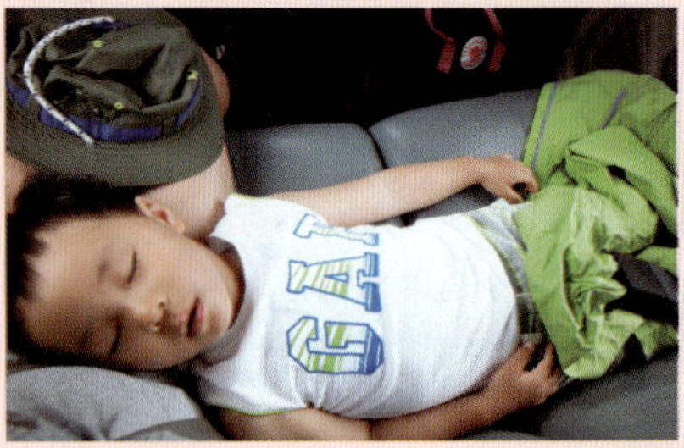

옆 좌석이 비어 있는 경우 1~5만 원의 추가요금을 내고 좌석을 구입하는 것이다. 주로 저가항공사들이 하는 서비스인데, 1인당 최대 2좌석까지 구매 가능하다. 항공사마다 차이가 있으므로 공항에 도착해서 남은 좌석 여부를 카운터에 문의하면 된다.

꼭 챙기자! 아이를 위한 준비물

아이의 식사와 간식

원칙적으로 100ml가 넘는 액체는 기내 반입이 금지되어 있다. 하지만 만 5세 이하의 어린이를 동반한 경우 적당량의 음료(생수, 우유, 쥬스 등)를 추가로 가져갈 수 있다. 이는 지퍼락에 넣지 않아도 되며 보안검색 시 아이의 것이라고 말하면 된다. 흔히 음식물 반입도 안 된다고 알고 있지만, 국물이 흐르거나 자극적인 냄새만 나지 않는다면 유아식은 물론 일반식도 제재하지 않는다. 저가항공사의 경우 기내식을 제공하지 않고, 설령 제공한다 해도 아이 입맛에 맞지 않을 수 있으므로 평소 아이가 잘 먹는 음식과 간식을 따로 준비해 가는 것이 좋다.

빨대컵 & 기저귀 & 여벌옷

아이가 어릴수록 음료를 쏟는 사고가 잦은 편이라 뚜껑이 있는 빨대 컵을 준비하면 좋다. 기저귀를 뗀 아이라도 환경이 바뀌게 되므로 기저귀 몇 장을 준비해 가도록 하자. 낯선 공간이라 실수를 할 수도 있고 기내 화장실에 줄이 긴 경우에도 요긴하게 쓰인다. 기내의 온도 편차가 크기 때문에 여러 겹의 옷을 겹쳐 입혀 체온을 유지시키는 것도 중요하다. 반팔부터 입히면 더울 땐 갈아입힐 필요 없이 겉옷만 벗겨주면 된다.

기내 엔터테인먼트

지루한 비행시간을 달래줄 아이들의 놀잇감도 준비한다. 저가항공은 좌석에 모니터가 없는 경우가 많으므로 아이가 평소 좋아하는 영상이나 가벼운 게임 애플리케이션을 다운받아 가면 좋다. 아이가

어릴 때는 부피가 작고 버리고 올 수 있는 클레이나 스티커, 미로, 퍼즐, 숨은그림찾기 책 등이 유용하다. 좀 더 큰 아이라면 펜과 종이만 준비해도 그림을 그리거나 빙고게임을 하며 시간을 제법 보낼 수 있다.

✖ 아이를 위한 서비스 최대한 이용하기

기내 요람, 베시넷

베시넷(Bassinet)은 사용할 수 있는 조건이라면 무조건 신청하는 것이 좋다. 만 1세 이전에 가장 효과적으로 사용할 수 있는데, 좌석 맨 앞자리에 설치하여 다른 좌석보다 공간도 넓은 편이다. 아이를 베시넷에 눕혀 재우지 않더라도 앉혀 놀리거나 유아용품을 넣어둘 수 있어 여러모로 편하다.

베시넷은 설치할 수 있는 좌석이 한정되어 있으므로 선점하는 것이 중요한데 괌, 세부, 사이판과 같이 엄마들이 선호하는 노선은 경쟁이 치열하다. 배시넷의 이용 기준은 항공사마다 다르며 저가항공사는 서비스하지 않는 경우도 많다.

구분	신장	몸무게	신청 마감	문의전화
대한항공	75cm 이하	11kg 이하	출발 48시간 전까지	1588-2001
아시아나항공	76cm 이하	14kg 미만	출발 72시간 전까지	1588-8000

아이를 위한 기내식

만 12세 이하는 성인과 다른 특별 기내식(베이비밀)을 신청할 수 있다. 각 연령에 맞춰 나오는데 출발 24시간 전까지 신청해야 한다. 신청하지 않는 경우 별도의 좌석을 구매하지 않은 유아는 기내식이 나오지 않고, 소아는 성인식으로 나온다.

SPECIAL TRIP
01

어른들도 좋아하는
테마파크 여행

"지금까지 갔던 여행 중에 어디가 제일 좋았어?"
"1등은 레고호텔이고 2등은 레고랜드, 3등은…. 우리 레고랜드 갈 때 국경에서 사진 찍으면 안 되는데 엄마가 카메라 들고 있다가 경찰한테 잡혀갈 뻔했잖아. 그거 웃겼어."

아이가 초등학교 입학 전까지 무려 20여 차례 해외여행을 다녀왔다. 그런데 그 많은 기억 중, 레고랜드가 1, 2, 3위를 모두 휩쓸다니. 서운하기도 했지만, 한편으로는 다행이라는 생각도 들었다. 레고를 가장 좋아했던 시절에 떠난 여행이었으니 아이에게는 얼마나 즐거운 순간이었을까.

결혼 후 남편과 미국 일주를 하는 동안 임신을 했다. 임신 중에도 플로리다에서 바하마를 도는 크루즈 여행을 했었는데 그때 처음으로 테마파크 숙소라는 신세계를 알게 되었다. 크루즈 여행은 항해를 하다 정해진 기항지마다 정박해 승객들을 내려준다. 그때마다 노선을 함께 했던 디즈니 크루즈가 우리 배 옆에 있었는데 갑판 위에서 아이들이 신나게 워터 슬라이드를 타고 디즈니 캐릭터들이 흥겨운 공연과 퍼포먼스를 펼치는 그곳은 어른인 내가 봐도 탐나는 꿈의 세계였다.

우리 부부는 그날 이후, 디즈니 크루즈 적금을 넣자고 약속했다. 그리고 언젠가 아이와 함께 꼭 한 번 경험해 보자고 결심했다. 그 약속은 금세 잊혀지고 적금도 넣지 않았지만, 아이가 커가는 모습을 보며 그때의 기억이 점점 더 강렬하게 다가왔다.

그리고 언젠가부터 아이가 레고에 빠지기 시작했다. 비슷한 나이의 조카와 아이는 눈만 뜨면 잠들 때까지 레고 이야기만 했다. 레고를 좋아하는 아이에게 레고랜드만큼 환상적인 여행지가 또 있을까? 부모까지 레고를 좋아하는 집이라면 아마 이보다 더 가슴 설레는 여행은 없을 것이다.

레고 천국, 말레이시아 레고랜드 Legoland

레고를 좋아하는 아이의 상상이 현실이 된 공간. 호텔부터 테마파크와 워터파크까지 모든 것이 레고로 이루어져 있다. 말레이시아의 레고랜드는 전 세계 레고랜드 중 일본을 제외하면 우리나라에서 가장 인접해 있다. 일 년 내내 물놀이가 가능해 언제든 떠나도 좋다.

 AREA INFO

추천 가족	레고를 좋아하는 아이가 있는 가족
추천 계절	일 년 내내 물놀이를 할 수 있는 기온이며, 우기에도 강수량이 많지 않다. 하지만 한낮 더위는 아이가 견디기 힘들 수 있으니 실외에 있는 테마파크를 갈 때는 더위에 주의한다.
가는 방법	1. 말레이시아 조호바루까지 비행시간 6시간 20분 ➡ 레고랜드까지 차량으로 20분 2. 싱가포르까지 비행시간 6시간 ➡ 레고랜드까지 차량으로 1시간 30분

> 레고랜드는 싱가포르와 맞붙은 국경 근처에 있다. 그래서 싱가포르를 통해 국경을 넘어가는 방법이 일반적인데 얼마 전 진에어에서 조호바루(세나이 국제공항) 직항이 생겼다.

이동 방법	1. 조호바루에서는 택시를 탄다. 2. 싱가포르에서는 국경을 넘어야 하기에 대중교통을 이용하면 총 3번에 걸쳐 차를 갈아타야 한다. 아이가 있다면 비용이 더 들더라도 픽업 차량을 예약해 타는 것을 추천한다. 인터넷 검색을 하면 픽업 차량 업체가 많이 나오는데, 호텔이나 공항 등 원하는 장소에서 레고랜드까지 왕복 원스톱으로 데려다 준다. 국경을 지날 때도 톨게이트처럼 차 안에서 여권과 얼굴만 보여주면 된다. 3. 클룩(Klook)을 비롯한 업체의 조호바루 테마파크 셔틀버스를 이용해도 좋다. 승차장까지의 이동만 힘들지 않다면 탑승 후 레고랜드까지 원스톱으로 갈 수 있다.
난이도 중	비행시간과 이동 시간이 다소 긴 편이다.

H 장난감 세상에서의 하룻밤, 레고랜드 호텔 Legoland Malaysia Hotel

싱가포르 국경을 넘어 말레이시아 조호바루 Johore Bahru로 들어가자 알록달록한 블록 모양의 건물이 보이기 시작했다. '이 나이에 내가 이런 장난감 같은 호텔에 와보다니', 함께 간 남편과 시누이는 허탈한 웃음을 터트렸고 아이들은 좋아서 환호성을 질렀다. 레고 명찰을 단 직원을 따라 레고호텔로 들어서면 레고에 관심이 없던 사람들조차 가슴 설레는 공간이 나타난다. 그야말로 온통 레고로 만들어지고, 레고로 둘러싸인 레고 천국이다.

호텔 로비는 아이들의 거대한 놀이터이다. 로비 한가운데 거대한 레고 성과 레고 배가

자리하고, 로비 한쪽 기둥은 아이들이 직접 레고로 꾸밀 수 있게 되어 있다. 어린아이를 위한 레고 듀플로 LEGO Duplo 공간도 따로 마련되어 있는데 그곳에는 카펫이 깔려있어 맨발로 뛰어놀 수도 있다. 수백 개의 레고 피규어로 채워진 프론트 데스크 벽, 화분도 레고, 액자도 레고, 온통 레고 천지라 사람마저 레고로 만든 인형이 나와 서비스를 할 것만 같은 분위기였다.

호텔에서는 아이들을 위한 다양한 프로그램이 매일 무료로 펼쳐진다. 아이는 레고 피규어와 춤추는 시간을 무척 좋아했는데 함께 사진도 찍고 포옹했던 그 날의 기억을 꽤 오랫동안 이야기했다.
엘리베이터를 타면 사이키 조명이 돌아가면서 신나는 음악

이 나오고, 신나게 춤을 추다 보면 어느새 우리가 선택한 객실 층에 도착한다. 레고랜드 객실은 해적방, 어드벤처방, 킹덤방, 닌자방 총 네 가지 타입으로 구분되며 통로의 벽과 바닥, 객실의 문까지 모두 콘셉트에 충실히 맞춰 꾸며져 있다. 우리는 킹덤방을 선택했는데 침대에 기사단의 큰 휘장이 걸려 있고, 구석에 커다란 거미 레고가 붙어 있기도 했다.

객실마다 별도의 2층 침대가 있고 5명까지 투숙이 가능해, 당시 우리 가족은 시누이와 조카까지 총 5명이 한 방에 추가 요금 없이 머무를 수 있었다. 4성급으로 고급스럽지는 않지만 아이들의 눈높이에 맞춰 꾸며져 있는 점은 꽤 만족스럽다. 욕실에는 아이 키에 맞춘 낮은 세면대가 별도로 있고, 레고 모양의 비누를 비롯한 어린이용 어매니티도 갖추고 있다. 방마다 자유롭게 가지고 놀 수 있는 레고상자도 하나씩 비치돼 있다.

이렇다 보니 어른들에게는 다소 황당한 공간이 아이들에게는 꿈과 환상을 주는 별천지였다. 마치 피터팬을 따라 네버랜드로 간 웬디가 된 기분이라고나 할까. 그곳에 머는 동안 아이는 진정한 레고 세상의 기사가 되고, 악당이 되고, 경찰이 되는 기분을 느끼는 것 같았다.

전 세계의 레고랜드
레고랜드는 말레이시아 외에도 일본, 두바이, 캘리포니아 등지에도 있다. 가격은 다르지만 콘셉트나 시설은 모두 유사하다. 새롭게 유행하는 트렌드에 따라 조금씩 인테리어가 바뀌기도 하므로 예약 전 상태를 확인해보는 것이 좋다. 공식 홈페이지(www.legoland.com)에서 다양한 정보를 얻을 수 있고 숙소 예약도 가능하다.
당시 말레이시아 레고랜드는 방마다 장난감 선물을 숨겨놓고 퀴즈를 풀어 찾을 수 있도록 해두었다. 모르면 놓칠 수 있는 부분이기에 아이들을 위한 소소한 이벤트도 꼭 챙겨보도록 하자.

ⓢ 온몸으로 만끽하는 놀이동산, 레고 테마파크 & 워터파크

레고호텔 바로 앞에는 테마파크와 워터파크가 있다. 규모가 크지는 않지만, 꽤 알차게 꾸며져 있어 둘러보는데 각각 하루 정도의 시간이 필요하다. 그렇다 보니 레고랜드는 적어도 2박 3일은 잡아야 충분히 즐길 수 있다.

레고 테마파크에는 레고시티, 킹덤, 어드벤처 등 각 테마별로 구현된 어트랙션이 있다. 어른

들도 좋아하는 레고로 만든 미니어처 세상이 있는가 하면 레고의 주인공이 된 듯한 기분으로 스릴을 만끽하는 놀이기구도 있다. 막상 놀이동산에 가더라도 아이들은 키 제한 때문에 못 타는 놀이기구가 많지만 이곳은 120cm만 넘으면 대부분의 놀이기구를 이용할 수 있다.

레고 워터파크 역시 곳곳에 레고 캐릭터가 비치되어 있다. 특히 슬라이드가 많은 편인데 1인용부터 패밀리 사이즈, 성인용까지 다양하게 준비되어 있어 엄마 아빠도 함께 즐길 수 있다. 유수 풀에서는 커다란 레고가 튜브와 함께 떠다니고, 파도 풀은 전면에 대형 모니터가 설치되어 있어 파도를 타며 레고 영화를 볼 수도 있다.

보통 한적한 편이라 거의 기다리지 않지만 우리가 갔을 때는 구정 연휴라 중국 관광객이 많았다. 그래서 워터파크는 평균 20분, 테마파크는 1시간씩 기다려야 했다. 두 곳 다 중국 연휴만 피한다면 한적하게 이용할 수 있다.

레고랜드 이용 시 알아두면 좋은 것들

테마파크와 워터파크 입장료는 투숙객 할인을 받으면서 호텔 체크인 시 한 번에 지불할 수 있고, 레고랜드 홈페이지에서 사전 예약하면 할인가로 예매할 수도 있다. 가격은 그때그때 다르기 때문에 비교해서 구입해야 한다. 공식 홈페이지(www.legoland.com)에서 운영 시간, 지도 등의 정보를 얻을 수 있다.

체크인/아웃 시간이 애매하면 로비의 컨시어지서비스(Concierge Service)를 이용하여 짐을 맡긴 후 이용하면 된다. 레고랜드 내 로커는 말레이시아 화폐만 이용할 수 있고 잔돈은 거슬러 주지 않는다. 딱 20링깃짜리 두 장을 넣어야 하는데 우리는 매번 그 화폐가 없어 일부러 물건을 사고 거스름돈을 받아야 했다.

워터파크는 샤워실과 탈의실이 열악해 숙소에서부터 래시가드를 입고 나오는 것이 편하다. 단, 젖은 몸으로 에어컨 바람이 강한 호텔로 들어오면 아이가 감기에 걸릴 수 있으므로 큰 수건을 미리 준비해 가는 것이 좋다. 레고랜드는 음식점 평이 썩 좋은 편이 아닌데 다행히 테마파크 입구 바로 앞에 있는 몰 푸드코트에 괜찮은 식당 몇 곳이 자리하고 있다. 참고로 일반 식당에서는 카드를 사용할 수 있지만 패스트푸드 전문점들은 말레이시아 현금만 받는다.

조호바루의 또 다른 캐릭터 세상

레고랜드와 멀지 않은 곳에 또 다른 캐릭터 테마파크가 있다. 규모는 크지 않지만 아이가 좋아하는 캐릭터가 있다면 꼭 한 번 들러보자. 대부분 한적한 편이고, 실내라 더운 한낮에도 반나절 아이를 놀리기에 좋다.

S 헬로키티타운 & 토마스타운(레고랜드에서 차량 5분 거리)

한 건물에서 키티와 토마스를 비롯해 핑구, 밥빌더와 같은 캐릭터들을 층별로 만날 수 있다. 그 중 가장 인기 있는 공간은 온통 핑크빛으로 꾸며진 헬로키티타운Hello Kitty Town. 아기자기하고 여성스러운 분위기로 여자아이들이 좋아할만한 공간이다. 키티 공연을 보거나 키티하우스를 체험하고, 쿠키 만들기와 같은 다양한 만들기 체험을 할 수 있다.

토마스타운Thomas Town은 좀 더 활동적으로 놀 수 있는 곳으로 어린 아이들이 탈 수 있는 어트랙션들을 갖추고 있다. 키티타운과 토마스타운을 비롯한 각각의 캐릭터 공간은 별도로 요금을 지불해야 한다. 함께 둘러보고 싶다면 콤보티켓을 구입하면 된다. 매주 화요일 휴무이며, 요금, 운영시간 등의 정보는 홈페이지(www.puteriharbour.com)에서 확인할 수 있다.

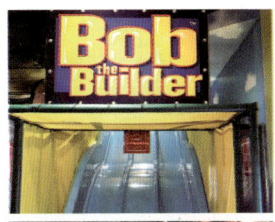

ⓢ 앵그리버드 액티비티 파크(레고랜드에서 차량 20분 거리)

콤타Komtar 몰 안에 있어 식당과 마트를 함께 이용하기 편하다. 우리나라 키즈카페와 유사한 분위기로 신체활동을 할 수 있는 어트랙션이 많아 꼭 앵그리버드Angry Birds를 좋아하지 않더라도 한번 가볼 만하다. 실내 테마파크라 입장 시 양말을 반드시 착용해야 하므로 미리 준비하자(부모도 필수).

아이와 함께 가기 좋은 테마파크 Best 3

아이들에게 꿈과 환상을 심어준 대표적인 테마파크, 디즈니랜드 Disney Land

놀이기구를 타고 디즈니 캐릭터들의 퍼레이드나 쇼를 즐기기에 좋다. 오랜 역사를 가지고 있지만 아직도 많은 관광객들이 찾는 명소이다. 여행지 가까운 곳에 디즈니호텔이 있다면 투숙하면서 테마파크를 여유 있게 즐겨보자. 숙소에서 디즈니랜드까지는 걷거나 셔틀, 모노레일 등을 타고 이동 할 수 있는데, 객실 수준에 비해 요금이 비싸다는 평이 많긴 하다. 캐릭터로 꾸며진 객실을 이용하고 싶다면 별도의 캐릭터 룸을 선택해야 한다.

도쿄 디즈니랜드

일본의 디즈니랜드는 방문 전에 '디즈니 혼잡도 (www15.plala.or.jp/gcap/disney)'를 검색하면 날짜별로 붐비는 정도를 미리 알 수 있다. 일본어로 되어 있지만 색과 숫자로 표시되어 쉽게 확인이 가능하다. 참고로 숫자는 천 명 단위이며, 50을 넘으면 적색으로 표시되고 많이 혼잡한 상태이므로 꽤 오랜 시간을 기다려야 한다. 미리 혼잡도를 확인하고 일정을 잡으면 그만큼 불편함을 줄일 수 있다.

디즈니랜드 내에는 4성급의 디즈니랜드 호텔과 디즈니 앰버서더 호텔이 있다. 호텔 객실 중에는 미녀와 야수, 신데렐라 등 아이들이 좋아하는 만화 속 인물로 꾸며진 캐릭터 룸도 있다.

홍콩 디즈니랜드

홍콩 란터우섬에 위치해 있으며, 놀이동산의 규모는 크지 않지만 있을 건 다 있어 아이와 즐기기에 좋다. 숙소는 디즈니 할리우드 호텔, 홍콩 디즈니랜드 호텔에 이어 최근 4개의 정원과 3개의 다이닝 시설을 갖춘 디즈니 익스플로러 로지까지 들어섰다.

하와이 아울라니 디즈니 리조트

오아후섬 중심에서 다소 떨어진 아울라니 지역에 위치한 5성급의 리조트이다. 디즈니랜드를 대표하는 놀이동산 시설은 갖추고 있지 않지만 코올리나 비치 앞에 4개의 인공 라군과 작은 워터파크가 있어 리조트에서 휴식을 취하며 물놀이를 즐길 수 있다.

Ⓢ 베트남에서 가장 큰 테마파크, 빈펄랜드 Vinpearl Land

베트남의 빈그룹Vingroup이 운영하는 시설로 놀이동산, 워터파크, 동물원, 식물원, 아쿠아리움이 한곳에 밀집해 있다. 한 번 입장료를 내면 모든 시설과 프로그램을 이용할 수 있다. 우리나라 테마파크를 생각했다면 실망이 클 수 있고, 놀이기구 또한 많지 않다. 하지만 기다리지 않고 원하는 것을 집중적으로 탈 수 있다는 장점이 있다. 빈펄랜드만 고려해서 여행을 계획할 만큼 알찬 곳은 아니지만 베트남 여행 시 하루 정도 아이와 즐기기에 좋다.

빈펄랜드 내 리조트는 객실 타입이 다양해 선택의 폭이 넓으며, 모든 식사는 뷔페로 제공된다. 하지만 제공되는 음식의 수준이 높지 않으므로 예약 시 풀보드(투숙기간 모든 식사)나 하프보드(아침과 점심 혹은 저녁을 선택)를 선택할 때 참고하자. 호텔에서 기본 제공되는 식사가 맘에 들지 않는 경우 외부에서 먹거나 룸서비스를 시켜 먹는 것도 방법이다.

냐짱 빈펄랜드

냐짱 해안 가까이에 있는 혼째섬 Đảo Hòn Tre에 모든 시설이 들어가 있다. 빈펄랜드 중 입장료가 가장 비싸지만 그만큼 규모도 크고 즐길 거리도 많은 편이다. 숙소까지 이용할 경우 보트를 타고 들어가고, 빈펄랜드만 이용할 경우 해양 케이블카를 이용해 섬으로 들어간다.

푸꾸옥 빈펄랜드

냐짱에 비해 규모도 작고 입장료도 저렴하다. 140cm로 키를 제한하는 놀이기구가 많아 아이가 어리다면 놀이기구를 이용하는데 제한적일 수 있다. 하지만 숙소 앞 해안은 수심이 완만하고 넓어 아이와 물놀이를 즐기기에 좋다. 또한 해변에서 멋진 일몰을 볼 수도 있다.

남호이안 빈펄랜드

2018년에 오픈한 곳으로 다낭 시내에서 차량으로 40~50분 떨어져 있어 다낭 여행 시 함께 둘러보면 된다. 최근에 개장한 시설답게 깨끗하고 규모도 크다. 다른 빈펄랜드에는 없는 민속촌, 호이안 구시가지를 재현한 거리, 트릭아트, 리버 사파리 등이 있다.

ⓢ 섬 전체가 하나의 관광지, 싱가포르 센토사 Sentosa

영국의 군사기지였던 곳을 싱가포르정부에서 작정하고 조성한 관광 테마파크로, 센토사섬 내에는 유니버셜스튜디오 Universal Studios를 비롯해 어드벤처 코브워터파크 Adventure Cove Waterpark, 3개의 해변 등 다양한 위락시설이 모여 있다. 규모가 큰 편이라 유니버셜스튜디오, 워터파크 등만 둘러봐도 각각 하루씩 소요된다. 제대로 이용하고 싶다면 센토사 내 호텔에 투숙하는 것이 좋다. 숙박비가 다른 지역에 비교해 비싼 편이지만 지친 아이를 데리고 시내로 다시 돌아가야 하는 불편함이 없다. 센토사 입구 쪽 리조트월드 센토사 Resort World Sentosa에 있는 숙소를 선택하면 유니버셜스튜
디오와 다양한 어트랙션, 페스티브워크 Festive Walk에서 매일 밤 펼쳐지는 멀티미디어쇼를 보다 편하게 이용할 수 있다.

센토사는 습한 더위를 피하는 것이 관건이다. 다소 여유롭게 일정을 잡고, 꼭 하고 싶은 것부터 미리 정하고 나머지는 아이 컨디션을 봐가며 당일에 정해도 늦지 않다. 티켓을 국내에서 미리 사두면 현장에서 줄을 서는 부담을 덜 수 있다. 또한 유모차를 뗀 아이라도 기다리는 시간 동안 틈틈이 앉힐 수 있게 유모차를 휴대하는 것이 좋다. 다만 유모차를 끌 수 없는 곳이 곳곳에 있다는 점은 유의해야 한다.

PART 02

물놀이 중심 여행

AREA 06
해변에서 모든 것이 해결되는
필리핀 보라카이
여행 리포터 엄마의 주관적인 여행 법
우리 가족 숙소 선택 매뉴얼

AREA 07
기암괴석 다양한 섬 투어
태국 끄라비
여행 리포터 엄마의 주관적인 여행 법
숙소 싸게 예약하는 매뉴얼

AREA 08
요즘 가장 핫한 휴양지
베트남 냐짱
여행 리포터 엄마의 주관적인 여행 법
아이와 함께 먹기 좋은 베트남 음식

AREA 09
짧은 일정, 알찬 여행
말레이시아 코타키나발루
여행 리포터 엄마의 주관적인 여행 법
아이를 위한 한식 준비 매뉴얼

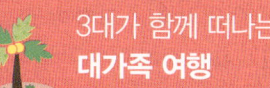

SPECIAL TRIP 2
3대가 함께 떠나는
대가족 여행

전라남도 여수시 삼일면 중흥리. 지금은 지도에서도 사라진, 태어나 열두 해를 살았던 고향집 주소다. 여수 시내에서도 버스를 타고 한 시간이나 더 들어가야 했던 작은 어촌마을은 내가 초등학교 6학년 때 사라지고 어마어마한 공단이 들어섰다. 온종일 산과 들로 뛰어다니며 굴을 따고 보리피리를 불던 그곳은 더는 그리워도 갈 수 없는 곳이 되었다.

내가 휴양지를 자주 찾는 것은 유년의 기억 때문인가 싶기도 하다. 꽤 오랜 세월이 흘렀지만 그 시절의 기억은 평화롭고 행복했던 감정으로 생생하게 남아 있다. 그래서 아이가 태어나면 내가 그랬던 것처럼 자연을 충분히 경험시켜 주고 싶었다. 플라스틱 장난감보다 들꽃을 만지고 키즈카페보다 흙을 밟으며 온몸으로 세상을 탐색하기 바랐다. 하지만 도시에 살면서 자연을 접하는 것이 그리 쉬울까. 그러다 발견한 것이 휴양지 여행이었다.

뭐든 입으로 가져가는 시기가 지나고 20개월이 되자 아이를 바다로 데리고 나갔다. 바다를 처음 본 아이는 한참을 신기한 듯 발을 찰박거리다 갑자기 덮쳐온 파도에 놀라 울음을 터트렸다. 하지만 멈추지 않고 까슬한 모래를 조심스레 만지더니 점차 온몸으로 느끼며 본격적인 모래놀이를 시작했다.

사실 바다는 얼마나 신나는 공간인가. 물놀이를 하다 심심하면 조개를 줍고, 함께 놀 친구가 없어도 바다 게들을 쫓아다니다 보면 어느새 하루가 간다. 쉼 없이 움직이는 파도처럼 온종일 움직이는 아이에게 바다는 놀아도 놀아도 새로운 놀거리로 가득 찬 신기한 놀이터이자 자연 학습장이다.

특히, 나이가 어리거나 자녀의 수가 많을수록 물놀이로 시작해서 물놀이로 끝나는 여행은 피할 수가 없다. 그렇기에 휴양지를 선택할 때 바다의 수심과 파도, 모래의 질 등을 꼼꼼하게 고려하면 더욱 즐겁고 추억이 가득한 여행이 될 것이다.

AREA 06

해변에서 모든 것이 해결되는
필리핀 보라카이

AREA 06 보라카이(BORACAY)

세계 최고의 화이트 비치라는 명성은 비단 해변과 바다의 아름다움 때문만은 아니다. 호텔, 식당, 스파, 상점 등이 모래사장에 늘어서 있는데 이 모든 것을 한자리에서 해결할 수 있는 편의성. 이것은 아이가 어릴수록 몹시 매력적인 요소가 된다.

 **AREA INFO**

추천 가족	보기에도 좋고 놀기에도 좋은 해변과 바다를 원하는 가족. 번잡해도 해변에서의 편의성을 중요하게 여기는 가족.
추천 계절	비가 많이 오지 않는 12월부터 5월. 이때 바다가 가장 예쁘고 아이들이 놀기에 좋다. 우기인 여름과 가을에는 강수량이 많고 바람이 강해 아이가 있는 가족이라면 추천하고 싶지 않다.
가는 방법	1. 직항 _ 깔리보 국제공항까지 비행시간 4시간 20분 ➡ 까띠끌란 선착장까지 차로 1시간 40분 ➡ 보트로 각반 선착장까지 15분 ➡ 트라이시클로 리조트까지 이동 2. 경유 _ 마닐라 국제공항까지 비행시간 3시간 50분 ➡ 까띠끌란(라모스) 공항까지 비행시간 50분 ➡ 까띠끌란 선착장까지 도보 10분 또는 트라이시클로 3~4분 ➡ 보트로 각반 선착장까지 15분 ➡ 트라이시클로 리조트까지 이동 3. 경유 _ 마닐라 외에도 세부와 클락을 경유해 갈 수 있다. 비행시간은 마닐라가 가장 짧다.
이동 방법	화이트 비치는 주요 스팟들이 한곳에 몰려 있어 대부분 걸어서 이동한다. 하지만 아이와 함께라면 꽤 힘들 수 있고, 해변 앞 메인도로는 모래가 있어 유모차를 밀고 다니기 힘들다. 늘어선 숙소와 상점 뒤로 포장된 도로가 있는데 그곳에서 셔틀버스나 오토바이가 끄는 수레, 트라이시클을 타면 된다.
난이도 중	보라카이까지 가는 방법이 조금 복잡하다.

> **Tip**
> **보라카이로 이동하기**
> – 보라카이로 가는 방법 중 어떤 것이 편할지는 아이 성향에 따라 다르다. 필자는 아이가 차를 오래 타는 것을 싫어해 마닐라 공항에서 국내선 비행기를 한 번 더 타는 방법을 선택했다. 비행시간에는 큰 차이가 없지만 실제 공항에서 대기하는 시간이 많아 보라카이까지 이동하는데 꽤 오랜 시간이 걸렸다.
> – 공항에 도착하면 많은 호객꾼이 다가온다. 적절히 흥정하면 되는데 그 과정이 번거롭다면 미리 '보라카이 픽업샌딩'을 검색한 후 업체를 예약하는 것도 방법이다. 좀 더 비용을 아끼고 싶다면 사우스웨스트 버스 홈페이지(www.southwesttoursboracay.com)에서 직접 예약해도 된다.
> – 보라카이로 가는 배를 탈 때에는 뱃삯에 환경세와 부두세를 별도로 내야 한다(총 금액 1인 약 4200원).
> – 공항에서 숙소까지는 몇 번의 교통수단을 이용해야 하고 긴 줄을 설 수도 있기에, 공항에서 숙소까지 전구간을 아우르는 픽업서비스를 추천한다.

> **Tip**
> **공항 입국 전 알아두기**
> – 필리핀은 엄마가 아이를 데리고 입국하면 아이와 엄마의 성이 다르다는 이유로 가족관계증명서를 요구한다. 부모와 성이 다르다면 출발 전, 가족관계증명서 필요 여부를 꼭 확인해야 한다.
> – 다른 나라의 경우 항공권에 공항세가 포함되지만, 필리핀은 따로 내야 하므로 한국으로 돌아올 때 현금(페소)을 준비해야 한다. 까띠끌란 공항 200페소, 칼리보 공항 700페소(1인당 가격, 만 2세 미만 무료).
> – 보라카이는 환경정화를 위해 섬 전체에 유례없는 폐쇄 조치가 내려지기도 했다. 불법 건축물들을 철거하고 새 길을 내며 2018년 10월 26일 재개장했다. 아직도 섬 전체를 리뉴얼하고 있으므로 이전 여행 정보와 여행객 평점은 많이 달라질 수 있음을 미리 알린다.
> – 숙소는 정부의 허가를 받은 곳부터 오픈하고 있으므로 승인된 호텔인지를 확인하고 예약하는 것이 안전하다. 호텔 바우처를 제시해야 입국이 가능하다.

해변에서 하루 종일 뒹굴 거리기

보라카이가 교통편과 접근성만 좋았더라면 세계 최고의 해변이 되었을 것이다. 산호 가루가 부서지면서 만들어낸 하얀 해변과 투명하고 맑은 비취색 바다, 가도 가도 아이의 허리를 넘지 않는 수심과 잔잔한 파도. 그런 해변에 호텔과 식당, 스파, 상점들이 늘어서 있다. 객실에서 나와 바다로 뛰어드는 데 채 몇 분이 걸리지 않고, 밥을 먹거나 쇼핑을 위해 굳이 옷을 갈아입고 이동하지 않아도 된다. 심지어 시터나 키즈룸이 있는 스파도 쉽게 찾을 수 있다.

그런 보라카이가 6개월의 폐쇄 조치 후 더 깨끗하고 맑은 모습으로 재개장을 했다. 본연의 아름다움을 만날 수 있는 최적의 시기가 아닐까? 화이트 비치에서만큼은 아이와 함께 하루 종일 뒹굴 거려 보자. 그러다 지루해진다면 다양한 해양 액티비티를 경험해 봐도 좋다.

ⓢ 저렴한 가격에 베이비시터 이용하기

필리핀은 베이비시터Baby-sitter 요금이 저렴한 편이다. 보라카이는 휴양지로 특화된 섬이라 시터의 수가 많지는 않지만, 하루 8시간 동안 아이를 돌봐주는데 1만 원대로 가능했다는 엄마들의 후기가 많은 편이다. 아이가 어려 계속 안고 있어야 하거나 모처럼 여행에서 액티비티를 즐기고 싶다면 한 번 이용해 보는 것도 좋다. 하지만 개인이 운영하는 사설 베이비시터라면 세심한 주의가 필요하다. 낯선 곳에 아이와 단둘이 남겨놓기보다는 동행하는 것을 추천한다. 인터넷에서 '보라카이 시터'를 검색하면 엄마들 사이에서 공유되는 시터의 연락처를 얻을 수 있다. 물론 리조트 내 시터서비스를 이용하면 비용은 훨씬 올라가지만, 보다 마음 편하게 이용할 수 있다.

ⓢ 호객행위 활용하기

필리핀의 유명 섬들은 다른 휴양지에 비해 유난히 호객꾼이 많아 공항에 내리는 순간부터 흥정을 붙이려는 수많은 눈동자와 만나게 된다. 아이가 있어 여기저기 알아보러 다니기가 힘들거나 여행 계획을 제대로 세우지 못하고 왔다면 호객행위는 오히려 좋은 기회일 수 있다. 심지어 보라카이는 한국인 관광객이 워낙 많다 보니 호객꾼과 간단한 한국어로 소통도 할 수 있다.

우리 가족도 해가 질 무렵, 미처 여행객을 다 채우지 못한 선셋 크루즈를 절반도 안 되는 가격에 이용할 수 있었다. 아이와의 여행은 변수가 많으므로 항공권과 숙소만 예약하고 나머지 일정은 아이의 컨디션을 봐가며 현지에서 정해도 늦지 않는다. 이때 호객행위는 흥정만 잘하면 한국에서 예약하고 가는 것보다 훨씬 저렴할 수 있어 매력적이다.

ⓢ 배달음식 시켜 먹기

'전화나 카톡 한 번이면 물놀이하는 해변까지 음식을 배달해준다.' 우리나라가 아닌 보라카이 이야기이다. 물론 몇 백 원의 배달료가 더 붙지만 물놀이에 빠져 도통 밥 먹으러 갈 생각을 하지 않거나 놀다가 그대로 잠든 아이 때문에 움직이기 곤란해졌다면 한 번 시도해 볼 만하다.

숙소에서 유선 전화를 이용해도 되고, 스마트폰을 이용해도 된다. 스마트폰을 사용한다면 로밍보다는 현지 유심칩을 사용하는 것이 경제적이다.

일부 식당은 카카오톡 메시지로 주문을 받기도 한다. 영어 소통이 원활하지 않다면 주문을 하기 전 메뉴명(수량, 사이즈 등)과 호텔명, 룸번호 등을 미리 메모하여 천천히 읽어주면 된다. 위치는 숙소를 기준으로 알려주면 되는데 보통 숙소 로비에서 전달받는다.

옐로우캡 피자 Yellow Cab Pizza
보라카이에서 가장 유명한 피자집. 짠맛이 강하긴 하지만 토핑도 꽤 두툼하고 가성비가 좋다. 치킨과 스파게티, 음료 주문도 가능하다.
유선 전화 288-5550 / 288-1611

주점부리 한식
오후 다섯 시부터 새벽 두 시까지 영업한다. 야식메뉴가 많지만, 돈가스, 김밥, 계란말이 등 아이와 먹을만한 음식도 꽤 있다.
카카오톡 아이디 leejinsun0301 휴대폰 0917-133-5911

구멍가게(한인마트)
컵라면, 김치, 과자, 음료 등을 비롯해 각종 레토르트 식품과 밑반찬 등을 배달시킬 수 있다. 금액 상관없이 배달 가능하며, 우리나라보다 조금 비싸지만 버젯마트를 비롯한 필리핀 마트보다는 저렴하다.
카톡 아이디 anasong2 휴대폰 : 0917-310-0965

ⓢ 낭만적인 밤바다 즐기기

과거 화이트 비치는 밤이 되면 시끄러운 음악과 불빛이 번쩍거리는 거대한 파티장이 되곤 했다. 하지만 재개장을 한 지금은 해변에서 파티, 음주, 흡연이 불가능해졌다. 화려한 밤문화가 사라진 것은 아쉬운 부분이지만, 보다

쾌적하고 낭만적인 밤바다를 기대한 부모들에게는 반가운 소식이다.

저녁식사를 한 후, 아이와 눈꺼풀이 무거워질 때까지 해변에서 모래놀이를 즐기고 산책을 다녀보자. 디몰 주변 스테이션 2는 늦게까지 영업하는 곳이 많아 야식을 즐기며 밤바람을 쐬기에 더없이 좋다. 보라카이에서는 그 어느 휴양지보다 하루를 길고 알차게 보낼 수 있다.

보라카이 100% 즐기기

보라카이는 해변의 위치와 특색에 따라 3지역으로 구분한다. 모래가 곱고 깨끗한데다 해변 분위기가 한적해 고급 숙소들이 많은 북쪽 스테이션 1과 디몰을 중심으로 편의시설이 밀집해 변화한 스테이션 2, 그리고 모래가 다소 굵지만 저렴한 숙소와 식당이 많은 남쪽 스테이션 3이다.

아이가 있다면 당연히 스테이션 2가 편하다. 보라카이의 유일한 병원도 이곳에 있고 마트, 상점, 식당, 환전소 등도 밀집해 있다. 재개장을 하면서 해변의 파라솔과 선베드가 철거된 상태이기에 해변 앞 숙소를 이용해야 보다 편하게 즐길 수 있다.

보다 한적하고 조용한 곳을 찾는다면 무료 셔틀이 있는지 알아보고 스테이션 1이나 3에 숙소를 잡는 것도 좋다. 시내 중심과 멀리 떨어진 숙소 대부분은 셔틀을 운영한다. 간혹 셔틀 시간을 맞추기 어렵거나 다른 곳으로 갈 때는 트라이시클을 타면 되는데, 머리칼을 흩날리며 트라이시클을 타는 것은 어른은 물론, 아이들에게도 꽤 즐거운 경험이다.

ⓗ 스테이션 2 추천 숙소

더 디스트릭트 보라카이 The District Boracay, 4성급 리조트

화이트 비치 바로 앞에 위치해 있어 아이와 해변을 즐기기에 좋다. 중심지인 디몰까지 도보 5분 거리라 위치상으로는 보라카이 최고의 숙소로 꼽힌다. 규모가 크진 않지만 깔끔하고 모던한 시설에 서비스가 좋아 평점이 높다. 단, 항상 수많은 사람들로 북적거리는 곳이라 한적함을 원한다면 아쉬울 수 있다.

헤난 크리스탈샌즈 리조트 Henann Crystal Sands Resort, 5성급 리조트

지난 2017년 10월 새롭게 오픈한 신축호텔로 한국인이 선호하는 헤난 계열의 5번째 리조트이다. 화이트 비치에 자리하고 있어 리조트 내 인피니티풀에서 화이트 비치를 바라보며 수영을 즐길 수 있다. 아이와 보다 편하게 물놀이를 즐기고 싶다면 객실에서 바로 수영장으로 연결되는 풀억세스룸(Pool Access Room) 타입도 추천해볼만 하다. 참고로 디몰까지는 도보 5분 거리이다(헤난 계열은 2018년 말 현재, 정부로부터 아직 오픈 허가를 받지 못한 상태이다. 예약 시 승인여부를 꼭 확인하자).

아스토리아 커런트 Astoria Current, 4성급 리조트

2015년 지어진 호텔로 스테이션 2와 3의 경계쯤에 자리하고 있어 중심지보다 해변이 한적한 편이다. 감각적으로 꾸며진 객실과 현대적 시설의 수영장, 친절한 직원들의 서비스까지 더해져 숙소 평점이 높다. 중심 디몰까지 1.4km 떨어져 있어 왕래가 번거롭지만 근처에 옐로우캡을 비롯한 맛집이 있다.

⒣ 스테이션 1 추천 숙소

더 린드 보라카이 The Lind Boracay, 5성급 리조트

2015년에 오픈한 고급 리조트로 화이트 비치가 보이는 인피니티풀과 룸 컨디션 등 시설이 꽤 훌륭하다. 디몰에서 차량으로 10분 정도(도보 20분) 떨어져 있지만 덕분에 아름다운 해변을 보다 한적하게 즐길 수 있다. 수영장에는 유아풀과 자쿠지가 있고 작은 키즈클럽에서는 다양한 프로그램이 운영된다.

디스커버리 쇼어즈 보라카이 Discovery Shores Boracay, 4.5성급 리조트

체크인 시 투숙객의 발을 씻겨주고 맛사지를 해주는 등 서비스가 돋보인다. 까띠끌란에 전용 선착장이 있어 리조트를 왕래하는 무료 픽업서비스도 제공한다. 더 린드와 마찬가지로 한적하고 아름다운 화이트 비치를 즐기기에 좋다. 전 객실 스위트룸으로 객실을 보다 넓게 쓸 수 있는 것도 장점이다.

현지 구매로 짐 줄이기

보라카이에는 디몰은 물론 해변에 상점이 많아 물놀이용품을 비롯해 식료품, 기저귀같이 수시로 필요한 것들을 손쉽게 구할 수 있다. 때문에 집에서부터 바리바리 싸들고 가지 않아도 된다.
모래놀이 도구는 내구성은 다소 떨어지지만, 실컷 가지고 놀다가 두고 와도 아깝지 않을 정도의 금액이다. 비치웨어도 저렴하면서 감각적인 스타일이 많고, 아이용 샌들이나 슬리퍼도 현지에 잘 어울리는 색감과 예쁜 디자인이 많아 기념품처럼 하나씩 사와도 좋다.
우리나라 사람이 반가워 할 햇반이나 컵라면, 김치 같은 제품도 판매하는데, 국내보다는 비싼 편이다. 디몰 내에는 보라카이에서 가장 큰 마트인 버젯(Budget)과 우리나라 상품이 많은 왕마트(Wang Mart)가 있고, 그 외에도 곳곳에서 어렵지 않게 마트를 찾을 수 있다.

보라카이에서 아이와 꼭 해봐야 할 베스트 3

보라카이에서는 할 수 있는 것이 너무나 많다. 호핑투어, 스노클링, 패러세일링과 같은 해양 액티비티부터 짚라인, ATV와 같은 육상 액티비티, 우리나라 노량진 수산시장 같은 디딸리빠빠D*talipapa 마켓에서 싱싱한 해산물 원 없이 먹어보기, 매일매일 스파 받기, 지워지는 문신 헤나와 레게머리 땋아보기 등 짧은 일정이라면 더욱 고민이다. 무엇을 선택하면 좋을까?

ⓢ 선셋 세일링 Sunset Sailing

보라카이에서 했던 최고의 경험으로 전통 선박 방카Bangka를 타고 보는 선셋을 빼놓을 수 없다. 세일링은 보통 요금이 만만치 않은데 보라카이에서는 비교적 저렴하게 즐길 수 있다.

해변을 뜨겁게 달구던 해가 수평선 가까이 닿을 때쯤, 모터 없이 바람의 힘만으로 물살을 가르는 수많은 돛단배가 몰려든다. 날개처럼 양옆으로 뻗은 그물에 앉아 있으니 아이의 말대로 새가 되어 하늘을 나는 기분이었다. 블루가 오렌지로 그리고 다시 어두운 블루로 바뀌는 신비로운 시간. 수평선 위로 수많은 배가 만들어낸 검은 실루엣은 더없이 낭만적이고 로맨틱했다. 방카 내에는 유아 구명조끼가 별도로 준비되어 있고, 약 30분 정도로 시간도 적당해 아이와 즐기기에 더없이 좋다. 예약을 미리 해도 되지만 즉석에서 흥정해 타는 것이 일반적이다.

Ⓢ 우리 가족만의 모래성 쌓기

해변에서 아이들에게 모래는 어떤 장난감 못지않은 좋은 놀이도구이다. 물론 모든 모래가 잘 뭉쳐지는 것은 아닌데 보라카이 해변의 모래는 입자가 곱고 반죽이 잘 돼 아이들이 가지고 놀기에 최적이라 할 수 있다.

현지 아이들은 그런 모래로 아이 실력이라 믿기지 않을 만큼 놀라운 수준의 모래성을 만든다. 비용을 지불하면 원하는 모양의 모래성을 만들어주는데, 이제는 상업적인 대형 모래성을 쌓는 것이 금지되어 작게 만들어주겠다며 흥정을 걸어오기도 한다.

보라카이에 가면 아이와 가족만의 모래성을 꼭 만들어 보자. 필자는 남들의 모래성을 몰래 촬영했었는데, 그 멋진 풍경앞에서 찍은 가족 사진이 없다는 것이 두고두고 후회됐다.

ⓢ 아름다운 해변 투어

보라카이에는 화이트 비치뿐 아니라 푸카쉘Pukashell, 블라복Bulabog, 발링하이Balinghai, 디니위드Diniwid 등 무려 12개의 아름다운 해변이 있다. 북적거리는 화이트 비치보다 순수한 자연을 느끼고 싶다면 이러한 해변을 추천한다.

푸카쉘 비치는 이름에서 짐작할 수 있듯 한때 보석으로 취급받을 만큼 아름다운 조개가 많은 곳이다. 파도가 세고 물이 깊은 편이라 아이와 물놀이를 하기에 좋은 해변은 아니지만, 짙고 아름다운 해변의 물빛만큼은 화이트 비치와 또 다른 매력을 뽐낸다. 해변의 크기로 본다면 화이트 비치 다음으로 큰 해변이기도 하다.

블라복 비치는 화이트 비치 반대쪽에 있어 뒷바다라고 불린다. 건기에는 바람이 많아 세계적인 윈드서핑 대회가 열리기도 하지만 오히려 우기에는 잠잠해진다. 그래서 우기에 바람이 많이 부는 화이트 비치를 대신해 보라카이 여행의 중심지가 되기도 한다.

발링하이 비치는 울창한 밀림을 연상시키는 환경과 바다의 조화가 훌륭하다. 그늘이 없는 다른 해변에 비해 나무 그늘이 많은 것도 매력적이다. 프라이빗 비치라 해변 레스토랑의 음식과 음료를 주문할 수 있는 바우처를 끊으면 입장이 가능하다. 금액이 비싸지 않아 물놀이와 식사를 즐기기에 좋다.

SPECIAL TIP

여행 리포터 엄마의 주관적인 여행 법

우리 가족 숙소 선택 매뉴얼

아이와 함께 머물기 좋고 내 맘에도 쏙 드는 숙소는 어떻게 찾으면 될까? 요즘은 좋은 숙소도 많고 광고도 많다 보니 오히려 어디서부터 어떻게 좁혀가야 할지 막막할 때가 많다. 그럴 때는 다음에 제시하는 몇 가지만 기억하면 도움이 된다.

✄ 위치에 따른 숙소 선택

아이와의 여행은 이동이 편해야 모든 것이 편하다. 그래서 목적지가 확실히 정해진다면 목적지까지 이동이 편한 곳에 숙소를 선택하는 것이 좋다. 대부분의 숙소 예약 사이트는 구글 지도를 제공하므로 지역의 랜드마크나 숙소명을 입력하면 주변의 관광지나 숙소를 한눈에 확인할 수 있다.

❶ '호텔스닷컴(kr.hotels.com)'에 들어가 [호텔 검색] 란에 '보라카이 디몰'이라고 입력한 후 체크 인과 아웃 날짜, 인원 수 등을 입력한 후 [검색] 버튼을 클릭한다.

❷ 화면 좌측 상단에 [지도에서 보기]를 클릭한다.

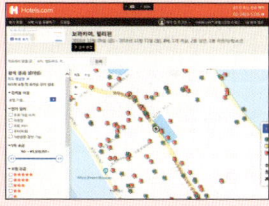

❸ 선택한 지역의 지도가 나타나고, 방이 없는 숙소는 빨간색으로 방이 있는 숙소는 초록색으로 보인다.

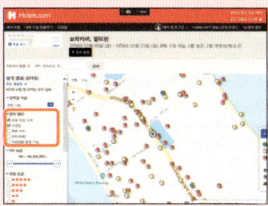

❹ 이때 왼쪽 패널에서 호텔의 등급이나 조식, 수영장 등의 세부 조건을 체크 표시하여 필터링하면 조건에 맞지 않는 숙소는 초록색에서 노란색으로 바뀐다.

❺ 초록색으로 표시된 숙소 중 목적지와 가깝고, 원하는 조건에 가장 부합한 곳을 찾으면 된다. 마우스포인터를 갖다 대면 호텔명이 나오고 클릭하면 호텔정보 페이지로 연결 된다.

❻ 목적지가 확실하게 정해져 있거나 공항 근처의 숙소를 찾을 때 특히 유용하다.

✖ 개인 취향에 따른 숙소 선택

갈수록 독특한 콘셉트를 가지거나 이색적으로 인테리어 된 숙소들이 늘어나고 있다. 잠시 머물러도 자신의 취향과 욕구를 만족시킬 수 있는 곳을 찾고 싶다면 이미지 위주의 검색을 활용해 본다. 여행 덕후인 남편은 특히 숙소에 관심이 많은데, 평소 여행 잡지나 여행 사이트를 즐겨보면서 마음에 드는 곳이 나오면 찜을 해둔다. 호텔들은 주기적으로 할인 프로모션이나 다양한 이벤트를 진행하기 때문에 이에 맞춰 여행을 계획하는 것이다. 목적지에 맞춰 숙소를 찾아야 한다면 '에바종(www.evasion.co.kr)' 같은 호텔 예약 사이트를 통해 이미지로 먼저 숙소 상태를 확인해볼 수 있다. 에바종은 실제보다 사진이 좀 더 멋있게 보이는 경향이 있지만, 이미지를 중심으로 호텔의 특징을 체크할 수 있어 좋다. 할인 프로모션을 사전에 공지하기도 한다. 대표적 휴양지인 방콕이나 발리, 푸껫 등은 좋은 숙소가 많아 결정 장애가 올 수 있는데, 이때 특히 유용하게 활용할 수 있다.

✖ 여행자 평가를 반영한 숙소 선택

'트립어드바이저(www.tripadvisor.co.kr)'는 전 세계인의 숙소 리뷰를 한눈에 확인할 수 있는 사이트이다. 한국인은 룸 컨디션과 조식, 부대시설 등에 좋은 평을 주는 반면, 서양인은 친절도 같은 서비스나 장기 체류가 많아서인지 가성비 높은 곳에 좋은 평을 준다. 때문에 우리에게 딱 맞지 않을 수는 있지만 이 사이트에서 평가하는 상위권 숙소는 동서양을 막론하고 꽤 신뢰할 만하다. 참고로 어느 지역이든 전체 순위 30% 안에서 고르는 것이 안전하다.

  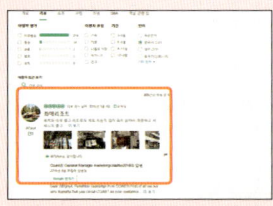

❶ 트립어드바이저 검색창에 '보라카이'를 입력하고 호텔검색을 클릭한다.

❷ 다음 페이지 [정렬순서]에서 '여행자 평가'를 선택해 필터링하면 1위 숙소부터 순서대로 보인다.

❸ 관심 있는 숙소를 클릭하면 여행자들의 생생한 숙박 경험을 미리 확인해볼 수 있다.

숙소의 상세 정보 확인하기

앞의 과정을 통해 가고 싶은 숙소를 골랐다면 숙소의 상세 정보를 확인한다. 유아 투숙 규정이나 침대 사이즈, 유아 풀, 키즈 카페 유무 등 세부적으로 확인해야 할 사항이 꽤 많다. 간혹 투숙객에 아이를 넣으면 검색이 안 되는 경우가 있는데, 그럴 때는 성인 2명만 넣어 검색한 후 원하는 숙소의 투숙 정보를 확인한다. 특별한 자녀 투숙 규정이 없고 침대 사용이 가능하면 아이와의 투숙이 문제없는 편인데 좀 더 확실히 하고 싶으면 이메일이나 전화로 확인하면 된다.

AREA 07 끄라비(KRABI)

한 폭의 산수화를 연상시키는 기암괴석과 그 아래 펼쳐진 유리알처럼 맑고 청량한 바다. 해변 바로 앞에서 수많은 물고기 떼와 수영을 할 수 있는 곳. 아직 우리나라에는 직항이 없어 낯선 이름이지만 외국의 관광객들에게는 천국이라 불리는 곳이 끄라비이다.

 **AREA** INFO

추천 가족	기암괴석의 절경 아래 다양한 섬 투어를 원하는 가족
추천 계절	물놀이는 일 년 내내 가능하지만 아름다운 풍경을 즐기기에는 건기인 11~4월이 좋다.
가는 방법	1. 직항 _ 푸켓공항까지 비행시간 6시간 10분 ▶ 아오낭 비치까지 차로 2시간
	2. 경유 _ 방콕까지 5시간 30분 ▶ 끄라비공항까지 1시간 20분 ▶ 시내까지 차로 30분
이동 방법	20분 이상 거리는 택시, 그보다 짧은 거리는 오토바이를 개조한 툭툭이를 이용한다.
난이도 중	직항이 없어 끄라비까지 가는 것이 다소 번거롭다.

끄라비 여행의 시작, 아오낭 비치 Ao Nang Beach

흔히 말로 형용할 수 없는 아름다운 바다를 '에메랄드빛 바다'라고 표현한다. 필자 역시 여러 곳의 바다를 두고 에메랄드빛이라는 표현을 썼다. 하지만 끄라비의 바다를 본 사람이라면 그 투명한 초록 에메랄드빛의 진수는 단연 끄라비라는 것에 이견이 없을 것이다.

끄라비 여행은 아오낭 비치에서부터 시작된다. 기암괴석이 병풍처럼 둘러쳐진 아오낭 비치는 약 1km에 달하는 해변을 따라 식당, 상점, 투어 부스 등의 편의시설이 모여 있는데 대부분의 투어가 이곳에서 출발한다. 저렴한 중저가 숙소도 많아 이곳을 베이스 캠프로 주변 섬들을 둘러보는 것이 일반적인 끄라비 여행의 방법이다.

하지만 막상 아이와 함께 머물러 보니 해변에 인접한 숙소가 없고 좁은 도로는 항상 사람들로 북적인다는 것이 매우 불편하게 느껴졌다. 해변 역시 아이가 놀기에 적합한 환경이 아니다. 때문에 투어 일정이 있을 때만 숙박을 하거나 조금 떨어진 곳에 숙소를 잡고 투어 시간에 맞춰 나오는 것을 추천한다.

🅗 아오낭 비치 추천 숙소

아오낭 클리프 비치 리조트
Aonang Cliff Beach Resort, 4성급 리조트

아오낭 비치 중심에 위치해 투어 부스나 식당 등의 편의시설을 도보로 이동할 수 있어 편리하다. 특히 리조트 내 인피니티풀에서 보는 풍경이 상당히 아름답고 전반적으로 이용자 평이 높은 곳이다.

홀리데이 인 리조트 Holiday Inn Resort, 4성급 리조트

가족 여행객을 우선으로 하는 리조트이다. 키즈풀과 워터 슬라이드, 키즈클럽 등 아이를 위한 부대시설이 잘되어 있다. 객실 타입 중에는 키즈 스위트룸이 따로 있기도 하다. 아오낭 비치가 약 1km 정도 떨어져 있어 매번 중심지까지 툭툭이를 타고 이동해야 하지만 숙소에 머무르는 시간이 많고 아이를 위한 부대시설을 중요하게 생각한다면 우선적으로 추천할 만하다.

🅗 끌롱무앙 비치 추천 숙소

아오낭 비치에서 북쪽으로 차를 타고 20분 정도 올라가면 끌롱무앙 비치 Klong Muang Beach 가 나온다. 그리고 좀 더 올라가면 탑캑 비치 tubkaak Beach 가 나온다. 바다 풍경이 꽤 예쁜 두 곳에 한적한 프라이빗 비치를 가진 고급 리조트가 모여 있다. 한가로운 휴식을 원한다면 이곳의 숙소를 이용해 봐도 좋다.

두짓타니 크라비 비치 리조트 Dusit Thani Krabi Beach Resort, 5성급 리조트

필자가 방문할 당시, 쉐라톤으로 운영되고 있었다. 지금은 이름이 바뀌었지만 넓은 부지에 잘 꾸며진 조경은 여전하다. 또한, 주변에 로컬 레스토랑과 맛사지 샵, 편의점 등이 있어 아오낭 비치까지 나가지 않아도 된다. 무엇보다 이곳에서 보는 일몰이 환상적이다.

소피텔 크라비 포키트라 골프 앤 스파 Sofitel Krabi Phokeethra Golf & Spa Resort, 5성급 리조트

수영장의 규모가 압도적으로 크다. 작은 놀이터가 있는 키즈카페도 있고 한국인 스텝이 있어 친절한 서비스를 받을 수 있다. 하지만 오래된 건축물이라 5성급이라 하기에는 룸 컨디션이 다소 떨어진다. 한국 여행사에서 패키지로 많이 추천하는 곳이라 한국 관광객이 많은 것도 특징이다.

기암괴석의 절경, 라일레이 비치와 프라낭 비치

아오낭 비치에서 롱테일 보트 Long-Tail Boat를 타고 5~10분 정도 가면 웨스트 라일레이 비치가 나온다. 반도형태로 툭 튀어나와 있지만 높은 산에 가로막혀 배를 타야만 들어갈 수 있다. 끄라비를 대표하는 곳으로 투어를 하면 첫 번째로 방문하는 곳이다. 해변에 아찔하게 솟은 기암괴석에서 락 클라이밍 즐기는 사람도 볼 수 있다.

라일레이 비치Railay Beach에서 10
~15분 정도 걸어가면 프라낭
비치Phra Nang Beach가 나온다. 도
로포장 상태가 좋지 않아 아이
는 안거나 걷게 해야 한다. 하
지만 가는 길에 야생 원숭이가
출몰하기도 하고 이국적인 풍
경이 펼쳐지기도 해, 시간적
여유가 있다면 천천히 감상하
면서 가도록 하자.

프라낭 비치는 수심이 낮고 물고기가 많아 해변에서도 스노클링이 가능하다. 롱테일 보트
에서는 볶음밥이나 팟타이, 로티 등 다양한 음식을 즉석에서 요리해준다. 가격도 2,000~
3,000원으로 저렴해 물놀이 하는 아이를 지켜보며 끼니를 해결하기에 좋다.

라일레이로 이동하기

굳이 패키지 투어를 이용할 필요가 없는 코스이다. 아오낭 비치
에 가면 많은 보트가 대기하고 있으므로 예약도 필요 없다. 8명
의 인원이 차면 출발하는데 대부분 얼마 기다리지 않아도 된다.
이때 왕복표를 구매하면 프라낭에서 다시 라일레이 비치로 돌아
와야 하므로 각각 편도(100바트, 약 3300원)를 구매하는 것이
편하다. 또한 썰물 때는 배가 해변까지 들어올 수 없어 꽤 긴 물
길을 걸어야 할 수도 있으므로 짐을 최소로 하는 것이 좋다.

 ## 골라 가는 재미, 4섬 투어

끄라비의 매력은 이색적인 여러 섬을 둘러보는 투어이다. 일반적으로 몇 개의 섬을 보느냐에 따라 투어의 이름이 달라지는데, 4개의 섬을 둘러보는 투어에서부터 7개의 섬을 둘러보는 투어까지 상품의 종류는 다양하다. 이중 가장 인기 있는 섬 투어는 포다섬 Ko Poda, 툽섬 Koh Tup, 까이섬 Ko Kai, 홍섬 Koh Hong을 둘러보는 4섬 투어이다. 이때 툽섬을 2개의 섬으로 보기도 해 홍섬을 빼고 4섬 투어라 부르기도 한다.

아이들과 놀기 좋은 섬은 포다섬과 홍섬이다. 특히 깊숙이 들어간 만에 해안이 자리한 홍섬은 물빛이 아름답고 해변에서 바로 스노클링을 즐길 수도 있다. 홍섬에 가기 전 기암괴석에 둘러싸인 호수처럼 잔잔하고 신비로운 홍라군도 놓치지 말고 둘러보자.

홍섬

홍라군

톱섬은 썰물 때 바다가 갈라지면서 두 개의 섬 사이로 길이 드러난다. 아이와 함께 섬을 둘러보고 싶으면 썰물 시간에 맞춰서 간다. 까이섬은 해안에 내리지 않고 섬 인근 바다에서 스노클링을 하므로 아이가 어리면 제대로 이용하지 못할 수도 있다.

🅣 끄라비 보트 이용하기

투어 시 이용하는 보트는 롱테일 보트와 스피드 보트로 나뉜다. 롱테일 보트는 탑승감이 불편하고 느리지만 가까운 거리를 갈 때 유용하고, 속도가 빠른 대신 가격이 비싼 스피드 보트는 먼 거리를

가거나 쾌적한 분위기를 원할 때 유용하다. 아오낭 비치에 많은 투어 부스가 있고 해변에서 호객 행위가 이루어지기도 하는데 홍섬을 비롯한 몇 개의 섬은 별도의 입장료가 있다(성인 300바트, 어린이 150바트). 이때 국립공원 입장료가 포함된 금액인지 꼭 확인해야 한다.

🅣 프라이빗 투어 활용하기

단체관광은 오전 9~10시에 출발해 오후 4~5시에 돌아오는 일정이 대부분이다. 시간이 길고 한곳에 머물지 않는 호핑투어라 아이에게는 피곤한 일정일 수 있다.
때문에 아이와 함께라면 배를 단독으로 쓸 수 있는 프라이빗 투어를 추천한다. 가족 수가 많으면 1인당 계산되는 단체관광과 가격이 비슷할 수도 있다. 당시 4시간 기준

롱테일 보트는 4만 원, 스피드 보트는 7만 원에 빌려 원하는 섬을 골라 다녔다. 무엇보다 단체투어가 빠져나간 후 한적한 순간을 즐길 수 있어 좋았다. 프라이빗 투어를 예약할 때는 숙소나 업체를 통하는 것보다 배를 가진 호객꾼과 직접 흥정하는 편이 훨씬 저렴하다. 그리고 홍섬은 끌롱무앙 비치에서 가까우므로 끌롱무앙에서 숙박을 하면 따로 갔다 오기 좋다.

신비로운 숲속 물놀이, 크리스탈 라군 투어

아오낭 비치에서 내륙으로 한 시간 정도 차를 타고 가면 외딴 숲을 만나게 된다. 입구에서 내려 10분 정도 걸어 들어가면 에메랄드빛을 띤 자연 풀장, 에메랄드 풀 Emerald Pool이 나온다. 숲속에 인공풀장을 만들어 놓은 것 같은 꽤 이색적인 모습인데 바위에 이끼가 끼어 있어 자연 미끄럼을 탈 수도 있다.

에메랄드 풀에서 20분 정도를 더 걸어 들어가면 이번에는 신비로운 파란색의 연못 블루 풀 Blue Pool이 나온다. 이곳의 물빛은 비현실적으로 아름답고 맑아서 금방이라도 뛰어들고 싶지만 입수가 금지된 구역으로 잠시 둘러만 보는 코스이다. 단, 우기에는 둘러보는 것마저 불가할 수도 있다.

다시 입구에서 차로 10~15분 정도 이동하면 석회암 지형이 녹으면서 형성된 계단식 온천, 핫스프링Hot Springs이 나온다. 5~6명이 들어갈 수 있는 작은 규모의 웅덩이가 7~8개쯤 있는데 규모가 크지는 않지만, 숲속에서 노천욕을 즐기는 기분이 든다. 온천물에 몸이 더워지면 차가운 계곡으로 뛰어들어 냉온욕을 함께 즐길 수도 있다.

크리스탈 라군 투어

서로 인접해 있어 패키지 투어나 기사가 딸린 차량을 렌트하여 에메랄드 풀, 블루 풀, 온천을 한 번에 둘러보는 것이 일반적이다. 에메랄드 풀과 온천에는 별도의 입장료가 있으므로 패키지라면 입장료 포함여부를 확인해야 한다. 이곳은 옷을 갈아입을 장소가 없어 수영복 위에 가벼운 상의를 걸치는 것이 좋다. 다른 편의시설도 없으므로 수건이나 생수, 간식 등을 미리 챙겨야 한다. 유모차를 밀고 다니기에 썩 좋은 길은 아니지만 힘주어 밀면 다닐 만하다. 대략 한나절 실컷 놀다 온천욕으로 마무리한 후 돌아오는 길에 아이를 재우면 좋다.

카약 타고 맹그로브 정글 탐험

카르스트 지대의 협곡과 짠물에서 서식하는 맹그로브나무Mangrove 숲을 카약을 타고 이동하는 투어이다. 석회암이 침식된 동굴 같은 지형을 통과하기도 하고 선사시대에 그려진 벽화나 길들여지지 않은 야생 원숭이 등을 볼 수도 있다. 투어 시간은 2~3시간 내외로 직접 노를 저어 가는 것이 기본이지
만 부담스럽다면 뱃사공을 요청할 수 있다. 물이 튀어 옷이 젖을 수도 있으며 내리쬐는 태양빛을 피하기 위한 챙이 큰 모자와 선크림도 필수이다. '억' 소리 나는 풍경은 아니지만, 탐험을 좋아하는 아이라면 충분히 만족할 만하다.

 ## 영화 속 절경 그곳, 피피섬과 뱀부섬

레오나르도 디카프리오 주연의 영화 '더 비치 (The Beach, 2000)'에서 세계 여행객들의 시선을 단박에 사로잡은 피피섬Phi-Phi Island은 행정구역상 끄라비에 속한다. 푸켓과 끄라비 사이에 자리하고 있어 푸켓 여행객들에게 인기가 많지만, 끄라비에서도 방문할 수 있다.

너무 많은 관광객이 몰려 수중환경이나 물빛이 예전 같지 않다는 평이 있어 아쉽지만 여전히 감탄이 절로 나오는 곳이다. 스피드 보트를 왕복 3시간이나 타야 하고 섬을 둘러보는 시간까지 더해지면 하루 일정이라 아이에게는 피곤할 수밖에 없다. 이럴 땐 피피섬에서 투숙하는 것도 고려해볼 만하다.

피피섬의 일정이 부담스러우면 인근의 뱀부섬Bamboo Island을 추천한다. 스피드 보트로 왕복 2시간이 걸리는 뱀부섬은 기암괴석과 초록빛 바다가 어우러진 끄라비나 피피섬과 달리 하얀 모래사장에 하늘색 투명한 바다가 펼쳐져 있다. 특히 어른 무릎 높이의 낮은 수심에도 상당히 많은 물

고기를 만날 수 있어 아이들이 좋아한다. 당시 필자의 아이도 튜브를 타고 다니며 많은 물고기 떼를 관찰했다.

여행 리포터 엄마의 **주관적인 여행 법**

숙소 싸게 예약하는 매뉴얼

아이와 여행을 할 때는 무조건 저렴한 숙소를 찾기보다 좋은 곳을 저렴하게 예약하고, 시설을 충분히 활용하는 편이 좋다. 남들보다 좋은 숙소를 저렴하게 이용하고 싶다면 다음과 같은 방법에 도전해보자.

❊ 신축 숙소 공략하기

필자는 숙소를 선택할 때 최근 지어진 곳을 항상 우선순위에 둔다. 신축 숙소는 홍보를 위해 상대적으로 가격이 낮게 책정되는데다 깨끗하고 트랜디해서 아이와 머물기에 좋기 때문이다. 신축 숙소라도 여행자들의 평이 좋은 숙소는 빠르게 순위가 상승하면서 가격도 오른다. 이미 인기 상위권인 숙소는 그만큼 가격이 최고로 올랐다고 봐도 무방하며 그보다 순위는 낮아도 평점이 높고 최근 지어진 곳이라면 가성비 좋게 이용할 수 있다.

휴양지로 개발이 한창 진행 중인 베트남 냐짱이나 푸꾸옥 등에 신축 숙소가 많다. 하와이는 메인도로 쪽보다는 뒷길인 쿠히오 로드가 늦게 개발되었는데 이런 지역을 공략하는 것도 좋은 방법이다. 숙소의 준공(설립)연도는 트립닷컴(kr.trip.com), 몽키트래블(www.monkeytravel.com) 등의 호텔 상세정보에서 확인할 수 있다. 그리고 여행사들이 신축숙소의 정확한 정보를 모르는 경우도 많으므로 주의해야 한다. 실제 어린이 투숙이 안 되는 곳의 예약을 받아주거나 잘못된 정보를 제공해 낭패를 보기도 한다. 정확한 정보는 숙소 공식 홈페이지에서 얻는 것이 좋다.

호텔을 검색한 후 [가격/상세정보] 탭 하단의 [상품정보]에서 준공년도를 확인할 수 있다.

✖ 비수기 공략하기

숙박비를 가장 아낄 수 있는 방법은 성수기를 피해 여행을 가는 것이다. 특히 날씨의 영향을 많이 받는 휴양지는 성수기와 비수기 차이가 2배까지도 난다. 일반적으로 동남아의 성수기는 건기와 연말연시, 비수기는 우기와 봄, 가을이다. 아이와의 여행은 물놀이가 중심이 되기에 수온이 낮아 물놀이를 할 수 없는 건기보다는 비가 적게 오는 우기에 떠나는 것이 오히려 좋다.(여행 리포터 엄마의 주관적인 여행법. 휴양지 날씨 예측법 참고) 평일보다 주말이 비싼 편이므로 평일에 비싼 숙소, 주말은 좀 더 저렴한 숙소로 나누는 것도 한 방법이다. 숙소마다 비수기 할인 프로모션을 진행하므로 이 기간을 노려보는 것도 경제적이다.

✖ 경매를 통해 예약하기

숙소도 경매를 붙여 예약할 수 있다. 프라이스라인(www.priceline.com)이나 핫와이어(www.hotwire.com) 등의 사이트에서 경매를 하면 평균 20~50%까지 저렴하게 예약할 수 있다. 원하는 날짜와 위치, 등급, 가격을 입력해두면 조건에 맞는 호텔이 낙찰되는 시스템이다. 호텔을 직접 선택할 수는 없지만 저렴한 가격에 고급 호텔을 이용하고 싶다면 한 번쯤 도전해볼 만하다.

이 두 사이트에서 일종의 블라인드 딜인 '익스프레스 딜(Express Deal)'을 통해서 예약할 수도 있다. 호텔의 이름을 감추고 위치, 시설, 평점 등 제한된 정보를 주는 대신 저렴하게 내놓은 것인데, 조금만 관심 있게 보면 호텔을 유추해볼 수 있다. 인터넷 검색창에 '프라이스라인', '핫와이어' 등을 검색해보면 '익딜' 과 '비딩(역경매)'에 관한 노하우가 꽤 많이 나온다.

단점이라면 원하던 숙소가 아니어도 취소할 수 없다는 점이다. 객실 타입을 선택하지 못하게 되어 있는 호텔도 많다. 미국회사라 미국 여행지에 최적화되어 있어 괌, 하와이 여행 시 적극 추천한다.

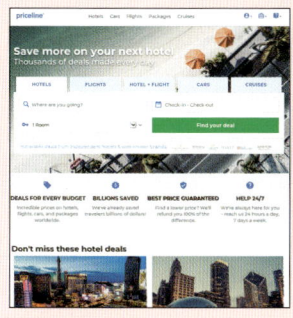
프라이스라인 홈페이지

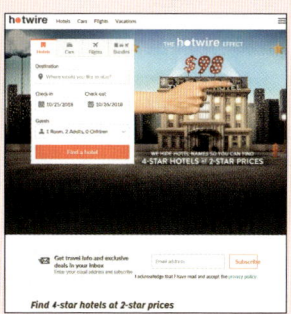
핫와이어 홈페이지

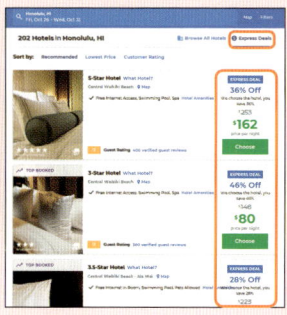
프라이스라인의 익스프레스 딜

✖ 손품 팔아 검색하기

여행상품은 검색을 하면 할수록 저렴하게 예약할 수 있는데, 특히 숙소가 그렇다. 호텔 예약 사이트뿐만 아니라 숙소 공식 홈페이지에서 프로모션을 진행하는 경우도 많으므로 비싼 숙소라면 함께 검색해 보는 것이 좋다. 하지만 같은 날, 같은 룸 타입을 기준으로 보면 금액 차이는 크지 않은 편이다.

국내 사이트는 최종 금액(세금과 수수료 포함)이 보이는 경우가 많지만, 해외에 본사를 두고 있는 호텔 예약 사이트(익스피디아, 아고다, 호텔스닷컴, 부킹닷컴 등)는 세전 금액을 보여주는 경우가 많다. 얼핏 보면 가격이 저렴해 보이지만 총비용을 계산하면 가격이 꽤 오르게 되므로 주의해야 한다. 예약 사이트마다 추가 할인쿠폰 코드를 발행하는 예도 많으니 결제 시 꼭 챙긴다.

가격이 저렴한 숙소들은 환불불가 등의 조건이 많으니 아이의 컨디션 등을 봐가며 심사숙고해야 한다. 중요한 것은 '이 숙소를 현재 몇 명이 보고 있다', '객실이 몇 개 안 남았다' 등의 문구에 현혹되지 않는 것이다. 특히 환불불가 숙소를 예약했다면 '내가 예약한 금액이 최저가다'라고 믿고 더는 검색하지 않도록 한다.

다음 이미지들을 보면 동일날짜, 동일 조건으로 같은 날 검색했어도 어디서 검색했느냐에 따라 가격이 다르게 나오는 것을 확인할 수 있다.

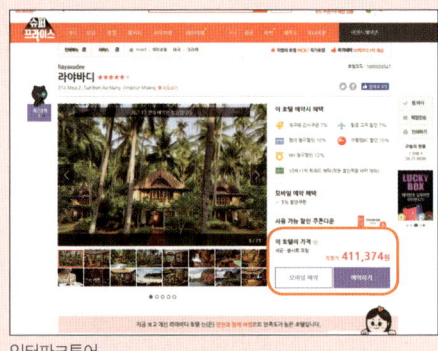

인터파크투어

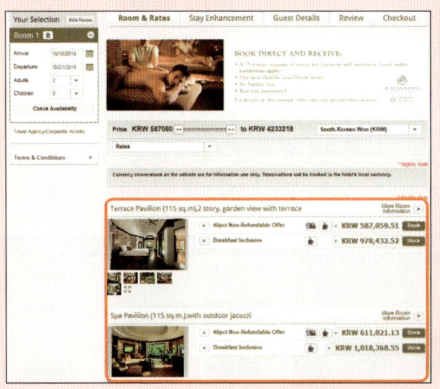

호텔 홈페이지

호텔스컴바인

> **숙소 결제 팁** 💐
> 결제를 할 때 원화가 아닌 달러나 현지 통화로 설정해줘야 추가 환전 수수료가 부가되지 않는다. 유사한 이름의 숙소나 날짜, 특히 시차가 하루 이상 나는 곳(하와이)은 예약에 오류가 생기지 않게 특히 주의하도록 한다.

AREA 08

요즘 가장 핫한 휴양지
베트남 냐짱

AREA 08 냐짱(NHA TRANG)

최근 몇 년 사이 한국인이 가장 선호하는 여행지로 급부상한 베트남. 겨울철 물놀이가 힘든 다낭을 대체할 곳으로 보다 남쪽에 위치한 냐짱이 뜨고 있다. 일 년 내내 물놀이가 가능한데다 관광 인프라가 잘 구축되어 있고, 저가항공편까지 늘어난 덕에 베트남 최고의 여행지는 당분간 냐짱이 될 것이다.

냐짱 해변

- 아이 리조트
- 탑바 온천
- 냐짱센터
- 퍼홍
- 쉐라톤 호텔
- 레인포레스트
- 랜턴스/콩카페
- 시타딘 베이프런트
- 냐짱 야시장
- 엔스
- 에바손 아나만다라
- 빈펄 골프랜드 리조트 앤 빌라
- 빈펄랜드
- 빈펄 리조트 냐짱
- 빈펄 선착장
- 빈펄 리조트 앤 스파 냐짱베이
- 빈펄 럭셔리 냐짱
- 꺼우다 선착장
- 100 에그머드 온천

 **AREA INFO**

추천 가족	다양한 방법의 물놀이와 휴식을 원하는 가족
추천 계절	일 년 내내. 우기(8~12월)에도 강수량이 높지 않다. 겨울은 파도가 센 편이라 바다 수영이 어렵고 물이 차게 느껴질 수 있는데 이럴 땐 머드온천이나 빈펄랜드를 이용하면 된다. 연중 한낮은 꽤 덥다.
가는 방법	비행시간 5시간
이동 방법	택시가 기본이고, 냐짱 시내에서 가까운 거리라면 자전거 인력거, 시클로를 이용할 수 있다.
난이도 하	공항에서 시내까지 멀긴 하지만 가는 방법이 비교적 단순하고 쉽다.

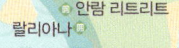

- 안람 리트리트
- 랄리아나
- 식스센스
- 냐짱센터
- 빈펄랜드
- 꺼우다 선착장
- 빈펄 선착장
- 빈펄 롱비치 리조트
- 듀엔하 리조트
- 깜란 국제공항

닌반베이(Ninh Van Bay) 지역
공항에서 차량으로 1시간 ➡ 보트로 20분

냐짱 해변(Nha Trang Beach) 지역
공항에서 차량으로 40분

혼째섬(Hon Tre Island) 지역
공항에서 차량으로 30분 ➡ 보트로 15분

깜란(Cam Ranh) 지역
공항에서 차량으로 5분부터 시작

'내가 제일 잘 나가~' 빠르게 발전하는 대표 휴양지

'다낭을 갈까, 냐짱을 갈까?' 요즘 가장 많이 듣는 말 중 하나이다. 그런데 이 말은 '엄마가 좋아, 아빠가 좋아' 만큼 대답하기 힘든 말이기도 하다. 사실 얼마 전까지만 해도 아이가 있는 가족이라면 당연히 다낭을 추천했었다. 냐짱은 공항에 내려서도 차량으로 40분 이상을 이동해야 하고, 리조트도 많지 않아 불편함을 호소하는 사람이 꽤 많았기 때문이다. 하지만 이제 냐짱도 다낭 못지않은 핫한 휴양지로 부상하고 있다. 필자는 아이가 10개월 차에 한 번, 7살이 됐을 때 다시 한 번 갔는데 공항부터가 확 달라져 있었다. 허허벌판이었던 공항 주변에 대규모 리조트 단지가 들어섰고 차로 5분 거리에서부터 가성비 좋은 신축 숙소를 만날 수 있게 된 것이다.

베트남 남부에 자리한 냐짱은 무엇보다 겨울철 물놀이가 가능하다는 장점이 있다. 물론 베트남 남부에는 무이네Mũi Né나 푸꾸옥Phú Quốc도 있지만 무이네는 육로 이동시간이 길고, 이제 막 개발 중인 푸꾸옥은 아직까지 관광 인프라가 미흡하다. 냐짱의 매력을 입증이라도 하듯 과거 주 4회 대한항공만 취항했지만 지금은 비엣젯항공, 제주항공 등 저가항공편도 많이 늘었다. 자연히 항공권의 가격도 낮아졌고, 얼마 전 깜란국제공항Cảng Hàng Không Quốc Tế Cam Ranh의 터미널을 확장 오픈하기도 했다. 빠르게 발전하는 만큼 자고 일어나면 새로운 정보가 쏟아지는 곳. 그렇기에 냐짱은 지금보다 앞으로가 더 기대되는 곳이다.

냐짱의 네 지역, 네 가지 여행 법

냐짱의 중심은 냐짱 시내 해변이다. 하지만 냐짱을 제대로 즐기고 싶다면 중심지 외 다른 지역도 함께 경험해 보라 권하고 싶다. 가족의 취향에 따라 골라 갈 수 있는 냐짱만의 매력, 네 가지 여행 법을 제시해본다.

ⓢ 공항에서 가까운 리조트 해변, 깜란 Cam Ranh

비행기에서 내려 바로 휴식을 취하고 싶다면 가장 적합한 곳이다. 해변도 냐짱 시내보다 한적하고 수심도 낮아 아이들이 놀기에 좋다. 부대시설을 잘 갖춘 신축 리조트들이 계속 들어서고 있는데, 깨끗한 대형 리조트를 저렴하게 이용하고 싶다면 당분간은 깜란이다.

하지만 이 지역은 지금도 계속 개발 중이라 조금만 고개를 돌려도 황량한 공사 현장이 그대로 드러나고, 리조트 시설 외에는 아무것도 없다는 단점이 있다. 다행히 시내까지 무료 셔틀을 운행하는 숙소가 많으므로 리조트에서 휴식을 취하다 오후쯤 시내로 나가 저녁을 먹고 즐기다 돌아오는 일정을 추천한다.

🅗 깜란 추천 숙소

듀엔하 리조트 Duyen Ha Resort, 5성급 리조트

공항에서 차량으로 10분 정도 떨어진 곳으로 일반 호텔객실부터 단독빌라까지 룸 타입이 다양하다. 필자는 일반객실과 가든뷰 단독빌라를 이용해 봤는데, 일반객실은 저렴한 비용으로 5성급 조식과 다양한 부대시설을 이용할 수 있어 가성비가 좋았고, 단독빌라는 간단한 취사가 되는 간이주방, 거실, 야외 욕조 등을 갖추고 있어 만족도가 상당히 높았다.
대형 수영장 2곳에는 어린이 물놀이터가 있고, 제법 큰 키즈카페도 있다. 내부 부대시설이 잘 되어 있어 숙소에서만 시간을 보낸다 해도 아쉬움이 없는 곳이다.

일반 호텔 타입의 숙소 　　　　　단독빌라 타입의 숙소

빈펄 롱비치 리조트 Vinpearl Longbeach Resort & Spa Long Beach, 5성급 리조트

빈펄 그룹에서 운영하는 리조트로 혼째에 있는 빈펄과 혼동하면 안 된다. 공항에서 차량으로 10분 거리에 있는 숙소로 전 객실 풀빌라에 4베드룸까지 있어 대가족 중심으로 머물기 좋다. 최근에 새로 지어져 시설 대비 가성비 또한 훌륭하다. 하지만 다른 빈펄 계열 리조트와 마찬가지로 예약 시 조식 또는 풀보드(전 식사 뷔페)를 선택해야 되는 점이 아쉽다. 음식 반입이 금지되어 있고, 인근에 식당이 없어 풀보드를 선택하지 않는다면 룸서비스를 시켜먹거나 매번 차량을 타고 나가야 한다.

Ⓢ 냐짱의 중심, 냐짱 시내 해변

공항에서 차량으로 40분 정도 떨어져 있다. 해변에 리조트나 호텔 신축을 제한하는 법규가 제정되기 전에 지어진 에바손 아나만다라 Evason Ana Mandara 리조트를 제외하고 고층 호텔들이 도로 건너편에 바다를 향해 늘어서 있다. 해변 앞 호텔들은 전용 선베드를 서비스하고 있는데, 그렇지 않은 숙소라 해도 하루 5천 원이면 온종일 선베드를 빌릴 수 있어 큰 불편은 없다.

호텔 뒷골목에는 여행자 거리가 형성돼 있다. 호텔과 편의시설이 밀집해 있고 규모가 크지 않아 아이와 걷기에 부담이 없다. 특히, 유명 맛집과 카페들이 옹기종기 모여 있어 요즘 유행하는 베트남 음식을 맛

볼 수 있다. 냐짱의 가장 큰 쇼핑센터인 냐짱센터 Nha Trang Center도 이곳에 있는데, 마트에서 엄마가 장을 보는 동안 아이는 오락실이나 작은 키즈카페에서 놀 수도 있다.

단점이라면 해변 앞 도로에 오토바이 통행량이 엄청나고, 신호등이 없는 곳이 많아 길을 건너는 일이 힘들고 당황스러울 수 있다는 것이다. 유모차를 밀고 다닐 수는 있지만, 곳곳에 보도블록이 깨져 있는 등 도로 사정도 좋지 않은 편이다. 그래서 필자에게는 아이가 7살 때는 가장 좋은 곳이었지만, 10개월 때는 너무도 불편했던 곳으로 기억되고 있다.

그리고 지역 자체가 크지는 않지만, 한낮은 생각보다 덥다. 지도상에 도보 5분이라고 적혀 있는 거리도 막상 아이와 걸어보면 30분처럼 느껴질 수도 있다. 때문에 시간에 구애받지 않고 자주 나오고 싶다면 레인포레스트 카페에서부터 냐짱 야시장 사이에 자리한 숙소를 예약하는 것이 편하다. 냐짱 시내 구경은 호텔이나 해변에서 놀다가 더위가 한풀 꺾인 오후에 움직이는 것을 추천한다. 실제로 여행자 거리는 늦은 오후가 돼야 활기를 띠고 의외로 에어컨 없는 식당이 많다.

ⓗ 냐짱 시내 추천 숙소

에바손 아나만다라 Evason Ana Mandara Nha Trang, 5성급 리조트

시내 해변을 아이와 편하게 이용하고 싶다면 가장 추천하는 곳이다. 오래된 만큼 객실 인테리어가 촌스러운 느낌은 있지만 막상 투숙해보니 관리가 잘 되어 있어 이용에 불편함은 없었다. 특히 메인 수영장과 그곳에서 보는 해변이 꽤 아름답고, 조식도 건강식으로 잘 나오는 편이다. 하지만 도시 소음과 숙소 뒤로 보이는 고층호텔들이 완벽한 휴식을 방해한다. 소음에 예민하다면 도로에서 떨어진 쪽의 객실을 요청하는 것이 좋다.

시타딘 베이프런트 Citadines Bayfront Nha Trang, 4성급 호텔

최근 새로 생긴 호텔로 깨끗한 오션 뷰 객실을 최적의 가성비로 즐길 수 있다. 바로 앞에 인기 로컬 맛집 갈랑갈(Galangal)을 비롯해 여러 레스토랑과 카페가 포진해 있다. 일반 객실과 레지던스형 객실이 함께 있는데, 세탁실이 별도로 있어 일반 객실 투숙

객도 빨래를 할 수 있다. 하지만 조식과 키즈카페, 수영장 등의 부대시설 등은 다소 아쉬운 점이 있다. 몇 만 원을 더 내고 5성급을 이용할 것인지 고민해 볼 필요가 있다.

쉐라톤 호텔 Sheraton Nha Trang Hotel & Spa, 5성급 호텔

세계적인 호텔 체인답게 시설과 서비스 만족도가 높은 곳이다. 바로 옆에 호텔 체인 인기 쌍벽을 이루는 인터컨티넨탈호텔도 자리하고 있다. 특히 인피니티풀의 전망이 좋고, 어린 아이도 이용할 수 있도록 수심이 낮은 곳도 있다. 냐짱센터가 바로 앞에 있어 편리하지만 여행자 거리와는 도보 10분 정도로 조금 떨어져 있다.

ⓔ 냐짱 시내 추천 맛집

랜턴스 Lanterns

이름 그대로 붉은 랜턴이 곳곳에 걸려 있어 은은하고 낭만적인 분위기이다. 베트남 정식 세트메뉴를 6천 원대부터 맛볼 수 있고, 오후 2~4시(해피아워) 사이에는 20% 할인도 받을 수 있다. 가격, 서비스 모두 만족할 만하지만 에어컨이 없다는 것은 감안해야 한다.

옌스 Yen's

인기로는 랜턴스와 쌍벽을 이루는 로컬 음식점이다. 옆 건물로 확장을 해 1호점, 2호점처럼 보이지만 사실 한 곳이므로 어느 쪽으로 갈지 고민하지 않아도 된다. 2층까지 있어 규모도 꽤 크지만 관광객들에게 인기가 높은 곳이라 기다리는 시간이 길어질 수도 있다.

퍼홍 Pho Hong

쌀국수 전문점으로 소고기 쌀국수 큰 것과 작은 것 딱 두 가지만 판매한다. 2천 원대 가격이라는 점이 믿기지 않을만큼 훌륭한 맛이다. 하지만 가게 분위기가 위생적으로 보이지 않아 아이와 함께라면 꺼려질 수 있다.

E 냐짱 시내 추천 카페

콩카페 Cong Caphe

공산주의를 콘셉트로 빈티지하게 꾸민 소박한 느낌의 카페이다. 이 카페는 코코넛 스무디가 듬뿍 들어간 커피가 유명한데, 아이도 먹을 수 있는 코코넛 스무디 음료도 있다. 생각보다 달지 않고, 잠시 더위와 갈증을 해소하기에 만족스럽다.

레인포레스트 Rain Forest

가게 이름처럼 열대우림을 콘셉트로 인테리어 된 예쁜 카페로 스윙 체어, 평상, 해먹, 미끄럼틀 등 아이들이 좋아할 만한 시설들이 설치되어 있다. 음료는 물론이고, 간단하게 배를 채울 수 있는 요깃거리도 판매한다.

ⓢ 고급스러운 은둔의 휴양지, 닌반베이 Ninh Van Bay

육지지만 보트를 타고 들어가야 하는 외딴 섬 같은 곳이다. 큰 돌이 많아 독특한 분위기를 자아내는데 자연 친화적인 럭셔리 리조트가 곳곳에 자리하고 있다. 때문에 자연 속에서 조용하고 완벽한 휴식을 취하고 싶은 가족에게 제격이다. 하지만 리조트 외에는 아무것도 없고 다른 지역과 왕래가 힘들어 고립된 느낌을 받을 수 있다. 보트는 숙소를 통해 예약하면 마중을 나오는데, 선착장까지는 택시를 타고 이동하면 된다.

🏨 닌반베이 추천 숙소

랄리아나 L'Alyana Ninh Van Bay, 5성급 리조트

아이와 함께한 첫 여행지, 첫 숙소였다. 전 객실 단독 풀빌라로 인테리어와 직원의 친절도, 식사 등이 꽤 만족스러웠고 빌라 간격이 넓어 독립적인 사생활이 가능했다. 닌반베이에서 유명한 식스센스와 비슷한 느낌을 저렴하게 즐길 수 있어 식스센스 동생격으로 평가받기도 한다. 다만 아이를 위한 부대시설이 따로 없어 아이가 어리고, 휴식에 초점을 맞춘 가족이라야 두 배로 만족할 수 있다.

식스센스 Six Senses Ninh Van Bay, 5성급 리조트

닌반베이를 대표하는 리조트로 커다란 바위가 있는 지형을 그대로 살려 인공과 자연미가 조화를 이룬 풍경이다. 해변을 따라 조성된 빌라는 비치 프런트 빌라, 워터 빌라, 락 빌라, 힐탑 빌라 등의 형태로 주변 환경에 맞춰 지어졌다. 전 객실 풀빌라이며, 슬로우 라이프라는 리조트 콘셉트처럼 자연주의 힐링을 누리기에 제격이다.

안람 리트리트 An Ram Retreats Ninh Van Bay, 5성급 리조트

랄리아나와 같은 계열로 식스센스의 베트남 버전 같은 느낌이다. 멀리서부터 보이는 레스토랑 건물은 이곳의 상징으로 현대적 디자인 감각을 살려 전통 목재로 지어졌다. 최근에 새로 생겨 아직까지도 숙소의 가성비는 좋지만 아이와 함께 투숙하는 것이 여름 시즌을 비롯한 특정 기간으로 제한되어 있으므로 예약 전이 점을 반드시 체크해봐야 한다.

ⓢ 신나는 테마파크 섬, 혼째 Hon Tre

'혼(Hon)'이 베트남어로 섬이란 뜻이니 '째(Tre)' 섬이다. 공항에서 차량으로 30분, 다시 보트로 15분을 들어가야 하는 이 섬에 대규모 위락시설인 빈펄랜드와 빈펄 리조트가 있다. 그래서 빈펄섬이라고도 불린다.

리조트에는 수영장, 스파, 레스토랑 등 다양한 편의시설이 갖춰져 있어 섬에만 있어도 모든 것이 해결된다. 무엇보다 빈펄랜드가 가까이에 있어 편하게 즐기면서 투숙객 할인까지 받을 수 있다.

단점이라면 모든 식사가 뷔페로 제공된다는 점이다. 예약 시 조식만 포함할 것인지 풀보드 (3끼 모든 식사)로 할 것인지를 선택해야 하는데, 빈펄랜드에서 놀다가 식사 때가 되면 다시 리조트까지 돌아오는 것이 번거로울 수 있음을 고려해야 한다.

빈펄랜드 이용객들은 해상 케이블카를 이용하지만, 투숙객은 선착장에서 보트를 타고 들어가 체크인, 아웃을 한다. 시내를 오갈 때는 보트나 해상 케이블카 모두를 이용할 수 있다.

혼째 내 숙소

혼째 내에는 총 4가지 타입의 리조트가 있어, 취향에 맞춰 숙소를 선택할 수 있다. 섬 내 가장 먼저 지어진 리조트로 혼째에서 가장 길고 아름다운 해변에 위치한 빈펄 리조트 냐짱(Vinpearl Resort Nha Trang), 2015년 지어진 건물로 빈펄랜드가 한눈에 내려다보이는 곳에 위치하며, 2~4베드룸까지 있어 가족 단위 여행자들에게 적합한 빈펄 리조트 앤 스파 냐짱베이(Vinpearl Resort & Spa Nha Trang Bay), 이름대로 섬 내 리조트 중에서는 가장 고급스러운 리조트로 신혼여행객들에게 적합한 빈펄 럭셔리 냐짱(Vinpearl Luxury Nha Trang), 휴양은 물론 골프까지 즐길 수 있어 골프를 겸한 가족여행객에게 적합한 빈펄 골프랜드 리조트 앤 빌라(Vinpearl Golf Land Resort&Villas)가 있다.

빈펄 리조트 냐짱

빈펄 리조트 앤 스파

냐짱베이 빈펄 럭셔리 냐짱

빈펄 골프랜드 리조트 앤 빌라

날씨에 따라 색다른 물놀이

일 년 내내 물놀이가 가능한 곳이지만 겨울은 파도가 제법 높고 물이 탁해져 바다 수영이 쉽지 않다. 게다가 뜨거운 한낮을 제외하면 물놀이를 하기에는 쌀쌀한 날씨다. 이럴 때는 색다르게 물놀이를 즐겨보자.

ⓢ 다양한 재미가 있는 테마파크 물놀이, 빈펄랜드 Vinpearl Land

앞서 소개한 혼쩨섬의 빈펄랜드를 당일치기로 이용해 볼 수 있다. 15분가량 케이블카를 타고 들어가야 하는데 입장료를 내면 워터파크, 놀이동산, 수족관, 동물원 등의 시설과 돌고래쇼, 마술쇼, 분수쇼 등의 프로그램을 모두 이용할 수 있다. 우리나라만큼 시설이 좋은 편은 아니지만 기다리지 않고 다양한 경험을 할 수 있다는 면에서 추천할 만하다.

워터파크는 유아풀과 파도풀, 유수풀을 비롯해 제법 스릴 넘치는 놀이기구들이 있다. 특히 바다에 떠 있는 스플래쉬 베이 Splash Bay는 마치 드림팀이 된 듯 장애물 넘기를 경험해 볼 수 있다. 생각보다 난이도가 높아 신체활동을 좋아하는 부모와 7세 이상의 아이들에게 추천할 만하다. 워터파크 내에는 구명조끼와 튜브가 비치돼 있고, 탈의실과 샤워실도 갖추고 있지만 따뜻한 물이 나오지 않아 아이를 씻기기에는 불편하다.

빈펄랜드 효율적으로 이용하기

유아가 약 3만 5천 원, 성인이 약 4만 원으로 이용 요금이 만만치 않은 편이다. 때문에 아침 일찍 들어가서 저녁 늦게까지 놀다 나오는 사람이 많다. 베트남은 입장료를 나이보다 키를 기준으로 하는 곳이 많은데 1m 이하는 무료, 1m에서 1m 40cm까지는 아동 요금, 그 이상은 성인 요금을 받는다. 아이의 키가 애매하면 신발로 약간의 키를 조절할 수 있으므로 고려해보자.

워터파크는 더운 한낮에 주로 이용하고 나머지 시간에 다른 시설을 이용하는 것이 효율적이다. 다양한 쇼나 프로그램은 정해진 시간이 있으므로 미리 확인하고 계획을 세워야 알차게 이용할 수 있다.

홈페이지(www.vinpearlland.com)에 들어가면 요금, 지도, 영업시간 등의 정보를 상세히 볼 수 있다. 해상 케이블카는 오전 오픈 시간과 저녁 식사 시간 직전에 탑승객이 몰리는데, 이 시간을 피해 조금 늦게 들어가거나 늦게 나오는 것도 방법이다. 케이블카 탑승장은 시내에서 공항 방향으로 택시로 10분 정도 걸린다.

S 뜨끈한 온천과 머드 맛사지, 아이 리조트 I-Resort Spa

냐짱에는 총 3곳에 머드 온천이 있다. 아이 리조트, 탑바Thap Ba, 100 에그머드 온천100 Egg Mud Bath이다. 탑바와 아이 리조트는 시내에서 차로 약 15분 거리에 있고, 100 에그머드온천은 약 1시간 거리에 있다. 아이가 있는 가족은 오래된 탑바에 비해 최근 신축돼 깨끗하고 시설이 좋은 아이 리조트를 선호하는 편이다.

필자도 아이 리조트를 선택했는데 쌀쌀한 날씨에 아이와 한나절을 즐겁게 보낼 수 있었다. 기본 입장료만으로 여러 개의 온천 수영장을 이용할 수 있고, 금액을 약간 추가하면 머드나 허브를 단독욕조에 풀어준다. 별도 입장료를 내면 작은 워터파크도 이용할 수 있으며, 다양한 먹거리 또한 만족스럽다.

아이 리조트 효율적으로 이용하기

입장할 때 생수와 수건, 사물함 열쇠 등을 받게 된다. 구명조끼는 유아용까지 준비되어 있고, 샤워 시설은 열악한 편으로 짠맛이 나는 온천수가 나오기도 한다. 아이 리조트까지는 주로 택시를 이용하는데, 1인당 천 원을 내고 셔틀을 이용할 수도 있다. 셔틀 노선은 홈페이지(www.i-resort.vn)에서 확인할 수 있다.

SPECIAL TIP

여행 리포터 엄마의 주관적인 여행 법

아이와 함께 먹기 좋은 베트남 음식

베트남은 남북으로 긴 지형 덕분에 음식의 종류가 다양하다. 쌀을 주재료로 하고 짭짤한 어장소스가 베이스로 쓰여 우리 입맛에도 잘 맞는다. 그리고 그 행복은 계산서를 받아들 때 더욱 커진다. 최근 우리나라에서 가장 대중적인 여행지가 된 베트남. 이곳에서만큼은 미식 여행에 도전해 보면 어떨까? 아이와 함께 먹기 좋은 베트남 음식을 선별해 봤다.

✖ 쌀국수 Pho

말이 필요 없는 베트남을 대표하는 음식이다. 소고기가 들어가면 퍼보Pho Bo, 닭고기가 들어가면 퍼가Pho Ga이다. 진한 육수에 막 뽑은 쌀 면은 부드럽고 자극적이지 않아 아이들이 먹기에도 좋다. 아이의 것을 덜어준 후 엄마 아빠는 취향대로 각종 채소와 라임, 소스 등을 듬뿍 넣어 먹으면 된다. 붉은 고추 몇 개만 넣으면 얼큰한 해장 국수가 되고, 고수나 레몬그라스 같은 허브가 싫다면 주문할 때 '고수(항채)를 빼주세요.'라고 베트남어로 '꽁 조 자우 텀(Không cho rau thơm)' 혹은 영어로 '노 허브'라고 하면 된다.

퍼보

퍼가

✖ 분차 Bun Cha

한국 사람이라면 도저히 싫어할 수 없는 맛일 것이다. 숯불에 구운 돼지고기를 가는 국수, 채소와 함께 새콤 짭조름한 육수에 담가 먹는다. 아이들은 고기만 소스에 찍어줘도 잘 먹으므로 고기만 1인분 더 추가해서 먹으면 적당하다.

✖ 클레이팟 Clay Pot

베트남에는 고슬고슬하게 볶은 밥과 고기나 채소, 해산물 등을 함께 넣은 클레이팟 요리가 많다. 대부분 짭조름한 어장 소스를 넣어 우리 입맛에도 잘 맞고 아이들도 잘 먹는다.

❈ 짜오똠 Chao Tom

으깬 새우 살을 사탕수수에 말아 숯불에 구운 요리인데 그 풍미가 기가 막힌다. 비슷한 것으로 레몬그라스 막대에 숯불 돼지고기를 꽂은 넴루이(Nem Lui), 돼지고기 소세지 넴느엉(Nem Neung) 등이 있다. 모두 다진 재료들이라 부드러워 아이들이 먹기에도 좋다.

넴루이   짜오똠

❈ 베트남 커리 Vietnam Curry

코코넛이 들어간데다 큼직한 고기 역시 부드러워 아이들이 먹기에 좋다. 흰밥과 함께 나오는데, 여기에 공심채 볶음인 모닝글로리 Morning Glory를 얹어주면 한국식에 가까운 끼니가 된다. 필자는 여기에 포장김을 비롯한 밑반찬을 챙겨가 같이 먹는다

❈ 반미 Banh Mi

프랑스 식민지 시절 들어온 바게트에 베트남식 채소와 고기, 생선을 염장하여 발효시킨 느억맘 Nuoc Mam 소스 등을 넣은 것으로 속 재료에 따라 다양한 종류가 있다. 보통은 크기가 커서 아이들은 먹기 힘들 수 있는데, 미니 바게트로 만든 반미도 있다. 미니 반미는 양이 부담스럽지 않아 호텔 조식으로 자주 선보인다. 아이가 좋아하는 속 재료만 넣어 포장해 뒀다가 간식으로 먹이면 좋다.

❈ 반세오 Banh Xeo

쌀가루와 녹두가루를 코코넛 우유에 반죽해 크레페처럼 얇게 부쳐내고 돼지고기, 숙주, 새우 등을 속살로 채워 넣은 것이다. 잘 만들어진 반세오는 겉은 바삭하고 안은 촉촉하면서 채소의 아삭함이 살아 있어 식감이 상당히 좋다. 하지만 채소를 싫어하는 아이라면 먹지 않을 수도 있다.

AREA
09

짧은 일정 알찬 여행
말레이시아 코타키나발루

AREA 09 코타키나발루(KOTA KINABALU)

휴가철은 아니지만 주말 앞뒤로 월차를 써서 짧은 여행이라도 다녀오고 싶을 때 추천할 만한 곳이다. 도시 규모가 작아 이동시간이 짧고 관광 인프라가 잘 구축되어 있어 3일을 알차게 즐기고 밤비행기로 돌아와도 아쉬움이 남지 않는 편안한 여행지이다.

추천 가족	일정도 짧고 준비할 시간도 부족하지만 알찬 여행을 즐기고 싶은 가족
추천 계절	일 년 내내. 우기(10~2월까지)에도 강수량이 많지 않아 연중 물놀이가 가능하다.
가는 방법	비행시간 5시간
이동 방법	택시가 기본이다. 목적지에 따라 티켓을 구매하는 정가제라 바가지를 쓸 염려는 없지만 공항에서 10분 거리에 있는 시내까지 약 5천 원 정도로 요금은 비싼 편이다. 택시요금 3분의 1 가격으로 이용 가능한 그랩이나 우버를 고려해도 좋다. 택시 요금은 심야에는 50% 할증되고, 표는 티켓 카운터에서 구매한다.
난이도 하	관광 인프라가 잘 돼 있어 여행하기 쉽다.

언제든 떠날 수 있는 만만한 여행지

코타키나발루는 짧은 일정으로도 부담 없이 떠날 수 있어 아껴뒀던 여행지로, 필자는 어린이날(금요일)을 포함해 주말을 끼고 다녀왔다. 그렇다고 이곳이 그다지 볼 것도 즐길 것도 없는 심심한 여행지라는 의미는 아니다. 세계 3대 석양으로 손꼽히는 해변, 다양한 해양 액티비티를 체험할 수 있는 바다, 일 년 내내 물놀이가 가능한 기온. 운항 중인 저가항공도 많아 언제든 표를 구할 수도 있다. 급작스럽게 연휴가 생겨 떠날 곳을 찾는다면, 바로 코타키나발루이다.

🄷 아이와 머무르기 편한 숙소

아이가 어릴수록 숙소는 공항에서 가까운 것이 좋다. 코타키나발루 공항에서 차량으로 10분 거리에 있는 샹그릴라 탄중아루와 수트라 하버는 500여 개의 객실, 다양한 워터 슬라이드, 유아 풀, 키즈클럽 등 아이들을 위한 부대시설이 잘 조성되어 있다. 게다가 리조트에서 바로 섬 투어를 출발할 수 있고, 여러 레스토랑을 운영하고 있어 굳이 밖으로 나가지 않아도 된다. 또한 한국인 직원까지 상주하고 있어 이것저것 생각하지 않고 편하게 즐기는 여행이 목적이라면 첫 번째로 고려해 볼 만하다.

샹그릴라 탄중아루 리조트 Shangri-la's Tanjung Aru Resort, 5성급 리조트

코타키나발루의 대표적인 선셋 포인트, 탄중아루 비치에 자리하고 있어 매일 저녁 객실에서 편하게 선셋을 감상할 수 있다. 객실은 키나발루윙(Kinabalu Wing)과 탄중윙(Tanjung Wing)으로 나뉘는데 선셋을 제대로 보고 싶다면 키나발루윙을 선택하는 것이 좋다. 체크인 전후로 이용할 수 있는 스타 라운지도 이 리조트의 장점인데, 사우나, 샤워실, 휴게공간이 마련돼 있어, 체크아웃 후에도 부대시설을 충분히 이용하고 공항으로 이동할 수 있다. 단, 체크아웃 시 스타라운지 티켓을 미리 발급받아 둬야 입장이 가능하다.

수트라하버 리조트 Sutera Harbour Resort, 5성급 리조트

코타키나발루에서 가장 규모가 큰 리조트이다. 딤섬 맛집으로 유명한 실크가든(Silk Garden)을 비롯해 15개의 레스토랑, 5개의 수영장, 골프장, 영화관 등 부대시설의 규모도 압도적이다. 특히 요트 선착장을 끼고 있어 아름다운 항구의 풍경을 감상할 수도 있다. 건물은 크게 마젤란 수트라 리조트(The Magellan Sutera Resort)와 퍼시픽 수트라 호텔(The Pacific Sutera Hotel)로 나뉜다. 가족 여행객은 키즈풀, 폭포, 키즈클럽 등이 있는 마젤란 수트라 리조트를 더 선호한다. 하지만 퍼시픽 수트라 호텔의 패밀리 룸도 킹 사이즈 침대와 2개의 싱글 침대가 있어 아이와 함께 머물기 좋다. 건물은 나뉘어 있어도 리조트와 호텔의 부대시설은 공동으로 이용할 수 있도록 수시로 셔틀 서비스가 제공된다.

수트라하버 골드카드 All Inclusive Gold Card

투숙 기간 내 모든 식사, 마누칸섬 투어, 마지막 날 오후 6시까지 늦은 체크아웃을 할 수 있는 서비스가 포함된 카드이다. 꽤 많은 할인이 되지만 가족 구성원이 많을수록 금액이 만만찮을 수 있으므로 일정과 인원수 등을 고려하여 선택해야 한다. 참고로 식사는 리조트에서 지정한 곳에서만 가능하며, 1일 성인은 $90, 만 5~12세 어린이는 $60, 신청은 수트라하버 한국사무소(www.suteraharbour.co.kr)나 여행사에서 할 수 있다.

근처에 갈 만한 쇼핑몰, 이마고 Imago

탄중아루와 수트라하버에서 차량으로 15분 거리에 있는 쇼핑몰이다. 2015년 신축된 곳으로 코타키나발루에서 가장 트랜디한 곳이지만 이곳에서 쇼핑은 그리 권하고 싶지 않다. 유명 브랜드가 몇 개 입점해 있지만 저렴하지 않고 우리 눈높이에도 맞지 않는다. 그래서 쇼핑보다는 식사나 환전, 간단한 먹거리 구입을 위한 마트 방문 등의 목적으로 찾게 된다. 특히 지하 슈퍼마켓에는 한국 제품코너가 별도로 자리 잡고 있어 유용하다.

H 자연 속 힐링을 위한 숙소

좀 더 한적한 자연에서 푹 쉬고 싶다면 툰구압둘라만 해양국립공원Taman Laut Tunku Abdul Rahman에 있는 가야섬Gaya으로 들어간다. 가야섬에는 총 3개의 숙소가 있는데 보르네오의 정글 속에서 한적한 휴식을 취하기에 더없이 좋다. 야생 원숭이나 멧돼지, 왕도마뱀 등이 나타나기도 하는 원시적인 환경이라 시내를 왕래하기 힘들다는 단점은 감내해야 한다. 숙소 인근 해변에서 스노클링을 즐길 수 있어 굳이 호핑투어를 따로 신청할 필요가 없고 섬 내에서도 체험할 수 있는 다양한 프로그램이 운영된다.

가야아일랜드 리조트 Gaya Island Resort, 5성급 리조트

독립된 빌라가 열대 우림 사이사이에 자리하고 있는데, 객실 타입에 따라 보이는 풍경이 숲과 바다로 나뉜다. 뷰는 언덕 위 빌라가 좋지만 오르내리는 길이 상당히 가파르다. 아이와 매번 등산할 생각이 아니라면 해변 객실을 요청하는 것이 좋다. 객실은 넓은 편이지만 키즈풀이나 키즈클럽 등 아이를 위한 시설이 없는 것이 아쉽다. 대신 리조트에서 운영하는 가야섬(Gaya) 만의 프로그램을 이용하면 좋다. 매일 아침 정글 가이드와 함께 리조트 뒤편에 있는 보르네오정글을 한 시간가량 걷는 무료 투어와 맹그로브 카약 투어(유료) 등이 있다. 전용보트로 5분 정도 가면 리조트의 프라이빗 비치가 나오는데 이곳에서 보다 한적하게 휴식을 취하며 스노클링을 즐길 수도 있다.

그리고 리조트의 식사에 대한 만족도가 높지 않기에 요깃거리를 준비하거나 선착장에 여유 있게 도착해 짐을 맡긴 후 근처 수리아 사바(Suria Sabah) 몰에서 음식을 포장해 가는 것을 추천한다.

가야 아일랜드 리조트 들어가기

공항에서 제셀톤 선착장(Jesselton Point)까지 차량으로 20분, 다시 리조트까지 보트를 타고 10분을 들어간다. 제셀톤 선착장 초입에 리조트 전용부스가 있고 이곳에서 체크인을 하게 된다. 숙박료 외에 왕복 보트 요금과 환경세를 별도로 내야 하는데 체크아웃 시 일괄 결제한다. 보트는 2시간 간격으로 운항하는데 리조트에 미리 예약을 하면 된다.

보트 왕복 요금 성인 140링깃. 어린이 2~11세 70링깃
환경세 32링깃, 둘째 날부터 22 링깃씩 추가.

근처 갈만한 쇼핑몰 수리아 사바 Suria Sabah

제셀톤 포인트에서 가장 가까운 쇼핑몰로 도보 7분 거리에 있다. 이곳 3층에 제법 큰 슈퍼마켓과 푸드코트가 있는데 일식, 태국식, 패스트푸드 등 다양한 종류의 음식점이 있다. 특히 1층에 있는 해산물 전문점 더 크랩하우스(The Crab House)는 맛이 꽤 훌륭하다. 몸이 노곤하다면 시각장애 안마사들이 직접 서비스하는 마사지샵을 이용해보자.

🅷 가성비 좋은 숙소

저녁 비행기를 타고 도착하자마자 하룻밤을 보내야 하거나 자정에 출발하는 비행기 때문에 어쩔 수 없이 1박을 추가해야 한다면, 보다 저렴한 가성비 좋은 숙소를 선택하는 것이 경제적이다. 코타키나발루에는 다양한 등급의 숙소가 있는데 시내 자체가 크지 않아 도보로 둘러볼 수도 있다. 단, 아이가 있을 때는 짧은 거리라도 힘들게 느껴질 수 있으므로 일정에 따라 최단 거리의 숙소를 찾는 것이 중요하다.

호텔 그란디스 Hotel Grandis, 4성급 호텔

쇼핑몰 수리아 사바에 연결되어 있는 호텔로 제셀톤 포인트와 쇼핑몰이 가까워 코타키나발루를 즐기기에 가성비가 높은 호텔이다. 3개의 침대가 있는 패밀리 룸이 있고, 루프톱 바와 수영장에서는 석양이 지는 바다의 황홀경을 감상할 수 있다.

르 메르디앙
Le Meridien, 5성급 호텔

5성급 10만 원대 호텔로 가격이 저렴하다고는 볼 수 없지만, 워터프론트, 야시장, 와리산 스퀘어, 가야 스트리트 등을 모두 걸어서 5분 내 이동할 수 있다. 수영장도 한적해 아이들과 놀기에 좋고 오션뷰 객실에서는 멋진 선셋을 감상할 수도 있다. 시내 중심에 머물고 싶다면 가장 추천할 만하다.

호텔 에덴 54 Hotel Eden 54, 2성급 호텔

2성급 소형 호텔로 쇼핑몰 수리아 사바, 제셀톤 포인트, 가야 스트리트 등 관광 포인트에서 도보 5~10분 거리에 위치해 있다. 단 3~4만 원대의 가성비가 높은 곳이므로 편의시설에 대한 기대는 하지 않는 것이 좋다. 패밀리 룸에는 퀸사이즈 침대 2개가 제공된다.

가볍게 떠나는 신나는 호핑투어

코타키나발루 인근에는 5개의 섬으로 이루어진 툰구압둘라만 해양국립공원Taman Laut Tunku Abdul Rahman이 있다. 보트를 타고 10~15분만 나가면 되는 짧은거리라 하루쯤은 호핑투어를 해보는 것도 좋다.

아이와 가기 좋은 곳은 사피섬Sapi과 마누칸섬Manukan이다. 두 곳 모두 수심이 낮고 물이 맑아 아이들도 해변에서 스노클링을 해볼 수 있다. 섬 내에는 장비 렌탈샵과 볶음밥 등을 파는 간이매점이 있다.

사피섬

마누칸섬

🅟 호핑투어의 시작 제셀톤 포인트

패키지 투어 상품에는 섬 2~3곳의 코스와 점심, 호텔 픽업, 장비 대여 등의 서비스가 포함된다. 편하게 이용할 수 있지만 아이와 자유롭게 여행하면서 경비도 아끼고 싶다면 제셀톤 포인트로 가면 된다.

제셀톤 포인트는 일종의 여객 터미널로 코타키나발루 여행의 중심지 역할을 한다. 섬으로 가는 배편뿐만 아니라 다양한 투어 상품을 바로 구매해 이용할 수 있는데, 업체마다 동일 상품도 가격이 다르므로 꼭 흥정을 해봐야 한다. 보트 이용료 외에 터미널 이용료, 국립공원 입장료를 별도로 내야 하는데 성인 기준으로 총금액 2만 2천 원 정도를 예상하면 된다.

호핑투어와 선셋은 일정 초반에 즐기자

코타키나발루는 10월부터 2월까지를 우기로 보지만 5월부터 스콜성 비가 자주 내리는 편이다. 비가 오면 호핑투어나 선셋 감상은 기대하기 힘들므로 이 두 가지는 미뤄두지 말고 일정 초반 날씨가 좋다면 바로 신청하는 것이 좋다.

섬 1곳 보트 요금 성인 23링깃, 어린이(11세 이하) 18링깃 _ 섬이 추가될 때마다 10링깃 추가된다.
터미널 이용료 성인 7.6링깃, 어린이(11세 이하) 6링깃 또는 3.6링깃
장비 대여료 1인 40링깃(구명조끼, 스노클, 오리발, 매트 등)
국립공원 입장료 성인 10링깃, 어린이(11세 이하) 6링깃 _ 첫 섬에 입장할 때 한 번만 내면 된다.
보트 운항시간 08:30~19:00(돌아오는 보트 시간을 꼭 확인해두자) **보트 운항간격** 20~30분

세계 3대 석양으로 손꼽히는 코타키나발루 선셋

황금빛 태양이 수평선에 내려앉으면 코타키나발루에서는 그 붉은 빛을 바라보며 산책하는 시간이다. 대표적인 선셋 포인트는 크게 탄중아루 비치와 워터프론트로 나뉜다. 탄중아루는 아이와 해변에서 놀며 선셋을 볼 수 있다는 장점이 있고 워터프론트는 근처에 있는 야시장, 쇼핑몰, 마사지 샵 등으로 접근이 쉽다는 장점이 있다. 선셋은 계절에 따라 차이는 있지만 대략 오후 5시부터 7시까지 즐길 수 있다. 많은 관광객이 몰리므로 좋은 자리를 선점하려면 서둘러야 한다.

🆂 탄중아루 해변 선셋

최고의 명당은 샹그릴라 탄중아루 리조트 내에 있는 선셋바Sunset Bar로 시원한 맥주 한잔이 어우러진다면 더욱 멋지다. 투숙객이 아니어도 이메일을 통해 예약이 가능한데 그만큼 항상 많은 사람들로 북적거린다. 좋은 자리를 확보하기 위해선 오랜 시간 내리쬐는 햇살 속에 기다려야 하므로 아이와 함께라면 힘든 시간이 될 수도 있다.

그보다는 해변에서 자유롭게 뛰어놀며 선셋을 즐길 수 있는 코코조스Coco Joe's를 이용하는 것이 편하다. 코코조스 레스토랑은 500링깃 이상 결제 시 카바나Cabana를 사용할 수 있고 요일별로 공연도 볼 수 있다.

보다 저렴하게 저녁 식사를 즐기고 싶다면 선셋 감상 후, 탄중아루 푸드코트로 이동하여 해산물과 현지 음식을 다양하게 즐기면 된다. 구이 요리가 많은 이곳에서는 환기가 잘 안 될 수 있으므로 안쪽보다 해변에 인접한 곳에 자리를 잡는 것이 좋다.

코코조스

ⓢ 워터프론트 선셋

선셋을 감상하기 좋은 곳에 레스토랑이 늘어서 있다. 선셋과 함께 저녁식사를 즐긴 후 근처 야시장으로 가보자. 워터프론트 몰에서 도보 6분 거리에 필리핀 이주민들이 세운 필리피노마켓Filipino Market이 있다. 낮에는 현지인을 대상으로 식료품을 팔지만 밤이 되면 시끌벅적한 장터로 변신한다. 열대과일, 생선 등 현지 식재료를 맛볼 수 있고 즉석에서 과일을 갈아주기도 한다. 아이와 식사를 하기에는 위생상태가 걸리지만 과일 등을 사며 잠시 둘러보기에는 좋다.

워터프론트에서 도보 3분 거리에 있는 와리산 스퀘어Warisan Square에는 저렴한 마사지 샵이 몰려 있다. 아이의 컨디션이 괜찮다면 마사지로 하루의 피로를 풀어본다. 한국인이 운영하는 자스민Jasmine을 비롯해 헬렌뷰티 리플렉스Helen Beauty Reflex, 라플레시아Rafflesia 스파가 평점이 높은 편이다. 한식당 고려정도 이곳에 있다.

반딧불이 투어 할까, 말까?

말레이시아는 세계에서 가장 큰 반딧불이 서식지 중 한 곳으로 반딧불이 투어가 필수처럼 자리 잡고 있다. 코타키나발루에서도 체크아웃 후의 시간을 보내기 위해 반딧불이 투어를 많이 하는데 소요 시간 6~8시간으로 꽤 긴 편이다.
반딧불이 투어 코스는 대부분 비슷하다. 오후 2~3시쯤 출발해 2시간가량 차를 타고 이동한 후, 보트를 타고 강 주변을 다니며 희귀 원숭이와 짠물에서 서식하는 맹그로브 숲을 탐험한다. 그리고 선셋과 함께 저녁식사를 한 후 반딧불이를 보고 돌아오는 일정이다. 수천 마리의 반딧불이가 모여 크리스마스트리를 연상시키는 환상적인 풍경은 동화 속 한 장면처럼 아름답다. 하지만 실제 반딧불이를 보는 시간은 10~20분이 전부인데 그에 비해 이동시간과 일정이 길어 아이와 함께라면 고민이 될 수 있다. 아이가 투어 일정을 잘 소화할 수 있는지 체크한 후 결정하자. 아이가 너무 어릴 경우 투어가 제한되기도 한다.

SPECIAL TIP

여행 리포터 엄마의 주관적인 여행 법

아이를 위한 한식 준비 매뉴얼

해외여행 중 가장 난감한 상황 중의 하나는 아이가 제 입에 맞는 음식만 고집할 때이다. 아이와 함께라면 어디론가 나가는 것도 번거로워 숙소에서 해결하고 싶을 때도 많은데, 이럴 때를 대비해서 조금 번거롭더라도 아이가 잘 먹는 음식을 준비해 가면 좋다.

✽ 쌀밥 준비

햇반을 가져가면 간단하겠지만 숙소에 전자레인지가 없는 경우가 많아 데워먹기 힘들다. 서양식 레스토랑을 제외하고 대부분의 식당이나 룸서비스에는 흰쌀밥이 있으니 스팀드 라이스(Steamed Rice) 또는 플레인 라이스(Plain Rice)를 시켜 먹으면 된다.

여행 일정이 길거나 한식을 고집하는 가족이라면 2~3인용 미니 전기밥솥을 준비하자. 취사가 가능한 객실에도 전기밥솥은 없는 경우가 많다. 밥솥에 채반이 내장되어 있는 경우 밥을 하는 동안 카레나 달걀찜 등의 요리도 동시에 할 수 있다.

미니 밥솥은 트렁크에도 들어가고 플러그만 꽂을 수 있으면 이유식을 비롯한 다양한 요리도 하고 뚜껑을 열어 가습기로도 사용할 수 있다. 물론 전천후로 사용할 수 있는 여행용 미니쿠커의 종류도 상당히 많다. 현지에서 쌀을 구입할 때는 쌀의 종류를 잘 보고 사야 하는데, 우리 쌀의 식감과 그나마 가장 비슷한 것은 스시용 쌀이다.

✽ 간편한 반찬 준비

멸치볶음, 콩자반, 진미채, 깻잎, 장조림 등과 같이 상온 보관이 가능한 밑반찬을 미리 만들어간다. 이런 반찬은 더운 나라에서도 며칠은 문제없이 먹을 수 있다. 요즘은 즉석 카레, 큐브형으로 건조된 즉석 국, 여러 가지 캔으로 포장된 반찬 등 간편 식품도 다양하게 잘 나오는 편이다.

대부분의 숙소에는 커피포트가 있으므로 물을 끓여 붓거나 커피포트에 넣어 데울 수 있는 레토르트 식

품을 가져가면 좋다. 김자반은 금방 눅눅해질 수 있으므로 최대한 작고 지퍼가 있는 것을 준비한다. 또한 더운 휴양지에서 김치는 시어 터질 수밖에 없으므로 볶음김치나 캔을 사가는 것이 안전하다. 그렇지 않으면 보냉 백에 꽁꽁 얼린 내용물과 함께 수화물로 부친다.

✳ 반찬 해 먹기

취사가 가능한 객실이면 현지에서 기본 식재료를 구입한다. 달걀, 치즈, 스테이크용 쇠고기, 베이컨, 옥수수, 감자, 당근, 브로콜리 등은 대부분 현지 마트에서 어렵지 않게 구할 수 있다. 이 기회에 한국에서는 흔하지 않은 희귀 식재료를 사용한 요리에도 도전해 볼 수 있다.

손이 많이 가는 국이나 찌개는 건더기 위주로 짜게 조리한 후 지퍼백에 넣어 꽁꽁 얼려둔다. 이를 보냉백에 넣어 가져간 후 현지에서 물을 좀 더 붓고 냄비에 한 번만 끓여주면 근사한 한 끼 식사가 된다.

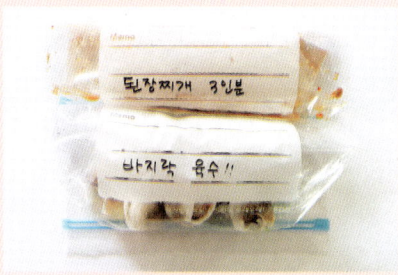

주방은 크게 커피포트와 전자레인지만 있는 간이주방(Kitchenette)과 취사도구까지 갖춘 풀키친(Full kitchen)이 있다. 물론 풀키친이라 해도 식용유, 젓가락, 가위, 한국식 소스(간장) 등은 없는 경우가 많으므로 미리 챙겨 가면 좋다. 세척은 세제가 포함된 일회용 수세미를 가져가면 편리하다.

✳ 부피 줄이기

조리된 음식물을 가정용 진공팩에 포장하면 추가 용기도 필요 없고 부피도 줄일 수 있다. 컵밥이나 컵라면 같은 즉석식품은 내용물끼리 비닐에 담고 용기를 포개면 부피가 확 줄어든다. 또한 덮밥 소스도 종이 상자를 벗겨 내용물 포장만 옷 사이에 넣어 가면 부피를 확 줄일 수 있다. 조미김은 별도의 플라스틱 포장이 돼 있지 않은 여행용 김을 가져간다.

SPECIAL
TRIP
02

3대가 함께 떠나는
대가족 여행

"시부모님이 이번 명절은 전 그만 부치고 콧바람이나 쐬러 가자는데 같이 여행 가면 불편하지 않을까요?"
"돈은 누가 내고 방은 어떻게 써요, 무엇보다 어디 가서 뭐 하면 좋아요?"

이제 막 아이 엄마가 된 후배를 비롯해 많은 지인이 부모님과 함께 가는 여행을 물어본다. 필자는 양가 부모님과 이웃하고 살고 있어 명절이면 각자의 시간을 보내는 편이다. 하지만 매번 우리끼리만 떠나는 것이 죄송해 한 번은 시댁, 한 번은 친정, 그리고 또 한 번은 양가 부모님을 모두 모시고 여행을 간다.

친정 식구는 몰라도 시댁 식구와 그것도 시누이 가족까지 함께 가는 여행은 불편할 것 같다고 생각하는 사람이 많다. 당연하다. 하지만 오히려 아이를 봐주는 손이 많으면 많을수록 편한 점도 생긴다. 부모님께는 죄송하지만 아이를 맡기고 오랜만에 남편과 오붓한 시간을 보낼 수도 있고 쇼핑과 스파를 보다 편하게 즐길 수도 있다. 무엇보다 특별한 효도를 할 수 있는 기회이기도 하다. 몇 년 전 추석, 친정엄마를 모시고 중국 패키지 여행을 간 적이 있는데 당시 자녀와 함께 온 가족은 우리가 유일했다. 당연히 엄마는 부러움의 대상이 되었고, 남편은 국민 사위가 됐다. 부모님에게 가족 여행은 함께하는 그 자체가 행복이고 뿌듯함이라는 것을 확인할 수 있었다.

물론 아이도 어린데 부모님까지 신경 쓰려면 책임감이 무거워질 수밖에 없다. 하지만 아이가 한창 예쁠 때 떠나는 가족 여행은 그 어느 때보다 화기애애하고 좋은 점이 더 많다. 새롭고 낯선 장소에서 함께 겪는 경험들은 두고두고 이야기 꺼리가 될 것이다. 불편한 마음만 조금 감수한다면 부모님과 함께 하는 여행은 효도도 하고 가족과 함께 특별한 시간도 즐기는 일석이조의 기회가 된다.

가족 모두가 행복해지는 여행지, 보홀 Bohol

보홀은 본섬과 다리로 연결된 작은 팡라오섬으로 나뉜다. 팡라오에는 아름다운 해변이, 보홀에는 수 천 년 동안 형성된 자연 그대로의 모습이 잘 간직되어 있다. 부모님을 위한 여행과 아이를 위한 물놀이가 가능해 모두가 만족하는 일정을 짜기에 좋다.

 **AREA** INFO

추천 가족	한적한 곳에서 휴식과 관광을 동시에 즐기고 싶은 가족
추천 계절	일 년 내내. 연중 물놀이에 적당하며, 우기에도 강수량이 적고 태풍의 영향을 덜 받는다.
가는 방법	1. 직항 _ 보홀까지 비행시간 4시간 30분 2. 경유 _ 마닐라까지 비행시간 4시간 ➡ 보홀까지 비행시간 1시간 3. 경유 _ 세부까지 비행시간 4시간 20분 ➡ 선착장(피어 1)까지 차로 30분 ➡ 페리로 1시간 40분~2시간)
이동 방법	공항에 내리면 호객행위를 하는 택시 기사들이 다가온다. 바가지가 심하므로 30% 이상 깎는 것이 기본이다.
난이도 중	보홀까지 가는 방법이 힘들다.

항공편이 불편한 보홀

사실 여행지로 보홀이 가장 아쉬운 부분은 항공편이다. 구성원이 많을수록 이동 방법은 단순하고 편해야 하는데 2018년 말까지 보홀행 직항편은 필리핀항공에서 주 세 편만 운항하고 있다. 출발시간이 새벽 2시 45분, 돌아오는 시간이 밤 11시로 부모님이나 아이에게는 상당히 부담스러운 시간대이다.

우리가족이 여행할 당시에는 직항이 없어 마닐라를 경유했는데, 보홀에서 마닐라로 가는 항공편이 지연돼, 결국 인천행 귀국 비행기를 놓치고 말았다. 다행히 부랴부랴 다른 항공편을 예약하기는 했지만, 만약 표를 구하지 못했다면 그 많은 식구가 공항에서 어떻게 시간을 보내야 했을지, 다시 생각해도 아찔한 순간이다. 동남아시아는 국내선의 지연 출발이 잦은 편이라는 것을 염두에 둬야 한다.

그러다보니 보홀은 항공편수가 많은 세부와 함께 묶어 여행을 계획하는 경우가 많다. 세부로 도착하는 경우 페리를 타고 이동하는데, 인터넷 검색창에서 '세부에서 보홀'을 입력하면 보홀까지 가는 페리에 대한 최신 정보를 얻을 수 있다.

※ 참고로 필리핀은 별도의 공항세를 내야 하므로 현지 화폐인 페소를 꼭 준비해 둬야 한다. 보홀 공항 출국세는 1인당 500페소이고 세부공항은 850페소이다(만 2세 미만 무료).

🅢 해변은 여기가 최고! 팡라오섬의 밀가루 해변

보홀 여행자의 대부분은 보홀에 딸린 작은 섬 팡라오로 간다. 보홀의 관문 탁빌라란 공항Paliparan ng Tagbilaran이나 탁빌라란 여객터미널에서 차를 타고 30~40분 정도 서남쪽으로 내려가면 팡라오섬의 중심, 알로나 비치Alona Beach가 나온다. 600m 정도 되는 해변을 따라 숙소와 식당, 투어숍 등의 편의시설이 모여 있는데 살짝만 벗어나도 언제 그랬냐는 듯 한적한 해변이 펼쳐진다. 보라카이나 세부의 번잡함을 피해 보홀을 찾는 이유 중의 하나이다.

투명하고 맑은 물빛 그리고 발바닥 가득 전해지는 부드러운 모래의 촉감, 어느 책에선가 파우더 같다는 표현을 했는데 누구라도 공감할 만하다. 모래가 어찌나 밀가루처럼 하얗고 고운지 두 어머님은 머드팩을 하겠다고 온몸에 바르실 정도였다.

바다의 수심도 얕아 파도가 한 번 들어왔다 나간 자리에는 물웅덩이가 생겼다. 그리고 그 안에는 미쳐 바다로 나가지 못한 불가사리며 주꾸미 같은 바다 생물들이 그대로 들어 있었다. 자연스럽게 만들어진 자연 학습장에서 아이들은 온종일 시간 가는 줄 몰랐다.

🅗 팡라오섬의 추천 숙소

사우스 팜 리조트 South Palms Resort, 4성급 리조트

알로나 비치에서 차량으로 10분 정도 떨어진 곳에 자리한다. 다소 외진 곳이라 넓은 해변을 전세 낸 듯 즐길 수 있어 좋다. 야자수가 꽤 길게 늘어서 있고 곳곳에 해먹과 선베드가 널려 있는데 해변만 보면 5성급 럭셔리 리조트가 부럽지 않은 곳이다.
하지만 룸 컨디션과 조식을 비롯한 식사의 수준이 아쉽다. 주변에 편의시설이 전혀 없어 알로나 비치나 시내까지 나가야 하는 것도 단점이다.

원더라군 리조트 Bohol Wonderlagoon Resort, 2.5성급 리조트

한국인이 운영하는 곳으로 리조트 내 한국 음식을 먹을 수 있는 식당이 있으며, 유아 풀과 작은 슬라이드, 마사지샵 등의 부대시설이 있다. 알로나 비치까지는 1.2km 떨어져 있는데, 셔틀을 무료로 운영한다.
세부와 보홀을 오가는 페리, 픽업 샌딩, 각종 투어 상품을 예약할 수 있는데 한국인 가이드를 동반한 투어도 이용할 수 있다. 시설이 고급스럽지는 않지만 가성비가 높은 편이다.

ⓢ 바다에서 보물 탐방

우리 가족이 여행할 당시에는 부모님 연세가 많으신 편이고, 아이들이 어려 별도의 호핑투어를 신청하지 않았었다. 하지만 뭐니 뭐니 해도 보홀 여행의 백미는 주변 섬으로 떠나는 호핑투어이다. 해변을 즐기는 것만으로도 충분하지만 보다 활동적인 물놀이를 원하는 가족이라면 시도해봐도 좋을 것 같다.

그 중 가장 인기 있는 것은 이른 아침 파밀라칸Pamilacan 섬 돌고래 투어를 시작으로 발리카삭Balicasag 섬에서 스노클링을 즐기는 일정이다. 알로나 비치 인근에 투어샵들이 있고 호객꾼들이 알아채고 다가오기도 한다. 흥정을 할 때는 스노클링 장비가 포함된 금액인지를 꼭 확인하고 예약하는 것이 좋다. 6명 이상의 대가족이라면 배를 통째로 빌려 자유롭게 이용해도 좋다. 어린 아이가 있어 부담스럽다면 키즈 호핑투어나 시터를 고용해 잠시 맡겨두고 투어를 즐겨도 된다. 인건비가 저렴한 곳이라 크게 부담되지 않는다.

발리카삭에서 열대어 군무 보기

알로나비치에서 배로 40분 떨어진 작은 섬 발리카삭은 세계적으로 유명한 다이빙 포인트이다. 다양한 물고기들의 서식지인데 우기에도 파도가 적고 물이 맑아 가시거리가 좋다. 무엇보다 이곳만의 특징은 바다 속에 절벽이 있다는 것이다. 해양 생물들은 수심에 따라 사는 물고기들이 달라 다양한 물고기를 한 곳에서 볼 수 있다.

파밀라칸에서 돌고래 보기

역시나 배로 40분 정도 떨어진 섬 파밀라칸에는 돌고래와 고래가 자주 출몰하는 서식처가 있다. 이른 새벽 5~6시 정도에 출발하는데, 해가 뜨는 시간에 맞춰 활발하게 활동하는 돌고래를 가까이서 볼 수 있다.
특히 2월에서 7월 사이에는 무리지어 헤엄치는 돌고래 무리를 만날 수도 있다. 정말 운이 좋다면 해가 떠오르는 풍경 위로 돌고래 떼가 쇼라도 하듯 단체로 점프하는 모습도 볼 수 있다.

ⓢ 육지에서 보물 탐방

보홀은 아직도 개발되지 않은 곳이 많아 순수함마저 느껴진다. 특히 섬 곳곳에는 수 천년동안 사람들의 때가 묻지 않은 자연의 모습들이 있다. 보홀 본섬은 규모가 커서 이동시간이 긴 반면 관광지들이 모여 있어 한번에 둘러보는 것이 일반적이다. 모두 '억' 소리나는 절경은 아니지만 부모님과 아이들을 만족시키며 하루를 보내기에 적당했다. 대략 6~7시간 정도 소요되며 오전에 출발해 관광을 마치고 쇼핑몰에 들러 장을 봐 오면 하루를 알차게 보낼 수 있다.

천 개가 넘는 초콜릿언덕 Chocolate Hills

인터넷으로 보홀을 검색하면 키세스 초콜릿처럼 생긴 언덕 사진을 많이 볼 수 있다. 천 개가 넘는 언덕이 일정한 높이로 솟구쳐 있는 이곳은 산호초 퇴적물이 오랜 시간 융기와 침식을 반복하며 생성된 풍경이다. 우거진 수풀이 건기에 마르며 초콜릿 색처럼 변한다 하여 초콜릿언덕이라 부른다.

우리 가족이 방문했을 때(추석)는 우기라 온통 푸른색이 짙어 경주의 왕릉을 보는 듯했다. 보통 1월부터 갈색으로 변하기 시작해 5월 정도에 가장 진한 초컬릿 색이 된다고 한다. 전망대로 오르려면 밸런타인데이를 상징하는 214개의 계단을 올라야 하는데 층간이 높지 않아 아이도 큰 무리 없이 오를 수 있다.

보홀을 대표하는 동물, 안경원숭이 Tarsier

공항에서 차량으로 20~30분 거리에 있는 안경원숭이 보호구역(Tarsier Conservation Area)에는 지금은 멸종위기에 처한 세계에서 가장 작은 영장류, 안경원숭이가 있다. 보홀을 대표하는 동물로 주먹만 한 작은 크기에 마치 안경을 쓴 것 같은 큰 눈으로 손가락을 쫙 벌려 나뭇가지를 붙잡은 모습은 너무도 앙증맞다. 야행성이라 낮에는 나뭇가지에 딱 달라붙은 안경원숭이를 볼 수 있는데, 보호구역이 넓지 않아 20여 분 정도면 충분히 둘러볼 수 있다.

선상에서 즐기는 로복강 투어 Loboc River Tour

배를 타고 약 1시간 동안 보홀을 남북으로 가로지르는 로복강(Loboc River)을 따라 유람하며, 선상에서 식사를 즐기는 투어이다. 선상에서 식사를 하려면 보통 점심시간 이전에 출발하는데, 유람선 내에서 흥겨운 통기타 연주와 익숙한 한국 노래까지 들을 수 있다. 투어 중간에 원주민 마을에 들러 전통공연도 보는데 상업적으로 조성된 부분이라는 점이 다소 아쉽다. 당시 우리 가족은 얼떨결에 원주민과 함께 사진을 찍고 파충류도 만졌는데, 그에 대한 비용을 지불하라고 해서 당황스러웠다.

아이들에게 친숙한 나비보호센터 Habitat Butterflies Conservation Center

보홀에서만 서식하는 독특한 나비들을 관찰할 수 있어 곤충을 좋아하는 아이라면 들러볼 만하다. 입구부터 가이드가 동행하는데 커다란 나비를 관광객 손목이나 머리에 올려놓으며 '나비 팔찌', '나비 삔'이라고 재치 있게 농담도 한다. 투어가 끝날 때쯤 박제된 나비를 배경으로 인간 나비로 변신할 수 있는 특별한 사진을 찍어주기도 한다. 입장료만 내면 별도의 추가 비용은 요구하지 않는다.

보홀에서 투어

업체의 투어를 이용해도 되고, 기사가 딸린 차량만 렌트해도 된다. 공항이나 선착장에 도착하면 호객꾼들이 다가오는데 이때 전화번호를 받아두면 추후 일정에 따라 자유롭게 예약을 할 수 있다. 안전을 위해 여행자용으로 허가된 차량인지를 먼저 확인해 두는 것이 좋다. 우리 가족은 숙소로 갈 때 탔던 택시 기사와 흥정을 해 9인승 밴을 6만 원에 이용했다. 물론 숙소부터 관광 스팟을 둘러보는 요금이고 입장료는 별도로 지불해야 한다.

🏝️ 대가족 여행을 더욱 행복하게 해주는 몇 가지 팁

ⓢ 솔직하게 의견 나누기

보홀은 양가 부모님에 시누이 가족까지 합세한 대가족 여행이었다. 대가족이 함께 여행할 때 가장 중요한 것은 모두가 만족하는 일정을 짜는 것이다. 부모님 위주로 관광을 하는 날에는 '언제 놀 수 있냐'는 아이의 칭얼거림을 귀에 못이 박히도록 들어야 했고, 아이 위주로 물놀이를 하는 날에는 지루해 하는 부모님의 표정을 마주해야 했다. 때문에 양쪽의 취향을 적절히 섞는 것이 좋은데 보홀을 선택한 이유가 바로 이 두 가지를 모두 충족시킬 수 있는 여행지였기 때문이다.

함께 여행을 하기로 결정하면 선택해야 할 상황이 많아지는데, 이때 최대한 솔직하게 의견을 나누는 것이 중요하다. 말하기 어렵다고 대충 넘기면 훗날 '나 사실은 그때…'라는 원망을 들을 수도 있다.

ⓢ 불필요한 경비 줄이기

대가족 여행의 부담은 움직일 때마다 늘어나는 경비에서 절실하게 느끼게 된다. 인원이 많아지면 따로 가는 것보다 1인당 여행 경비는 훨씬 줄어들겠지만 총액을 보면 부담스러울 수밖에 없다. 우리 가족은 부모님이 경비의 일부분을 지원해 주겠다 하면 마다하지 않고 받는 편이다. 물론 전적으로 부모님께 의지하지도 않는다. 누군가에게 부담이 되지 않아야 다음 여행을 기약할 수 있기 때문이다.

경비를 줄이기 위해서는 패키지보다 자유 여행이 좋다. 패키지나 투어 상품은 인원수대로 계산되기 때문에 저렴한 듯 보이지만 결국 따지고 보면 불필요한 비용이 상당히 늘어난다. 매번 부담스러운 입장료를 내야 하는 여행지보다 천천히 자연을 둘러보며, 가족 간의 대화를 많이 할 수 있는 여행지를 선택하는 것도 경비를 줄이는 방법이다.

교통편은 대중교통을 이용하는 것보다 렌트카를 빌려 직접 운전해서 다니는 것이 유리하고, 숙소도 각자의 방을 잡는 것보다 투 베드룸, 쓰리 베드룸처럼 방이 여러 개인 단독 빌라를 이용하는 것이 훨씬 경제적이다. 레지던스나 에어비앤비도 대가족이 함께 쓰기 좋고 밥을 해 먹으면 식사비용까지 줄일 수 있다.

ⓢ 프라이버시 서로 지켜주기

함께 하는 여행이라고 너무 오래 붙어 있으면 가족끼리 '성격 차이'만 확인하는 기회가 될 수도 있다. 여행 중에도 각자의 시간을 갖는 것이 대가족 여행에서는 정말 중요하다. 사실 객실만 따로 써도 서로 눈치 보지 않고 편히 쉴 수 있기 때문에 부담이 훨씬 줄어든다. 해외 경험이 많지 않고 현지 의사소통이 어려운 부모님들은 혼자 있는 것 자체를 두려워 할 수 있는데, 이럴 땐 기본적인 숙소 이용법과 언제든 호출할 수 있는 스마트폰이나 내선 사용 방법을 알려드린다.

규모가 큰 리조트는 수영장이 2개 이상인 경우도 많으니 물놀이를 따로 즐기는 것도 좋다. 우리 가족이 묵은 사우스 팜 리조트는 리조트 부지와 해변이 넓어 각자의 시간을 보내기에 좋았다. 서로 조금씩 떨어진 곳에 객실을 잡고 밥을 먹을 때나 관광을 나갈 때 만나고 아이들은 그 사이를 오가며 신나게 뛰어 놀았다. 휴양지에서 노출이 부담스러울 때는 성별로 나누어 즐기는 것도 괜찮다. 실제 이렇게 즐기는 것도 여행 중에만 느낄 수 있는 특별함이 된다. 노출을 가릴 수 있는 래시가드나 걸칠 수 있는 살롱, 로브, 스카프도 꽤 유용하게 쓰인다.

ⓢ 하루 한 끼는 한식으로 해결하기

타지의 음식을 경험하는 것도 여행의 일부이다. 하지만 그 어떤 산해진미 앞에서도 김치 생각이 간절하고 쌀밥을 먹어야 힘이 난다고 믿는 부모님도 있으시다. 때문에 부모님과 함께하는 여행이라면 하루 한 끼 정도는 한식을 먹을 수 있도록 한식당을 체크하거나 한식 반찬을 준비하는 것이 좋다.

인원이 많으면 매 끼니마다 밥을 사 먹으러 나가는 것도 일이다. 취사가 가능한 숙소라면 해 먹는 것도 좋고, 며칠 상온 보관이 가능한 고추장, 콩자반, 장조림, 멸치볶음, 진미채, 김 등을 미리 챙겨 가면 룸서비스로 플레인라이스(흰 밥)만 시켜 함께 먹을 수도 있다. 요즘은 뜨거운 물만 부으면 바로 먹을 수 있는 다양한 즉석 국은 물론 커피포트에 데울 수 있는 덮밥 소스 등 간편식도 좋은 제품이 많다.

우리 가족이 묵었던 사우스 팜 리조트는 주변에 편의시설이 없고, 숙소 내 식사가 맛이 없다는 단점이 있었다. 그런데 다행히 차로 10분 거리에 한식당이 있었는데 한식부터 현지식, 분식까지 메뉴도 다양했고, 무료 픽업서비스도 숙소까지 와주었다. 필리핀 현지식을 즐기지 못한 것이 아쉽긴 하지만 덕분에 부모님과 아이들이 잘 먹었으니 배부르고 행복한 여행이었다.

🍱 대가족이 함께하기 좋은 휴양지 best 3

휴양지도 많고, 갈 곳은 여행지마다 넘쳐난다. 하지만 성별, 세대, 성격까지 각양각색인 대가족이 한곳을 정해 여행을 가야한다. 산을 좋아하는 아빠, 바다를 좋아하는 엄마, 물놀이를 좋아하는 아이, 액티비티를 즐기려는 남편, 이 모든 취향을 충족할 여행지가 있을까? 고민부터 앞설 필요가 없다. 여행 인프라가 잘 갖추어져 있어 한 곳에서 다양한 투어를 즐길 수 있는 곳이 생각보다 많기 때문이다.

🆂 요즘 가장 핫하게 뜨는 베트남

비행시간이 비교적 짧고 리조트까지 가는 방법도 단순한 휴양지가 베트남 곳곳에 있다. 물가도 저렴하고 우리 입맛에 맞는 음식도 많고, 특히 부모님 중에는 베트남을 친근하게 여기는 분들이 많아 대가족 여행에는 제격이다. 객실 타입도 투 베드룸, 쓰리 베드룸처럼 방이 여러 개인 빌라가 많고 저렴해 숙소 선택의 폭이 넓다. 단점이라면 자연풍광을 제외하면 어르신들이 즐길만한 관광 스팟이 많지 않다는 점이다. 더운 날씨를 피해 다낭에서 호이안과 바나힐을 둘러보거나, 나짱에서 맛집투어를 하고 머드 온천에서 피로를 푸는 정도면 짧은 일정으로 추천할만하다.

ⓢ 동서양 문화를 한곳에서 만나는 마카오

번쩍번쩍 화려한 도시를 구경하고 싶다면 마카오를 추천한다. 마카오는 카지노로 대변되는 부정적 이미지를 떨치기 위해 테마파크 형 리조트를 지어 가족 단위 관광객을 끌어 모으고 있다. 비행시간도 인천공항에서 3시간 반이면 충분하고 공항에서 차로 5~10분이면 숙소에 도착할 수 있어 이동시간에 대한 부담도 적다.

가족 여행의 핵심이 되는 곳은 타이파섬Ilha da Taipa의 코타이Cotai 지역이다. 호텔과 쇼핑, 레스토랑, 공연장 등이 거대한 멀티플렉스로 연결되어 있어, 날씨에 구애받지 않고 시원하게 즐길 수 있다. 게다가 리조트마다 수영장이 잘 돼 있고, 규모는 작지만 워터파크 급의 시설까지 갖춘 곳도 있다. '동서양이 만나는 식탁'이라는 말처럼 다채로운 음식이 많고, 부모님들께 화려한 야경과 쇼를 쉴 새 없이 보여드릴 수도 있다. 단점이라면 도보 이동이 많아 많이 걸을 수 있다는 점이다. 그래서 무릎이 안 좋은 부모님과 유모차를 막 뗀 아이와 함께한다면 프라이빗 투어를 이용해 둘러보는 것도 한 방법이다.

🅢 세계적인 휴양지 명성 그대로, 하와이

하와이야말로 관광, 휴양, 쇼핑까지 모든 것을 충족시키는 곳이라 가족 여행지로 지속적인 사랑을 받고 있다. 실제 우리 가족도 지금까지 함께한 여행 중 만족도가 가장 높았다. 게다가 부모님 세대는 국내 최초 레저 타운이었던 '부곡 하와이'로 신혼여행을 다녀온 분도 많아 진짜 하와이를 다녀왔다는 사실 만으로 큰 만족감을 갖기도 한다.

하지만 9시간의 긴 비행과 시차 적응은 체력적인 부담이 될 수 있다. 저가항공편이 생기면서 항공료가 저렴해지기는 했지만, 다른 지역에 비해 여전히 높은 물가도 부담이다. 그나마 차를 렌트해 다니며 입장료가 없는 대자연을 즐기는 여행을 한다면 추가적 비용은 크게 들지 않을 수 있다.

PART 03

휴식을 위한 여행

AREA 10
아이가 어릴수록 만만한 휴양지
베트남 다낭

여행 리뷰의 팔할이 주관적인 여행 법
휴양지 날씨 예측 매뉴얼

AREA 11
도심 속 가성비 갑 호캉스
태국 방콕

여행 리포터 엄마의 주관적인 여행 법
우리 아이 여행 짐 싸기 매뉴얼

AREA 12
숙소에서 다양한 엔터테인먼트가 가능한
중국 마카오

여행 리포터 엄마의 주관적인 여행 법
공항 100% 활용 매뉴얼

AREA 13
지구상 가장 아름다운 풍경
몰디브

여행 리포터 엄마의 주관적인 여행 법
스마트폰 100% 활용 매뉴얼

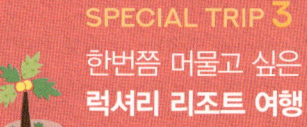

SPECIAL TRIP **3**
한번쯤 머물고 싶은
럭셔리 리조트 여행

하루가 한 달처럼 흘러가던 육아 초반. 남편을 출근시키고 아이에게 이유식을 먹이던 어느 날 아침이었다. 텔레비전을 보는데 한 지질학자의 미국 여행기가 나오고 있었다. 그곳은 아이를 낳기 전에 다녀온, 내 생애 최고로 꼽는 여행 루트였다.

갑자기 오래 전 헤어진 연인을 우연히 만난 것처럼 가슴이 뛰었다. 계속 봐야하나, 말아야 하나. 갈등하는 사이 지질학자는 신나게 콜로라도 협곡을 누비며 내가 봤던 그 각도에서 내가 내뱉은 그 감탄사를 내뱉으며 자연의 경이로움을 설명하고 있었다.
순간 주책없이 눈물이 흐르며 정확히 알 수 없는 나만의 감정에 빠져들었다. 남편이 옆에 있었다면 산후 우울증이라며 놀렸을지도 모를, 갑작스러운 감정이었다.

사실 한 아이의 엄마가 되고 한동안 나는 모든 것이 낯설고 힘든 신입사원이 된 것만 같았다. 등에 센서라도 달렸는지 잠시도 품에서 떨어지지 않으려는 아이와 온종일 씨름을 하다 보면 세계 곳곳을 자유롭게 누비던 시절이 미친 듯이 그리워졌다. 그리고 아무데라도 좋으니 어디든 떠나고 싶다는 생각이 간절했다.

여행을 '지금 이곳으로부터 일탈'에 의미를 둔다면 그때야말로 가장 떠나고 싶었던 순간이 아니었을까. 그때 떠난 여행이 지금까지 아이와 함께한 여행 중 만족도가 가장 높았다. 집안일을 하지 않아도 되고, 다른 사람이 해주는 밥을 먹고, 독박육아에서 벗어나 남편과 콧바람을 쐴 수 있었던 그때.

여행에서 휴식에만 집중한다면 아이가 어려도 크게 힘들지 않다. 그래서 꼭 가고 싶은 숙소, 좋은 숙소는 아껴뒀다 이 시기에 가라고 권하고 싶다. 아이가 조금만 더 커도 아이에 맞춘 여행을 해야 하기에, 이때만큼은 여행의 주인공은 엄마가 되어야 한다.

AREA 10

아이가 어릴수록 만만한 휴양지
베트남 다낭

AREA 10 다낭(DA NANG)

무려 30km나 길게 이어지는 해변을 따라 바다 전망의 리조트들이 늘어서 있다. 짧은 비행, 짧은 동선, 선택의 폭이 넓은 다양한 리조트, 저가항공사들의 취항도 줄줄이 늘어 육아에 지친 엄마들이 콧바람을 쐬기에 이보다 더 좋은 곳은 없어 보인다.

AREA INFO

추천 가족	리조트 중심의 휴식이 필요한 가족
추천 계절	건기인 2~8월. 가을은 비가 많이 오는 편이고, 겨울은 물놀이를 즐기기에 춥다.
가는 방법	비행시간 4시간 10~40분
이동 방법	택시가 기본이며, 호이안과 같은 주요 관광지는 셔틀을 운영하는 숙소가 많다.
난이도 하	비교적 짧은 이동거리에 리조트 중심이라 힘들 게 없다.

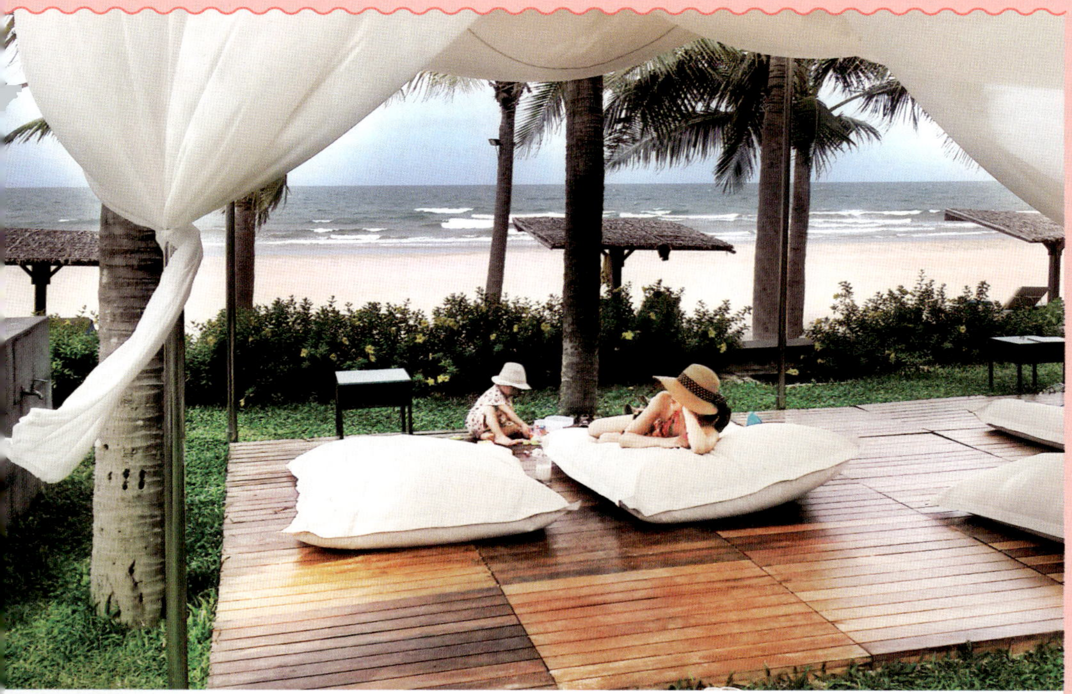
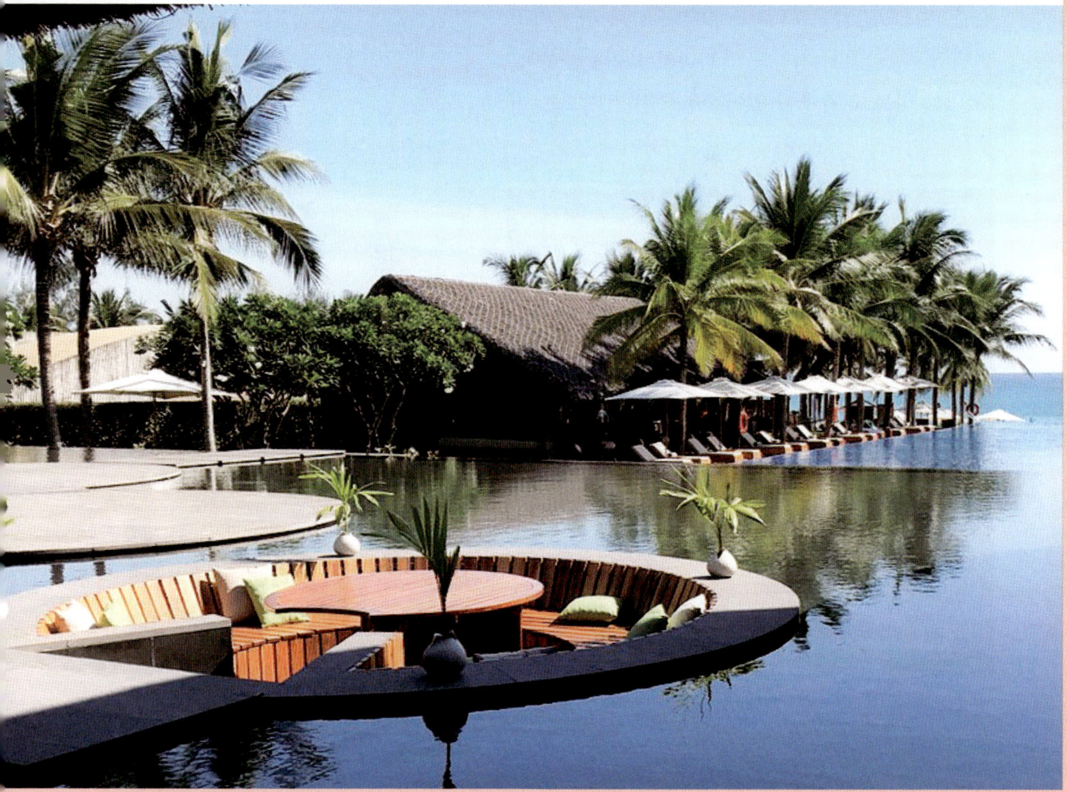

취향대로 고르는 리조트 천국

욕조가 아닌 수영장에 아이를 담가놓고, 시원한 그늘에 누워 책 한 권 여유 있게 읽을 수 있다면 얼마나 좋을까? 밖에 나가는 것도 번거로우니 식사도 숙소에서 해결하고, 아이가 잠들면 흐물흐물 문어가 될 때까지 마사지도 받고, 남편과 가볍게 맥주 한 잔 기울인다면 육아의 피로도 맥주 거품처럼 사라져 버릴 텐데…….

하지만 막상 여행을 계획하기 시작하면 엄마는 생각이 많아진다. 아이가 비행기 안에서 몇 시간이나 버텨줄까? 숙소까지의 이동 거리는 짧고 편한 것이 좋겠지? 기저귀나 이유식을 살 수 있는 마트가 있을까? 시차 적응은 잘 할까? 아, 무엇보다 아이를 위해 주변 환경이 쾌적하고 안전해야 할 텐데…….

이 모든 조건을 충족시키는 곳을 찾던 중, 몇 년 사이 리조트 단지가 급속도로 발전한 다낭을 알게 됐다. 다낭은 동쪽 해안을 따라 전용 해변을 갖춘 고급 리조트들이 길게 늘어서 있다. 물빛이 아름답거나 아이와 놀기 좋은 바다는 아니지만 부대시설을 갖춘 리조트만큼은 그 어느 휴양지보다 다양하고 선택의 폭이 넓다. 치안도 안전하고 육아용품을 살 수 있는 마트도 가까이 있어, 마음 편한 리조트 여행을 원한다면 첫 번째로 추천하는 곳이다.

리조트 선택 시 주의할 점

다낭의 해변은 선짜(Sơn Trà) 반도에서 호이안(Hội An)까지 이어지기 때문에 리조트를 고를 때 가장 중요하게 고려해야 할 점이 바로 위치이다.

공항에서 10분이면 도착하는 미케 비치(Bãi biển Mỹ Khê)가 시내와도 가까워 맛집이나 마트 등을 이용하기 편하다. 하지만 고급 리조트보다 중저가 호텔이 많고 해안을 인접하지 않은 곳도 많으니 잘 확인하고 예약해야 한다. 아이와 도보로 편의시설을 이용하기에도 무리가 있어 택시를 타게 될 확률도 높다.

대략 논누억 비치(Bãi tắm Non Nước)부터 고급 숙소들이 이어진다. 너무 멀리 떨어진 곳은 한 시간 가까이 이동해야 할 수도 있고 외딴 해변에 떨어져 답답함만 느끼다 올 수도 있으니 주의한다.

🏨 리조트 분위기가 중요하다면

아이가 어릴 때는 수영장, 키즈클럽, 레스토랑, 스파 등 다양한 부대시설을 갖춘 리조트에서의 휴식이 제일이다. 숙소에서 머무르는 시간이 대부분이기에 엄마 아빠의 취향에 맞는 숙소를 선택하도록 한다.

인터컨티넨탈 다낭 Intercontinental Da nang Sun peninsula Resort, 5성급 리조트

필자가 이곳을 선택한 이유는 한 장의 사진 때문이었다. 세계적 건축가 빌벤슬리(Bill Bensley)의 작품으로 고급스러우면서도 트랜디한 인테리어가 특징인데, 아니나 다를까 화장실과 키즈클럽마저 보는 재미가 있었다. 바다를 향해 서 있는 빌라들은 언덕을 따라 자리하고 있으며, 작은 전통 배 모양의 트램을 타고 오르내릴 수 있다. 그 외에도 그네 의자, 넓은 카바나, 유아 풀 등 아이와 보내기에는 여러모로 편하고 재미있는 요소가 많다. 한 가지 단점이라면 공항에서 차량으로 약 30분가량 떨어진 선짜반도에 위치한다는 점이다. 하지만 맛집을 찾아다니거나 마트에 갈 계획이 없다면 이런 조용한 해변과 한적함이 오히려 두 배의 매력으로 다가올 수도 있다.

포시즌즈 리조트 더 남하이 Four Seasons resort The Nam Hai, 5성급 리조트

다낭, 호이안 일대에서 가장 럭셔리한 포시즌 계열의 숙소이다. 베트남 전통가옥의 디자인을 살린 모던하고 고급스런 분위기로 디자인 리조트상을 수상하기도 했다. 키즈클럽, 온수 수영장, 훌륭한 조식 등 부족함이 없지만 일반 리조트보다 2배 정도 비싼 가격이 큰 단점이다. 공항에서 차량으로 30분, 호이안으로부터 10분 거리에 있다.

🅗 리조트 내에서 마음껏 무료 마사지를 받고 싶다면

휴식 여행에서 빠질 수 없는 것이 바로 육아로 딱딱하게 굳은 몸을 스파로 말랑말랑하게 풀어내는 것이다. 대부분의 리조트에는 스파샵이 있지만 가격이 몹시 비싼 편이고, 저렴한 스파를 찾아 아이를 안고 시내까지 나가는 것은 상당히 번거로운 일이다. 이때 추천하고 싶은 곳이 바로 스파가 기본으로 포함되어 있는 스파 인클루시브리조트 Spa Inclusive Resort 이다.

퓨전 마이아 Fusion Maia, 5성급 리조트

퓨전 마이아는 숙박비에 하루 2회의 스파 비용이 포함돼 있다. 성인 2인 기준이므로 매일 4시간의 스파를 받을 수 있는 셈이다. 전 객실 풀빌라에 조식을 룸에서 시켜먹을 수 있고 공항에서 차량 15분 거리로 시내와도 가깝다. 숙박비가 비싼 편이지만 혜택을 최대한 누린다면 나쁘지 않은 선택이다.
체크인과 동시에 스파 시간을 예약해야 하는데 필자는 아쉽게도 예약해둔 시간마다 아이 컨디션이 좋지 않아 충분히 이용하지 못했다. 원하는 시간이 있다면 미리 이메일로 신청해도 좋다. 키즈클럽은 작지만 스파를 받는 동안 아이를 맡길 수 있으며(오후 2~4시), 시간당 $10에 베이비 시터를 고용할 수도 있다.

나만 리트리트 Naman Retreat, 5성급 리조트

공항에서 차량으로 30분 정도 떨어져 있어 접근성은 다소 떨어지지만 가성비가 높은 리조트이다. 성인 2인 기준으로 매일 50분씩 1회 무료 마사지를 받을 수 있다.
숙소 조경의 평이 좋은 곳으로 특히 메인 인피니티풀 전망이 아름답다. 3베드룸과 풀빌라까지 갖추고 있어 객실 선택의 폭이 넓은 것도 장점이다. 퓨전 마이아와 마찬가지로 휴식과 힐링에 초점을 맞춘 곳이라 비교적 한적하고 조용하다. 어린이를 위한 시설이 잘 되어있는 편이 아니라서 아이가 아주 어릴 때 이용하기 좋다.

🅷 대가족이 함께하는 여행이라면

인원이 많아지면 객실을 따로 잡는 것보다 룸이 많은 빌라를 선택하는 것이 경제적이다. 베트남은 가족 중심의 2베드, 3베드, 많게는 5베드룸까지 갖춘 빌라가 꽤 많고, 가격도 저렴한 편이다. 취사가 가능한 풀키친을 갖춘 경우도 많아 간단히 끼니를 해결할 수도 있다.

프리미어 빌리지 리조트 Premier Village Danang Resort - Managed by Accorhotels, 5성급 리조트

꽤 넓은 부지에 빌라 하나하나가 단독 주택 형태를 띠고 있어 집 한 채를 통째로 빌린 듯한 느낌을 받을 수 있다. 공항에서 차량으로 15분 거리로 다낭 시내로의 접근성도 좋다. 전 객실 풀빌라에 주방까지 갖추고 있어 간단한 요리도 해먹을 수 있다.

더 오션 빌라 The Ocean Villas, 5성급 리조트

프리미어 빌리지 리조트와 유사한 구조로 여러 채의 빌라가 줄지어 세워져 단독 주택의 형태를 띠고 있다. 전 객실에 주방시설을 갖추고 있으며, 2베드 룸부터 풀빌라로 구성되어 있다. 골프장, 테니스코트 등의 시설이 있어 대가족의 레저활동을 원한다면 추천할 만하다. 공항에서 차로 20분 거리이며, 다낭과 호이안 중간쯤에 위치한다.

🏨 체크아웃 후에도 시간이 많이 남는다면

밤 비행기로 돌아오는 항공편을 예약했다면 체크아웃 후 남은 시간도 고민이다. 이때 아이가 어리다면 레이트 체크아웃을 요청해, 퇴실 시간 이후 요금을 추가로 지급하고 숙소에서 쉬는 것이 덜 수고스럽다. 물론 시간이 너무 길면 하루 숙박료를 물어야 할 수도 있으니 마지막 날은 가성비가 좋은 숙소로 옮기는 것도 방법이다. 그리고 레이트 체크아웃을 반드시 해야 할 때에는 방이 없을 가능성을 대비해, 미리 예약해두는 것이 안전하다.

아난타라 호이안 Anantara Hoi An Resort, 4성급 리조트

호이안은 도시의 규모는 작지만 깨끗하고 가성비 좋은 숙소가 많다. 필자는 마지막 날을 호이안에서 보내고 레이트 체크아웃으로 아이를 푹 재운 뒤, 늦은 밤 공항으로 출발했다.
아난타라는 호이안 구시가지까지 도보 이동이 가능한 거리에 있으면서도 번잡하지 않아 조용히 휴식을 취하기에 좋다. 최근 호이안에 좋은 숙소가 많이 생기면서 인테리어나 숙박비면에서 아쉬움이 들긴 하지만 여전히 평점이 꽤 높은 숙소이다.

오렌지 호텔 Orange Hotel, 3성급 호텔

다낭 시내에 있으면서도 공항까지 3km 정도 떨어진 곳에 위치하고 있어 접근성이 매우 좋다. 24시간 리셉션을 운영하고 있어 늦은 밤에 도착해도 체크인, 아웃을 하는데 전혀 문제가 없다. 마지막 날 일정이 어중간한 경우 다낭 시내 투어를 즐긴 후 아이를 씻겨 공항으로 이동하기 최적의 조건이다.

다낭의 매력적인 바깥나들이

리조트에서 충분히 쉬었다면 아이와 반나절 관광을 나서보는 것도 좋다. 보통은 택시를 타고 이동하지만, 유·무료 셔틀을 운영하는 숙소도 많다.

ⓢ 아이와 낭만적인 밤 산책, 호이안

호이안은 다낭과는 별개의 도시지만, 다낭 국제공항을 통하기 때문에 한 지역으로 인식되기도 한다. 도시 전체가 유네스코 세계문화유산으로 보호되는 곳으로 16~19세기 건축물 양식이 그대로 보존된 목조가옥과 이끼 낀 기와지붕 위에 내려앉은 꽃들은 여행자들의 마음을 사로잡기에 충분하다.

필자 역시 호이안에 대해 기대가 커서 인근에 숙소를 잡고 밤낮으로 도시 구석구석을 돌아다녔다. 하지만 호이안의 여름은 생각보다 뜨거웠고, 대부분의 가게에 에어컨이 없어 한낮은 아이와 함께하기에 좋지 않았다. 호이안 도심 투어를 제대로 즐기려면 더위가 한풀 꺾이는 오후 4~5시부터 둘러보다 저녁을 먹고 야경을 보는 일정이 좋다. 특히 밤이 되면 도시 전체에 색색의 등이 켜져 낮과는 다른 낭만을 느낄 수 있다.

호이안에서 교통편 이용하기

공항에서 호이안까지는 차량으로 40분 정도 소요되므로 오가는 시간에 아이를 재우면 좋다. 장거리의 경우 택시는 미터보다 흥정을 하는 것이 경제적인데, 다낭 시내 기준으로 택시비는 편도 약 2만 원, 왕복은 약 3만 원에 흥정된다.

호이안 구시가지는 차가 다니지 않기 때문에 유모차를 밀고 골목 구석구석을 누빌 수 있다. 걷다가 다리가 아프면 밤바람을 맞으며 씨클로를 타도 좋다. 씨클로는 자전거에 인력거를 단 것으로 2인 좌석이 기본이지만 아이가 있는 경우 엄마 아빠 사이에 간이 의자를 즉석에서 만들어준다. 바가지요금 횡포가 심한 곳이기에 흥정할 때는 1인 요금인지 합산 요금인지를 꼭 확인해야 한다.

ⓢ 한낮의 무더위를 피하고 싶을 때, 바나힐

다낭에서 약 25km 떨어져 있는 바나힐Bà Nà Hills은 해발 1487m의 고산지대에 조성된 고풍스러운 테마파크이다. 프랑스 식민지배 시절 프랑스인들에 의해 휴양지로 개발되기 시작한 곳으로 동양 속에 유럽의 낭만을 느낄 수 있다. 한때 기네스북에도 올랐던 5.8km의 긴 케이블카, 놀이기구 등을 즐길 수 있고 지대가 높아 한여름에도 시원한 편이다.

하지만 편도 1시간, 케이블카를 타는 시간까지 포함하면 이동 시간만 3시간 정도가 소요되고, 놀이시설 규모도 그리 크지 않아 다이내믹함을 원한다면 살짝 실망할 수도 있다. 또한 지대가 높아 안개가 낀 날이 많으니 미리 날씨를 확인하고 가는 것이 좋다.

바나힐의 교통편 🐌

별도의 대중교통편이 없어 여행사나 숙소에서 제공하는 셔틀버스나 콜택시를 이용해야 한다. 택시를 이용할 경우 돌아오는 교통편이 많지 않으니 왕복으로 이용하는 것이 안전하다. 택시비는 다낭 시내 기준으로 약 3만 원 선에서 흥정되는 편이다.

ⓢ 놀이기구 타고 도시 야경 즐기기, 헬리오센터 & 아시아파크

헬리오센터Helio Center는 에어컨이 빵빵한 실내에서 범퍼카, 범퍼보트 등을 타거나 볼링, 게임 등을 즐길 수 있는 곳이다. 입장료는 따로 없고 각 시설을 이용할 때마다 이용료를 지불하면 된다. 금요일부터 일요일까지 오후 5시부터 인근에서 야시장도 열리므로 헬리오센터 푸드코트나 야시장에서 저녁을 먹고 근처에 있는 야외 놀이동산인 아시아파크Asia Park Sun Wheel로 향하면 좋다.

아시아파크는 더위가 한풀 꺾이는 오후 3시에 문을 연다. 대관람차나 모노레일을 타면 다낭 시내의 야경을 한눈에 감상할 수 있어 추천할 만하다. 규모도 작은 편이고 놀이기구가 많지 않지만 회전목마, 자이로드롭 등을 기다리지 않고 이용할 수 있다.

> **아시아파크 이용하기**
> 성인 1만원, 어린이 7,500원의 부담없는 입장료에 키가 1m미만인 아이는 무료로 입장할 수 있다. 하지만 운영시간이나 입장료 변동이 많은 곳이니 방문 전 검색을 통해 확인하도록 하자.
> 근처에 롯데마트가 있어 마지막 날 체크 아웃 후 밤 비행기를 타기 전까지 시간을 보내기 좋다. 롯데마트 3층 짐 보관소에서 트렁크를 무료로 보관해준다.

🆂 마트 쇼핑이 꿀재미, 롯데마트 VS 빅씨 VS 빈마트

낮은 인건비로 경공업이 발달한 베트남은 생활물가가 저렴한 편이다. 햇반, 라면, 간식 등은 현지에서 구입하는 것이 경제적이고, 인스턴트 쌀국수, 커피, 장난감 같은 베트남 제품도 가성비가 좋은 편이다. 마트에서 반경 10km 이내의 숙소에 머물고 있다면 일정 금액 이상 구매 시, 당일 무료 배달 서비스도 해준다.

롯데마트 Lotte Mart

한국에 있는 마트라도 온 듯 한국 제품이 눈에 많이 띈다. 게다가 우리나라에서 쇼핑할 때보다 훨씬 저렴하게 카트를 가득 채울 수도 있다. 짐 보관소, 롯데시네마, 환전소, 푸드코트, 어린이 놀이시설 등이 잘 갖춰져 있어 시간을 보내기 좋다.

빅씨 Big C Supercenter

현지인들이 많이 찾는 베트남 국민마트로 시내에 있어 롯데마트보다 접근성이 좋다. 가격 또한 롯데마트보다 저렴한 편이지만 제품의 품질은 다소 떨어진다. 퇴근 후 장을 보려는 현지인들이 많이 몰려드는 시간에는 계산을 기다리는 대기 줄이 상상 이상이므로 그 시간은 피하는 것이 좋다.

빈마트 VinMart

복합 쇼핑몰인 빈컴플라자(Vincom Plaza) 내에 자리한다. 마트의 규모는 다소 작지만 키즈카페, 아이스링크, 식당가 등을 함께 이용할 수 있어 좋다. 택시기사에게는 '빈컴플라자'라고 해야 알아듣는다.

SPECIAL TIP

여행 리포터 엄마의 주관적인 여행 법

휴양지 날씨 예측 매뉴얼

베트남은 사계절 내내 덥다고 생각하는 사람이 많지만 남북으로 긴 지형 탓에 위도에 따라 큰 날씨 차이를 보인다. 특히 다낭은 중부에 있어 겨울에는 물놀이를 즐기기에 쌀쌀한 편이다. 아이와 함께 하는 여행은 물놀이가 중심인 경우가 많기 때문에 우기냐 건기냐를 따지기보다 물놀이를 할 수 있는지 없는지가 기준이 되어야 한다. 물론 예측하고 떠난다 해도 이상기후를 만날 수 있고, 머무는 날이 짧을수록 날씨는 복불복이 되기도 한다. 이건 어디까지나 확률이지만 아이와 해외에서 지루한 시간을 보내지 않으려면 참고해서 계획하는 것이 좋다.

✱ 연평균 기온 확인하기

필자는 여행지를 선정하기 전, 웨더투트레블 홈페이지(www.weather2travel.com)에서 가게 될 휴양지의 날씨를 반드시 확인한다. 지명을 입력하면 지난 몇 년간의 평균 기온과 바다 수온, 강수량과 일조량까지 한눈에 확인할 수 있다.

그 중 첫 번째로 확인하는 것은 지난 몇 년간의 월별 연평균 기온이다. 다낭의 겨울은 평균 24~25도인데다 바다 수온 역시 낮아서 아이와 물놀이를 하기에는 꽤 춥게 느껴질 수 있다. 평균 기온이 28도는 넘어야 물놀이를 하기에 적당하다.

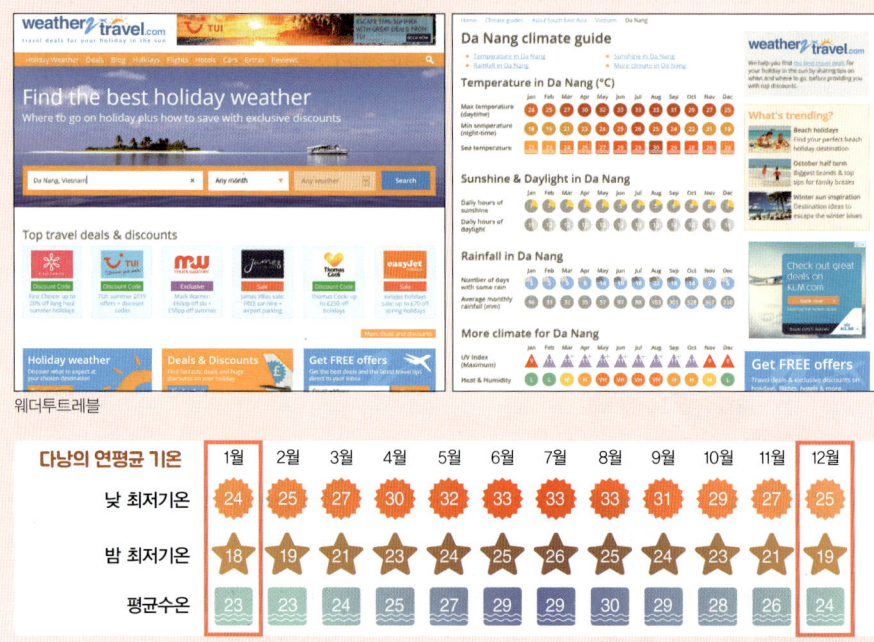
웨더투트레블

다낭의 연평균 기온	1월	2월	3월	4월	5월	6월	7월	8월	9월	10월	11월	12월
낮 최저기온	24	25	27	30	32	33	33	33	31	29	27	25
밤 최저기온	18	19	21	23	24	25	26	26	24	23	21	19
평균수온	23	23	24	25	27	29	29	30	29	28	26	24

✱ 연평균 강수량 확인하기

두 번째로 확인하는 것은 연평균 강수량이다. 그간의 여행 경험으로 비추어 보아, 한 달 평균 강수량이 100mm 이하면 거의 비가 오지 않고, 300mm 이하면 잠시 스쳐 가는 스콜, 500mm 이상은 꽤 많은 양의 비가 쏟아지는 경우가 많았다. 다낭의 겨울은 지난 몇 년간, 월평균 강수량이 500mm가 넘는다. 비가 오는 날도 평균 14일이나 되니 이틀에 한 번꼴로 비를 만날 수 있다는 얘기다. 어디든 500mm 이상의 강수량을 보이는 곳은 여행을 다시 한 번 고려해 보는 것이 좋다.

다낭의 연평균 강수량	1월	2월	3월	4월	5월	6월	7월	8월	9월	10월	11월	12월
월 평균 강우 일수	5	5	5	8	14	19	18	22	18	14	7	5
월 평균 강수량	96	33	32	35	57	97	88	103	301	528	367	210

AREA 11

도심 속 가성비 갑 호캉스
태국 방콕

AREA 11 방콕(BANGKOK)

세계 호텔의 격전지라 불릴 만큼 좋은 호텔이 많은 방콕은 5성급의 브랜드 체인호텔을 겨울 성수기가 아니라면 대부분 10만 원대에 숙박할 수 있다. 쇼핑, 식사, 엔터테인먼트를 한자리에서 해결할 수 있는 쇼핑몰의 수준도 높아 아이와 보다 편하게 도심을 즐길 수 있다.

 AREA INFO

추천 가족	도심 속 고급 호텔에서 휴양을 즐기고 싶은 가족. 유모차를 타거나 잘 따라다니는 아이가 있는 가족
추천 계절	일 년 내내. 우기(5~10월)는 덥고 갑작스레 스콜이 쏟아지기도 하지만, 호캉스와 몰링을 즐기는데 계절은 중요하지 않다. 단, 건기인 겨울은 날씨가 좋아 숙박비가 약간 오른다.
가는 방법	비행시간 5시간 10~30분. 에어아시아는 돈므앙 국제공항, 그 외는 수안나품 국제공항으로 도착한다.
이동 방법	장거리는 택시, 단거리는 오토바이를 개조한 툭툭이가 편하다. 교통체증이 심한 곳이므로 출퇴근 시간을 피해 움직이도록 한다. 지상철 BTS와 지하철 MRT도 잘 되어 있지만 역까지 이동하는 것이 만만찮을 수 있고 가족단위 여행은 택시가 더 저렴할 수도 있다.
난이도 하	호캉스에 만족하지 않고 이것저것 관광에 욕심을 내기 시작하면 난이도가 높아질 수 있다.

아이와 보다 편한 도시 나들이

오랜만에 쌍둥이를 키우는 동네 언니를 만났다. 학교 다닐 때 미술을 전공해 출산 전까지만 해도 멋쟁이로 불렸던 언니는 동네 카페에서 마시는 커피 한 잔을 여행지에서 마시는 것처럼 음미했다.
'독박육아 하느라 이미 유배당한 기분인데 휴가를 또 한적한 데로 가라고? 그건 싫다. 북적거리는 데서 사람 구경도 하고 인터넷 쇼핑 말고 진짜 매장에 가서 쇼핑도 하고, 야경도 보고 그래야 기분전환이 되지 장소만 바꾼다고 그게 휴가니?'
쌍둥이를 데리고 리조트에서 푹 쉬는 것도 좋지만 한곳에 머무는 것은 지금도 충분하다고 했다. 하지만 막상 아이들과 함께 사람이 북적이는 도시를 가자니 눈앞이 캄캄해진단다. 필자는 그런 언니에게 방콕으로 떠나라 말해주었다.
방콕은 내로라하는 브랜드 호텔부터 취향대로 고를 수 있는 부띠끄 호텔, 도심 속 오아시스를 연상시키는 리조트형 호텔까지, 숙소 리스트를 보고 있으면 결정 장애가 올 정도이다. 게다가 호텔들 가성비까지 좋아 다른 도시에서는 엄두도 내지 못한 5성급의 브랜드 체인호텔을 겨울 성수기만 아니라면 대부분 10만 원대에 숙박할 수 있다. 2박이나 3박을 하면 다음 날 무료 숙박을 제공하거나 BC 플래티늄 카드를 이용해 1박에 1박을 덤으로 이용할 수 있는 곳도 많다. 대형 항공사부터 저가항공사까지 매일 여러 편의 직항이 운항되니 언제라도 떠나고 싶다면 저렴한 항공권도 쉽게 구할 수 있다. 경유지로 잠시 머무르기도 좋아 다른 나라를 여행할 때 슬쩍 끼워 넣기도 좋고, 쇼핑 시설이 잘 돼 있어 웬만한 유아용품은 현지에서 구할 수도 있다. 그러니 몸도 마음도 홀가분하게 떠날 수 있는 최적의 도심 휴양지로 방콕 만한 곳이 또 있을까?

방콕 호텔 이용하기
방콕은 비슷한 이름의 호텔이 여러 곳에 있는 경우가 있으므로 풀 네임을 잘 확인해야 한다. 예를 들어 아난타라 시암, 아난타라 리버사이드는 같은 아난타라 계열이지만 다른 호텔이다.
도심 풍경을 감상하려면 되도록 고층 객실에 옆 건물이 보이지 않는 객실로 달라고 요청해야 한다. 대부분의 호텔들이 루프탑 바를 보유하고 있어 가볍게 도심의 야경을 즐기며 분위기를 내볼 수도 있다.

호캉스의 핵심, 스쿰빗대로

갈 곳이 많은 것만큼 고민의 폭도 넓어진다. 그렇게 많은 호텔 중 어디에 짐을 풀어야 할까? 게다가 호텔에만 콕 박혀 있기에는 모든 것이 아깝게 느껴진다. 하지만 서울의 2.5배에 달하면서도 우리나라보다 덥고 교통체증도 심한 방콕은 아이와 섣불리 나섰다가 여행이 아니라 고행이 시작될 수도 있다.

필자는 아이와 함께라면 무조건 방콕 스쿰빗대로Sukhumvit Road로 가라고 말한다. 역세권을 중심으로 방콕의 상류층이 주로 가는 고급 백화점과 젊은이들을 위한 패셔너블한 쇼핑몰이 늘어서 있는데 마치 우리나라 명동과 비슷한 곳이다. 쇼핑몰과 연결된 호텔에서 물놀이를 즐기며 휴식을 취하다 아이가 낮잠 잘 시간에 맞춰 유모차를 밀고 나간다. 아이가 어릴 때는 시원한 에어컨 바람을 맞으며 쇼핑, 식사, 엔터테인먼트까지 한곳에서 해결할 수 있는 몰링Malling만큼 편한 것이 없기 때문이다.

ⓢ 방콕 최대의 인기 쇼핑몰이 한 자리에, 시암Siam 역

고급 쇼핑몰 시암 파라곤S&P at Siam Paragon과 같은 계열인 시암 센터Siam Center, 시암 디스커버리Siam Discovery 그리고 보세 쇼핑몰 마분콩Ma Boon Khrong Center, 길거리 상가 시암 스퀘어Siam Square 등이 한데 모여 있다. 덕분에 방콕에서 가장 번화하고, 많은 사람이 몰리는 곳이기도 하다. 특히 시암 파라곤은 고급 마트인 고메마켓Gourmet Market과 한식을 비롯한 다양한 요리를 접할 수 있는 푸드코트의 인기가 높다. 그만큼 복잡하고 물가도 한국 못지않게 비싸지만 아쿠아리움, 아이맥스 영화관, 키자니아Kidzania가 있어 아이와 함께라면 제일 먼저 와볼 만하다.

시암 센터는 세계적인 패션 디자이너 브랜드를, 시암 디스커버리에서는 요즘 핫하게 뜨고 있는 태국의 홈데코 제품들을 둘러보면 좋다. 시암 스퀘어 근처에는 유명 맛집과 디저트 가게들이 포진해 있다. 특히 망고로 만든 다양한 디저트를 맛볼 수 있는 망고탱고Mango Tango와 그린파파야 샐러드 쏨땀을 맛볼 수 있는 쏨땀누아Somtam Nua가 인기다.

시암 캠핀스키 호텔 Siam Kempinski Hotel, 5성급 호텔

도심 속 휴식을 즐기기에는 최적의 숙소이다. 시암 파라곤에서 불과 20m 떨어진 도심 한복판에 있지만 복잡함이 차단된 리조트 같은 느낌도 있다. 객실과 수영장이 바로 연결되는 풀 억세스룸이 있으며, 부대시설로 키즈클럽과 4개의 고급 레스토랑까지 갖추고 있다. 아이와 함께 휴식하기에 특히 좋다.

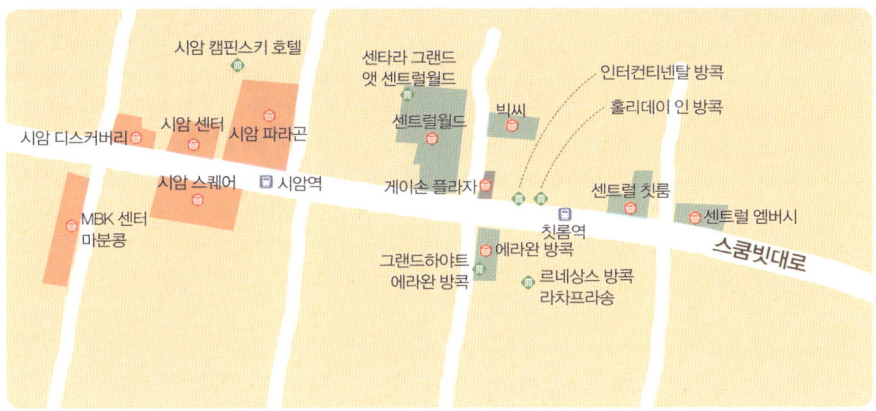

Ⓢ 처음부터 끝까지 럭셔리, 칫롬 Chit Lom 역

고급스런 숙소와 쇼핑몰, 스파, 레스토랑이 밀집해 있어 럭셔리한 분위기를 즐기고 싶은 엄마들에게 추천한다. 물론 초럭셔리 호텔은 비수기에도 숙박비가 30만 원대에 육박하고 고급 레스토랑 역시 방콕의 물가에 비해 비싼 편이지만 우리나라 다른 휴양지와 비교하면 가성비가 좋은 편이다.

센트럴월드 Central World는 일본계 백화점 젠Zen과 이세탄Isetan, 아이스링크 The Rink 등이 들어가 있는 복합 쇼핑몰이다. 세계무역센터(월드트레이드센터)가 있어 택시를 타면 '월텟'이라고 말해야 쉽게 알아듣는다. 명

품 브랜드가 많은 게이손 플라자Gaysorn Plaza, 에라완 방콕Erawan Bangkok, 센트럴 엠버시Central Embassy, 센트럴 칫롬Central Chidlom 그리고 태국을 대표하는 빅씨마트Big C Mart가 있다. 그 중 센트럴 칫롬의 푸드코트인 푸드로프트Food Loft는 비싸지만 여러 나라의 고급 음식을 즐길 수 있어 인기가 높다.

센타라 그랜드 앳 센트럴월드 Centara Grand at CentralWorld, 5성급 호텔

시암역과 칫롬역 사이에 자리하고 있어, 시암이나 칫롬 어디로든 이동이 편하고 가성비가 좋은 편이다. 고층에서 내려다보는 도시 전망이나 야경이 꽤 훌륭하다. 쇼핑이나 먹거리는 넘치지만 상대적으로 아이를 위한 편의시설이 많지 않아 숙소에서 시간을 보내기에는 한계가 있다.

칫롬역 인근 추천 숙소 리스트

칫롬역에서 도보 가능한 호텔 – 인터컨티넨탈 방콕(InterContinental Bangkok), 홀리데이 인 방콕(Holiday Inn Bangkok), 그랜드 하얏트 에라완 방콕(Grand Hyatt Erawan Bangkok), 르네상스 방콕 라차프라송(Renaissance Bangkok Ratchaprasong Hotel)

차를 타야 하지만 가까운 부띠끄 호텔 – 호텔 뮤즈(Hotel Muse Bangkok Langsuan), 한사르 리조트(Hansar Resort), 호텔 인디고 방콕 와이어리스 로드(Hotel Indigo Bangkok Wireless Road)

차를 타야 하지만 가까운 럭셔리 호텔 – 더 오쿠라 프레스티지(The Okura Prestige Bangkok), 파크 하얏트(Park Hyatt Bangkok), 세인트 레지스(The St. Regis Bangkok)

ⓢ 세계 여러 나라를 여행하는 기분, 아속Asoke 역

아속역에 있는 터미널 21Terminal 21은 각 층이 세계 유명도시들로 꾸며진, 공항 터미널을 콘셉트로 디자인한 쇼핑몰이다. 에스컬레이터를 탈 때마다 'Departure, Arrival'라는 단어가 보여 마치 세계 여행을 하는 기분을 느낄 수 있다. 푸드코트 역시 미국 샌프란시스코를 배경으로 꾸며 놓았는데, 저렴한 음식들이 많아 가성비가 좋다는 평가를 받는다.
세계 유명 브랜드보다는 태국 디자이너들의 브랜드가 많아 우리나라 동대문의 밀리오레나 두타와 비교되기도 한다. 통로가 좁고 매장이 밀집해 있어 다소 산만하게 느껴지기도 한다. 역 주변으로 맛집과 저렴한 맛사지샵들이 많지만 다른 역에 비해 혼잡한 편이다.

그랜드 센터 포인트 터미널 21 Grande Centre Point Terminal 21, 4성급 호텔

1층부터 9층까지는 복합 쇼핑몰이고, 10층부터 호텔이다. BTS와 MRT 모두 환승 가능한 아속역이 있고, 호텔에서 바로 쇼핑몰로 이어져 있어 편의시설들을 짧은 동선으로 이용할 수 있다.
스파, 사우나, 골프연습장, 키즈룸, 인피티니 야외 수영장 등의 부대시설을 갖추고 있으며 전 객실 전자레인지가 비치되어 있다. 일정 객실 이상은 레지던스형으로 간이주방과 세탁기가 있다.

ⓢ 사람들로 북적이는 곳이 싫다면, 프롬퐁 Phromphong 역

시암과 유사하지만 상대적으로 덜 북적이는 곳을 찾는다면 프롬퐁역 주변을 추천한다. 이곳에는 최근 오픈한 쇼핑몰 엠콰티어 The EmQuartier와 럭셔리 백화점 엠포리움 The Emporium이 있다. 두 곳 모두 고급스럽고 쾌적해서 보다 편안하게 아이와 쇼핑을 즐길 수 있다. 특히 엠콰티어는 매장 간의 간격이 넓을 뿐만 아니라 그 공간에 초록색 식물을 장식해 싱그러운 느낌이 든다. 백화점 중간층에 워터가든이라는 정원이 있어 아이들이 마음껏 뛰어놀 수도 있다. 4층에는 트램플린 카페 바운스 Bounce가 있고, 2층에 멀티미디어 키즈카페 비트 플레이그라운드 Bit. Playground가 있다.

엠포리움 3층에는 키즈카페 이메지니아 플레이그라운드 Imaginia Playground와 실내 스케이트장이 있다. 이메지니아에는 제법 다양한 연령의 아이들을 위한 놀거리가 있고, 부모의 쉴 공간이 있어 좋다. 8세 이상부터는 아이를 맡기고 엄마 아빠가 잠시 쇼핑을 할 수도 있다.

컴패스 스카이뷰 호텔 Compass Skyview Hotel, 4.5성급 호텔

최근에 오픈한 호텔로 깨끗하고 현대적인 인테리어가 돋보이는 숙소이다. 엠포리움 바로 뒤에 위치한데다가 주변에 로컬 맛집, 마사지샵 등이 밀집되어 있어 얼마 걷지 않고도 각종 편의시설들을 이용할 수 있다. 호텔 내에는 레스토랑 외에 야외 수영장과 피트니스시설을 갖추고 있다.

ⓢ 스쿰빗에 마음에 드는 숙소가 없다면, 사톤 Sathorn

룸피니공원Lumpini Park 인근의 사톤은 스쿰빗에서 차량으로 약 10분 정도 떨어진 비즈니스 지역이다.
도시 전망이 좋은 럭셔리 호텔이 많이 모여 있어 스쿰빗에서 맘에 드는 숙소가 없고, 조금 불편하더라도 대중교통을 이용할 생각이라면 이 지역도 괜찮다. 툭툭이나 택시를 타면 편도 3,000~6,000원 내로 이동이 가능하다.

룸피니공원

소피텔 소 SO Sofitel Bangkok, 5성급 호텔

패션 디자이너가 건축 디자인에 참여한 부띠끄 호텔로 나무, 메탈, 지구, 물이라는 4가지 테마로 객실을 꾸며놓은 것이 이색적이다.
룸에 따라 룸피니공원을 한눈에 내려다 볼 수 있으며, 인피니티풀의 전망이 상당히 근사하다. 부가부 유모차를 무료로 대여해주며, 가까운 역까지 무료 차량 서비스를 해준다. 한국 여행책마다 소개되는 곳이라 투숙객 중에 한국인 비율이 높다.

사톤 지역 추천 숙소 리스트

소피텔 소 외에도 반얀 트리(Banyan Tree), 수코타이(The Sukhothai), 코모 메트로폴리탄(COMO Metropolitan), W 방콕, 이스틴 그랜드(Eastin Grand), 모드 사톤 호텔(Mode Sathorn Hotel) 등도 무난한 숙소이다.

ⓢ 리조트형 숙소를 원한다면, 차오프라야 강변

방콕 도심을 가로지르는 차오프라야강Chao Phraya River 주변에는 리조트형 호텔이 모여 있다. 스쿰빗까지 거리는 꽤 되지만 일정이 길고 조용한 휴식을 원한다면 차오프라야강 주변과 스쿰빗 지역을 반반씩 나눠서 이용하는 것도 좋다.

아난타라 리버사이드 Anantara Riverside Bangkok Resort, 5성급 리조트

넓은 부지에 강 풍경을 볼 수 있어 휴양지 리조트에 온 듯한 느낌을 받을 수 있다. 수영장도 다른 호텔에 비해 넓고, 유아 풀도 따로 갖추고 있다. 바로 옆에 이바니 몰이 있어 식당, 마사지샵, 편의점 등의 편의시설을 자유롭게 이용할 수 있다.
강변에 위치한 호텔답게 사판탁신(Saphan Taksin) 역 근처의 사톤피어(Sathon Pier)까지 무료 셔틀 보트를 20분 간격으로 운항한다. 호텔에서 사톤피어까지는 15분 정도 소요된다.

쇼핑 천국 방콕에서 꼭 사야 할 베스트 아이템 4

방콕에서는 두 손 가득 쇼핑백을 들어도 좋다. 유모차를 밀고 다니며 쇼핑하기도 좋고 6월 중순부터 두 달간 어메이징 타일랜드 그랜드세일Amazing Thailand Grand Sale이 열린다. 대부분의 상품을 50~80% 할인된 가격으로 만날 수 있는데 상세 내역은 매년 홈페이지(www.amazinggrandsale.com)에서 확인할 수 있다.

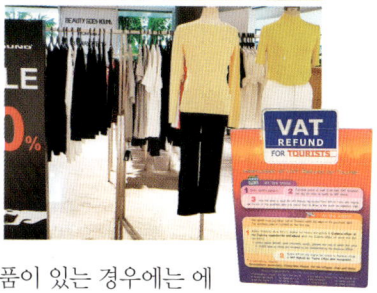

투어리스트 라운지에 여권을 보여주면 할인카드를 받을 수 있다. 2,000바트 이상 구입 시 세금환급도 받을 수 있으므로 여권을 잊지 않고 챙겨야 한다. 세금환급은 공항에서 실물을 보여주어야 환급을 받을 수 있다는 것도 기억해두자. 세일기간에는 사람들도 많고, 쇼핑몰들의 규모가 커서 아이를 유모차에 태우지 않으면 따라다니기 힘들어 할 수도 있다. 마음 속에 정해둔 상품이 있는 경우에는 에스컬레이터 앞 스크린 지도를 통해 목적지와 매장 위치를 확인하고 움직이는 것이 좋다.

ⓢ 명품보다는 로컬 디자이너 브랜드

방콕에서의 쇼핑은 태국 패션 디자이너의 브랜드를 눈여겨보라 추천하고 싶다. 태국의 패션이 우리나라보다 떨어진다고 생각할 수 있지만 놀랍게도 태국 디자이너 중에는 할리우드에서 인정받은 실력파들이 많다. 품질도 좋고 명품다운 유니크함도 갖췄으면서도 세일 기간을 이용하면 국내 중저가 브랜드 가격으로 구입할 수 있다. 특히 엠쿼티어 2층에 디자이너 브랜드가 밀집되어 있고, 시암 디스커버리, 시암 센터 등 곳곳에서 독립 매장을 만날 수 있다.

대표적인 태국 디자이너 브랜드로는 빅테루트Vickteerut, 그레이하운드Greyhound, 플라이나우Flynow, 스렛시스Sretsis, 자스팔Jaspal, 클로젯Kloset 등이 있다.

ⓢ 고메마켓의 로컬 식재료

고메마켓Gourmet Market은 우리나라 백화점 식품관과 비슷한 느낌이지만 훨씬 규모가 크고 물건도 다양하다. 가격은 다소 비싸지만 온갖 고급스러운 태국의 상품을 만날 수 있다.

그중에서도 필자는 유독 식자재에서 눈을 떼지 못한다. 말리거나 절인 과일들은 선물용으로도 좋고, 포슬포슬하게 말린 육류의 살코기나 건어물, 건고추 그 외 다양한 향신료와 소스들은 평범한 요리를 특별하게 만들어 준다.

다양한 코코넛 제품이나 허브 제품도 한국보다 저렴해서 무게만 괜찮다면 최대한 구입하라고 추천한다. 방콕 시내에는 파라곤, 터미널 21, 엠포리움 등 대부분의 몰에 고메마켓이 입점되어 있다.

ⓢ 짐톰슨 실크

태국의 대표 실크 브랜드 짐톰슨Jim Thompson은 화려하지만 유치하지 않은 문양으로 국내에서도 꽤 인기가 많다. 쿠션, 넥타이, 스카프 등은 부피가 작아 선물용으로도 좋은데, 필자는 아이들의 귀여운 면 티셔츠가 특히 좋았다. 실크로 만든 인형도 있어 부드러운 촉감을 좋아하는 아이라면 눈독 들여 볼만하다. 시암 파라곤, 센트럴월드 플라자 등에 매장이 있고, 아울렛은 시암역에서 BTS로 열 정거장 떨어진 방짝Bang Chak역 5번 출구 앞에 있다.

짐톰슨 하우스Jim Thompson House는 짐톰슨이 살았던 집을 박물관처럼 꾸며 놓은 곳으로 매장으로 착각하면 안 된다.

ⓢ 럭셔리 스파 제품

태국은 스파샵과 함께 다양한 스파 관련 상품들이 발달해 있다. 샴푸, 컨디셔너와 같은 클렌저부터 스킨케어, 디퓨저까지 다양한 제품들이 있는데 향이 꽤 묵직하고 은은한 것이 특징이다. 천연 제품들로 선뜻 구매하기 힘든 가격대도 있으니 참고하기 바란다.

필자는 매장을 방문하면 테스터를 사용해 보고 특별한 사람을 위한 선물용으로 하나씩 사오곤 한다. 고급 스파샵이나 호텔의 어메니티로 사용한 것 중 마음에 드는 것이 있으면 기억해뒀다가 같은 제품으로 사는 것도 좋다. 파라곤 4층 엑조틱타이Exotique Thai에 가면 다양한 스파 브랜드가 모여 있다. 대표적인 스파 브랜드로는 탄(Thann), 한(Harnn), 판퓨리(Panpury), 도나창(Donna Chang), 어브(Erb), 디바나(Divana) 등이 있다.

SPECIAL TIP

여행 리포터 엄마의 **주관적인 여행 법**

우리 아이 여행 짐 싸기 매뉴얼

한 손에는 트렁크, 한 손에는 쇼핑백이나 핸드백을 들고 있는데 갑자기 아이가 안아달라고 칭얼댄다. 혹은 물티슈나 여벌옷을 꺼내야 할 다급한 상황이 생겼는데 필요한 것들은 트렁크 깊숙이 넣어 두었다. 아이는 자지러질 듯 울고 길 한복판에서 트렁크를 펼쳐야 하는 난감한 상황. 이런 변수에 대비해 아이와의 여행은 짐 싸기의 요령이 필요하다.

✂ 보다 편한 이동을 위한 가방 꾸리기

아이와의 여행은 짐의 개수와 가방의 형태가 중요하다. 엄마는 유모차를 밀거나 아이를 돌보기 위해 양손을 비워둬야 하므로 백팩을 매는 것이 좋다. 이때 백팩에는 아이의 장난감이나 간식, 물티슈와 같이 수시로 꺼내 쓸 수 있는 것 위주로 넣는다. 아빠도 백팩을 매고 양손에 트렁크를 하나씩 끈다. 이때 트렁크는 너무 크지 않은 것이 좋다. 차를 타거나 트렁크를 들고 이동해야 하는 상황이 발생했을 때 짐이 너무 크면 기동성을 방해하기 때문이다.

아이도 마찬가지이다. 요즘은 아이용 트렁크가 많은데 이는 스스로 짐을 꾸리는 훈련은 될 수 있지만 아이가 책임지지 않으면 짐만 하나 더 늘어날 뿐이다. 그러므로 여차하면 부모의 가방이나 트렁크에 넣을 수 있는 크기의 배낭을 매개 하는 것이 좋다. 적당한 크기의 트렁크 두 개와 각자의 백팩. 이것이 아이와 해외여행을 할 때 가장 기동성 있게 움직일 수 있는 구성이다.

✂ 해외여행에 꼭 가져가야 할 것

경량 유모차

여행지에서 유모차는 아이의 의자가 되기도 하고 침대가 되기도 하고, 필요에 따라 카트가 되기도 한다. 그러므로 잘 걷고, 뛰어다니는 아이라 해도 최대한 태울 수 있을 때까지는 태우는 것이 좋다. 가급적 신속하게 접었다 펼 수 있고 한 손으로도 거뜬히 들 수 있는 초경량 유모차가 좋다. 아이가 너무 어린 경우라면 안전띠를 꼭 채우도록 한다.

얇은 의류 & 바람막이 점퍼 & 래시가드

여행지에서는 청바지같이 잘 마르지 않는 옷보다 급할 때 빨아 입히기도 좋고 부피도 작은 면 소재의 옷이 좋다. 기어 다니는 아이라면 짧은 옷보다 얇고 긴 바지를 입힌다. 잠옷은 옷이 부족할 때를 대비해 낮에도 입힐 수 있는 것으로 준비하면 좋다. 비행기 안이나 에어컨이 센 곳에서 입힐 수 있는 긴소매 바람막이 점퍼도 준비한다.

휴양지는 자외선 지수가 높으므로 윗도리만큼은 긴소매 래시가드를 입히는 것이 좋다. 열심히 뛰어 논 아이들은 래시가드를 입은 채 낮잠을 잘 수도 있는데, 땀이 많은 아이라면 등에 땀띠가 생길 수 있다. 지퍼가 달린 점퍼 스타일을 준비하면 잠든 아이의 옷을 쉽게 벗길 수 있어 용이하다. 또한 햇빛에 노출이 많은 귀와 목덜미가 주로 타므로 챙이 긴 아쿠아 모자도 준비한다. 아쿠아 슈즈도 스노클링을 할 계획이라면 양말처럼 얇은 것보다 발바닥을 보호할 수 있는 두꺼운 것이 좋다.

물놀이용품 & 부피가 작은 장난감

물놀이용품은 보행기 튜브를 시작으로 점차 일반 튜브로 변경해서 사용하고, 가슴과 팔 부분에 착용하는 퍼들점퍼를 사용하다가 가슴부분을 뺀 암링 순으로 바꿔서 사용하게 된다. 구명조끼는 부피를 많이 차지하기 때문에 바람을 넣었다 뺐다 할 수 있는 튜브형 조끼가 좋다.

구명조끼   퍼들점퍼   암링

장난감은 아이가 꼭 가져가고 싶은 것 중, 부피가 작고 효율적인 것만 고른다. 아이들은 현지의 자연 재료를 이용해 창의적으로 잘 놀기 때문에 소꿉놀이나 모래를 담을 수 있는 작은 자동차나 기차 같은 것만 있어도 충분하다.

비상약품

방수 반창고, 해열제, 모기퇴치제, 모기 물렸을 때 바르는 연고, 장약, 멀미약, 알레르기약 등을 챙긴다.

덥고 습한 휴양지에서 특히 신경을 써야 할 부분은 모기인데, 간혹 모기에 물렸을 때 노랗게 곪거나 붓는 알레르기 반응을 일으키는 아이가 있다. 이 경우 미리 알레르기 연고를 준비한다. 그리고 인공 눈물액이나 식염수를 준비하면 아이 눈에 모래가 들어갔을 때 씻기기 좋다.

물티슈 & 비닐봉지

아이들은 이동 중에 토하거나 용변 실수를 하거나 음료수를 엎지르는 등 수시로 사고를 친다. 그럴 때 구세주처럼 필요한 것이 물티슈와 비닐봉지이다. 물티슈는 현지구매도 가능하지만 우리나라가 저렴한 편이다. 특히 지퍼백은 젖거나 더러워진 옷 또는 음식을 보관하거나 쓰레기를 담을 때 유용하기 때문에 여러 장 준비하면 그만큼 편하다.

든든한 간식

여행 중에는 활동량이 많아져 먹는 양도 느는데 제때 밥을 먹지 못하는 상황이 발생할 수 있다. 어른들이야 참으면 되지만 아이들은 배가 고프면 짜증이 많아지고 이유 없이 떼를 쓴다. 그럴 때 아이스크림이나 사탕 등으로 달랬다가는 입맛만 잃고 아이를 더 흥분시킬 수 있다. 이럴 때를 대비해 평소 아이가 좋아하고 든든하게 먹일 수 있는 멸균우유, 치즈, 육포, 고구마말랭이, 맛밤 같은 보관이 편리한 간식을 챙긴다. 현지에서 이런 간식을 찾기가 생각보다 쉽지 않다.

✻ 아이 개월 수에 맞춰 챙겨야 할 것

아기띠

부피가 크고 덥더라도 아기 띠가 필요한 시기라면 챙기는 것이 좋다. 특히 낯가림이 심하고 겁이 많은 아이는 낯선 상황에서 유모차를 거부하고 안아달라고 할 가능성이 크다. 이럴 때 아기띠를 하면 양손에 짐을 들거나 이동할 때도 기동성 있게 움직일 수 있다. 또한 칭얼거리는 아이를 달래거나 재우기에도 편하다.

분유

대부분 현지에서도 어렵지 않게 구입할 수 있지만, 아이들은 먹던 것만 먹을 수 있으니 미리 준비해 가는 편이 안심이다. 휴대가 편한 스틱분유나 액상분유, 틀에 비닐을 끼워 쓰는 일회용 젖병 등은 여행 전 미리 아이가 잘 먹는지를 확인하고 가져가는 것이 좋다.

이유식

요즘은 멸균 이유식이나 간이 이유식도 꽤 잘 나오는 편이다. 하지만 아이가 엄마표 이유식을 고집한다면 1회 분량으로 꽁꽁 얼려 보냉백에 넣어간다. 객실을 선택할 때 전자레인지가 있는 방을 선택하거나 룸서비스 또는 레스토랑에 갔을 때 데워달라고 부탁하면 된다.

기저귀

하기스나 팸퍼스 같은 세계적인 브랜드 기저귀는 대부분 현지에서도 쉽게 구할 수 있다. 단, 방수 기저귀는 찾기가 어려우니 넉넉하게 가져가는 것이 좋다.

기저귀를 뗀 후라도 몇 장 챙겨 가면 유용하게 쓸 일이 생긴다. 급한데 화장실을 찾지 못하거나 아이가 낯선 환경에서 쉽게 볼일을 못 보거나 변기가 더러울 때 사용하면 좋다.

미아방지 목걸이 또는 팔찌

어디로 튈지 모를 나이의 아이들은 부모의 연락처를 확실히 외우기 전까지 목걸이나 팔찌 형태로 아이의 영문이름과 연락처를 적어두는 것이 안전하다.

굳이 고가의 소재를 사용할 필요는 없으며, 만들 때 미리 국가번호를 함께 각인해두면 좋다(예 : 82-10-1234-5678). 인천공항 인포메이션 데스크에서도 미아방지 팔찌를 무료로 지급하고 있다.

✖ 꼭 없어도 되지만 있으면 유용한 것

뚜껑 있는 빨대컵

흔들리는 기내나 식당에서 아이가 음료를 쏟는 것만큼 흔한 사고는 없다. 이를 방지하기 위해 뚜껑이 있는 빨대컵에 음료를 담아 준다.

여행용 과도

과일을 깎아 먹을 때, 아이 음식을 잘게 잘라줄 때 등 여러 모로 유용하다. 단, 칼은 기내 반입이 안 되므로 여행가방에 넣어 수화물로 보내야 한다.

뚜껑 있는 플라스틱 용기

먹고 남은 음식을 보관하거나 아이가 조식을 못 먹었을 때 바나나, 빵, 삶은 달걀 등을 챙겨 담아 두기에 좋다. 해변이나 수영장에서 놀 때 장난감 대용으로도 쓸 수 있고, 욕실에 핸디 샤워기가 없을 때 바가지 대용으로 아이를 씻기기에도 좋다.

손톱깎이

아이들은 손톱이 금세 자라기 때문에 5일 이상 여행을 갈 때는 반드시 챙긴다. 신나게 놀다보면 손발톱이 깨지거나 하는 불상사도 종종 생긴다.

큰 스카프

쌀쌀한 온도에 체온조절이 필요한 경우 온 가족이 함께 사용할 수 있다. 어린아이에게는 슬링이나 포대기로도 쓸 수 있고 간이 이불이나 돗자리 대용으로도 쓸 수 있다. 고급 레스토랑에서 분위기를 내거나 수영복을 입었는데 배가 너무 나왔다 싶을 때도 유용하게 쓰인다. 단, 손상되고 더러워지기 쉬우니 저렴한 것으로 준비한다.

보냉백

여행 중 아이의 간식이나 음료 등을 넣어두고 수시로 먹이기 좋다. 그렇지 않으면 휴양지 기후 특성상 계속해서 시원한 것을 사줘야 한다. 부피를 줄이고 싶으면 얼음 대신 마셔야 할 음료를 얼려서 넣는 것도 방법이다.

여행용 파우치

아이가 있으면 짐의 가짓수가 많아져 트렁크 내부가 복잡해진다. 이때 품목별로 파우치에 나눠 담으면 부피도 줄고 깔끔하게 정돈된다. 속이 보이고 빨아서 쓸 수 있는 매시 소재의 파우치가 좋다.

방수카메라

아이와 함께라면 해변이나 수영장에서 사진 찍을 일이 많다. 하지만 고가의 카메라나 스마트폰은 모래나 짠물에 취약하기 때문에 아무래도 신경이 쓰인다. 이때 방수카메라를 사용하면 훨씬 편하게 사용할 수 있다. 부력 스트랩을 해두면 물에 빠트려도 잃어버릴 위험이 적어 더욱 매력적이다.

가져가면 오히려 짐이 되는 것

부피가 큰 놀이 용품

구명조끼나 대형 튜브, 모래놀이 용품은 리조트에 비치된 경우도 많고, 현지에서 저렴하게 사서 사용하다 두고 와도 크게 아깝지 않다. 특히 모래놀이 용품은 휴양지 선착장이나 여행자 거리, 쇼핑몰 등에서 쉽게 구할 수 있다. 보통 한 세트에 약 3~4천 원 정도이다.

두꺼운 운동화

부피가 큰 운동화는 젖었을 때 세탁하기가 쉽지 않고 잘 마르지도 않아 곤란하다. 아이의 신발은 크록스나 젤리 슈즈로 단순화시킨다.

AREA
12

숙소에서 다양한 엔터테인먼트가 가능한
중국 마카오

AREA 12 마카오(MACAU)

마카오는 카지노로 대표되는 이미지를 벗기 위해 테마파크 형 리조트로 가족 단위의 여행객을 공략하고 있다. 휴식과 놀이를 동시에 즐길 수 있는 곳. 테마가 있는 호텔에서 다양한 쇼와 공연이 심심할 틈 없이 펼쳐진다.

추천 가족	숙소에서 쉬면서 다양한 엔터테인먼트를 동시에 즐기고 싶은 가족
추천 계절	일 년 내내. 4월부터 기온이 상승해 8월까지 꽤 덥고 습하지만, 실내 위주의 활동을 할 때는 문제가 없다. 반면 겨울은 선선한 날씨로 관광을 하기에는 좋지만, 물놀이 하기에는 춥다. 계절에 따라 여행 방법을 다르게 하는 것이 좋다.
가는 방법	비행기로 3시간 반
이동 방법	호텔이나 카지노에서 운영하는 무료 셔틀이 주요 지역마다 정차한다. 셔틀은 투숙객이 아니어도 이용할 수 있다. 택시도 마카오 시내가 넓지 않고 요금이 저렴해 효율적이다.
난이도 하	비행시간이 짧고 도시가 작아 여행하는 데 부담이 없다.

아이들의 라스베가스, 코타이스트립 Cotai Strip

서울시 종로구 정도 크기인 마카오는 크게 마카오반도와 타이파섬으로 나뉜다. 그 중 아이와 함께하는 마카오 여행의 핵심은 타이파섬의 코타이 지역이다. 동양의 라스베가스라는 명성답게 반짝반짝 눈부신 화려함을 자랑하는 곳. 몇 개의 호텔이 모여 하나의 단지를 형성한 구조로 쇼핑몰, 레스토랑, 공연장이 거대한 멀티플랙스로 연결되어 있다. 휴식을 취하며 아이를 신나게 놀릴 수 있는 최고의 공간이다. 게다가 인천공항에서 3시간 반이면 도착하는데 공항에서 차로 10분만 가면 호텔을 만날 수 있다. 숙소들의 가성비도 좋아 짧은 일정으로 가볍게 다녀오기에도 무리가 없다.

ⓗ 갤럭시 리조트 마카오 Galaxy Resort Macau

갤럭시 호텔(Galaxy Hotel, 5성급 호텔)을 비롯해 반얀 트리 마카오(Banyan Tree Macau, 5성급 호텔), 오쿠라(Hotel Okura Macau, 5성급 호텔), JW 메리어트(JW Marriott Hotel Macau, 5성급 호텔), 리츠칼튼(The Ritz-Carlton Macau, 5성급 호텔)이 모여 있다. 여기에 가성비 좋은 브로드웨이 호텔(Broadway Hotel Macau, 4성급 호텔)이 얼마 전 합류를 했다.

갤럭시 호텔 / 오쿠라

반얀 트리

JW 메리어트

리츠칼튼

아이가 있는 가족에게 가장 선호도가 높은 숙소는 갤럭시 호텔이다. 룸 상태와 서비스가 좋고 키즈아일랜드Kids Island라는 키즈카페와 미슐랭의 추천을 받은 한식당 명가Myung Ga가 있다. 로비에서는 화려한 다이아몬드쇼가 30분마다 펼쳐진다. 일본 체인호텔인 오쿠라도 일본 특유의 단정한 인테리어에 파도풀이 연결되어 아이와 투숙하기 좋다.

이곳의 가장 큰 장점은 야외에 인공 화이트 비치와 유수풀, 워터슬라이드, 파도풀이 조성된 워터파크, 그랜드 리조트 데크Grand Resort Deck가 있다는 점이다. 액티비티가 다양하진 않지만 규모면에서는 상당하다. 이 리조트 단지 호텔의 투숙객들은 무료로 이용할 수 있어 아이와 물놀이를 즐기고 싶어 하는 가족들이 첫 번째로 고려하는 곳이다.

갤럭시 리조트 제대로 이용하기

워터파크는 튜브와 구명조끼를 무료로 이용할 수 있고, 조금 큰 아이들은 서핑보드를 대여해 파도 풀에서 서핑을 즐길 수도 있다. 여름에 태풍이 오거나 물놀이를 하기에 추운 겨울에는 온수풀 정도만 개방하므로 예약 전 이용 시설을 확인하는 것이 좋다.

저렴하게 식사를 해결하고 싶으면 브로드웨이 호텔의 푸드스트리트를 이용해보자. 홍콩과 마카오의 유명 맛집들을 한곳에서 만날 수 있다. 하지만 이른 아침에는 문을 열지 않는 곳이 많고 노천카페라 낮에는 더울 수 있으니 되도록 저녁에 방문할 것을 추천한다.

H 스튜디오 시티 Studio City, 4성급 호텔

워너브라더스와 DC 코믹스가 손잡고 영화 스튜디오처럼 만든 테마호텔이다. 배트맨의 고담 시티부터 대형 공룡까지 영화 속 캐릭터들이 곳곳에 배치되어 있다. 최근에 새로 생긴 호텔로 룸 상태가 좋고 고층 룸에서 건너편으로 보이는 파리지앵 호텔의 에펠탑 야경이 훌륭하다.

무엇보다 이곳의 장점은 아이들이 즐길 수 있는 엔터테인먼트가 다양하다는 것이다. 호텔 내 수영장은 실내 수영장과 유수풀, 야외 놀이터 등이 갖춰져 있다. 마카오 거리처럼 꾸며진 마카오 고메워크 Macau Gourmet Walk에서 파는 마카오 간식들도 인기가 높다.

스튜디오 시티 제대로 이용하기

호텔의 트레이드마크인 숫자 8 모양의 세계에서 가장 높은 대관람차 골든릴(Golden Reel)은 이용시간이 15분 정도로 짧지만 아이들과 즐기기에는 부족함이 없다. 저녁이면 레이저 조명과 함께 마카오의 야경을 감상할 수도 있다.
마술공연장 하우스 오브 매직(House of Magic)은 제법 큰 규모의 마술을 실감 나게 감상할 수 있다. 스탠딩으로 시작해 좌석이 있는 곳까지 약 한 시간 반 동안 이동하며 관람한다.

워너브라더스 캐릭터를 테마로 한 실내 테마파크 워너브라더스 펀존(Warner Bros. Fun Zone)은 규모가 크지는 않지만 아이들이 놀기에 좋으며, 4D 체험관 배트맨 다크플라이트(Batman Dark Flight)에서는 4D 안경을 쓰고 고담시티를 활강하는 기분을 온몸으로 느낄 수 있다. 단, 이곳은 키가 120cm 이상이 돼야 입장할 수 있다.

ⓗ 파리지앵 마카오 The Parisian Macao, 4.5성급 호텔

가수 싸이의 뉴페이스 뮤직비디오에도 나왔던 호텔이다. 객실부터 호텔 전반에 걸쳐 프랑스 파리를 모티브로 한 화려하고 고풍스러운 유럽풍 분위기가 물씬 풍긴다. 베네치안The Venetian과 샌즈 코타이 센트럴Sands Cotai Central이 쇼핑몰 구역으로 연결되어 있어 편하게 이동할 수도 있다. 무엇보다 실물의 2분의 1 크기로 지어진 에펠탑은 이 호텔의 랜드마크 역할을 한다. 전망대에 올라 코타이 시내의 전경을 감상할 수 있고 에펠탑을 배경으로 매일 저녁, 형형색색 빛나는 일루미네이션을 볼 수도 있다. 이곳에 투숙하지 않아도 코타이를 방문했다면 한번쯤 들려봐야 될 곳이다.

파리지앵 제대로 이용하기

실내외 놀이공간인 큐브킹덤(Qube King dom)은 영유아는 물론, 큰 아이들도 놀 수 있다. 실외에 있는 회전목마도 누구나 무제한 이용 가능하다. 수영장과 별도로 작은 워터파크 아쿠아월드(Aqua World)가 있는데 이곳은 투숙객도 별도의 요금을 내야 한다.

큐브킹덤

아쿠아월드

H 샌즈 코타이 센트럴 Sands Cotai Central

쉐라톤(Sheraton Grand Macao, 4.5성급 호텔), 콘래드(Conrad, 5성급 호텔), 홀리데이 인 (Holiday Inn, 4성급 호텔), 세인트 레지스(The St. Regis, 5성급 호텔)가 들어가 있다. 그 중 콘래드가 넓은 객실, 넉넉한 크기의 침대, 친절한 서비스로 아이가 있는 가족에게 인기가 좋다. 쉐라톤도 등급은 하나 낮지만, 가성비가 좋다는 평가를 받는다. 패밀리 스위트룸의 경우 2층 침대가 있고 캐릭터 중심의 소품이 제공된다.

드림웍스와의 계약으로 슈렉, 쿵푸팬더, 마다가스카 등의 캐릭터가 매일 퍼레이드를 하고 함께 사진도 찍어준다. 코타이의 중심에 있어 여러 관광지로 이동도 용이하다.

샌즈 코타이 센트럴 제대로 이용하기

실내 테마파크 플래닛 J(Planet J)에서는 직접 게임 속 주인공이 되어 게임에 참여하고 미션을 수행할 수 있다. 이때, 다양한 역할의 의상을 착용하고 아이템도 고를 수 있어 아이들이 특히 좋아한다. 하지만 직접 게임에 참여하려면 적어도 6~7세 이상은 되어야 한다. 최근에는 한국어 버전이 출시되기도 하고 1팀(2~4명)당 게임 도우미가 함께 진행해, 만 8세 이상의 아이는 잠시 맡기고 쇼핑하러 다녀올 수도 있다. 토이저러스와 비슷한 초대형 아동용품점 키즈카번(Kid's Cavern)도 인기다. 장난감뿐만 아니라 어린이 의류, 문구류들도 있다.

H 시티 오브 드림즈 City of Dreams

그랜드 하얏트 마카오(Grand Hyatt Macau, 5성급 호텔), 예전 하드록에서 이름을 변경한 더 카운트다운(The Countdown, 4성급 호텔), 크라운 타워즈에서 이름을 변경한 누와(Nuwa, 5성급 호텔) 3개의 호텔이 모여 있다. 전반적인 분위기가 캐주얼하고 마카오에 가면 꼭 봐야 할 공연 중 하나인 '더 하우스 오브 댄싱워터(The House of Dancing Water)'가 이곳에 있다. 공연을 보고 식사할 곳을 찾는다면 푸드 스트리트 '소호'로 가자. 고급스럽고 세련된 분위기에 저녁에는 다양한 공연과 퍼포먼스가 펼쳐진다. 한식을 비롯해 우리에게 익숙한 체인 음식점 딘타이펑도 있다.

시티 오브 드림즈 제대로 이용하기

더 하우스 오브 댄싱워터는 대형 수중무대가 일반 무대로 전환하고 까마득한 높이에서 배우들이 점프를 하는 엄청난 규모의 아크로바틱 쇼이다. 비싼 관람료가 아깝지 않을 만큼 환상적인데, 아이가 어려 무대 분위기를 무서워할 수 있다면 자리를 조금 뒤로 잡는 것이 좋다. 공연은 비정상적 휴무가 있을 수 있으므로 홈페이지(www.thehouseofdancingwater.com)에서 공연일정을 확인하고 가는 것이 좋다.

ⓢ 더 베네치안 The Venetian

베네치안 리조트(The Venetian Macao Resort Hotel, 5성급 호텔)와 포시즌즈 호텔(Four Seasons Hotel Macau, 5성급 호텔)이 있다. 오래전부터 코타이 지역의 랜드마크였던 곳으로 이탈리아 베네치아를 모티브로 조성한 인공하늘과 곤돌라가 다니는 쇼핑몰은 중세 유럽의 모습을 그대로 재현하고 있다.

베네치안의 호텔은 전 객실 스위트룸으로 유명하지만 오래되어 룸 상태가 상대적으로 떨어지고 객실에서 외부로 나가려면 카지노를 거쳐야 한다. 규모가 생각보다 크므로 길을 헤맬 가능성도 있어 아이가 있는 가족은 포시즌즈 호텔을 더 선호하는 편이다.

더 베네치안 제대로 이용하기

다섯 가지 종류의 수영장과 키즈카페 큐브(Qube), 미니골프 등의 부대시설이 대형 쇼핑몰과 연결되어 있어 규모 면에서도 단연 압도적이다. 키즈카페는 투숙객도 유료로 이용해야 한다.

ⓢ 윈 팰리스 Wynn Palace, 5성급 호텔

아이가 있는 가족에게 친화적인 숙소는 아니지만 화려하고 고급스러운 룸 상태를 찾는다면 추천한다. 넓은 객실, 호화스러운 인테리어, 최근에 지어진 신축 건물로 룸 상태도 좋아 여행자들의 평가가 상당히 좋다. 특히 아트리움 로비의 회전목마는 보는 것만으로도 황홀한 아름다운 꽃들로 꾸며져 있는데, 이 모두가 생화라는 것  을 증명하듯 다가서면 꽃향기부터 확 전해진다. 또한 호텔 곳곳에서 무료쇼가 펼쳐지고 호텔을 왕래하는 케이블 카, 스카이 캡은 투숙객이 아니어도 들어가는 것은 무료로 이용할 수 있어 아이와 함께 구경삼아 들러보아도 좋다.

윈 팰리스 제대로 이용하기

호텔 앞에서 펼쳐지는 분수쇼는 매일 20~30분 간격으로 진행되기 때문에 시간을 꼭 맞추지 않아도 오가며 쉽게 볼 수 있다. 특히 밤이 되면 조명이 어우러져 더욱 화려한 퍼포먼스를 연출한다.
로비에서는 매 정시와 30분에 돔이 열리고 거대한 용이 나오는 드래곤쇼(Dragon of Fortune)와 거대한 크리스털 샹들리에와 황금나무가 나타나는 번영의 나무쇼(Tree of Prosperity)가 번갈아 진행된다.
투숙객들은 호텔을 드나들 때 호텔 앞 호수를 돌아 2층으로 들어가는 케이블카 스카이 캡(Sky Cab)을 이용할 수 있다. 탑승시간은 짧지만 아이와 놀이기구 타듯 즐기기에 좋다.

  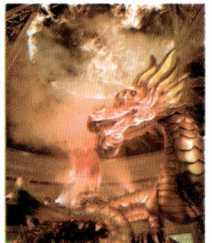

마카오에서 숙소 예약하기

호텔에서 휴식을 취하다 아이가 어릴 때는 호텔 수영장이나 워터파크를, 5세 이상이면 다양한 엔터테인먼트를 경험해 보면 좋다. 이때 체험프로그램은 나이제한이 있을 수 있으니 검색을 통해 미리 확인해보자.
호텔 금연이 정착되지 않아 객실에 담배 냄새가 밴 경우도 있으므로 객실 예약 시 금연룸을 요청하고 냄새에 민감하다면 신축 호텔을 이용하는 것이 안전하다. 키즈 어메니티도 미리 신청하면 제공 받을 수 있는 곳이 많으므로 참고하자.
중국 연휴와 주말은 숙박요금이 치솟고 마음에 드는 객실을 구하기 힘들 수 있다. 날짜에 따라 숙박비의 차이가 큰 곳이니 여행 시기를 잘 선정하도록 한다. 특히 중국 연휴에는 상상 그 이상의 인원이 한 번에 몰려들게 되므로 가급적 피하는 것이 좋다.

마카오의 공휴일
마카오는 중국 법정 공휴일을 따르며, 휴일 전후로 3일 정도 쉬는 날이 많다. 중국 법정 공휴일은 1월 원단(신정), 2월 춘절(구정), 4월 청명절(4/5), 5월 노동절(5/1), 6월 단오절(음력 5/5), 9월 중추절(추석), 10월 국경절(10/1부터 7일간)이다. 보다 정확한 일정은 웹에서 '중국 공휴일'을 검색하면 확인이 가능하다.

콘래드 키즈 어메니티

마카오에서 엔터테인먼트 이용하기

꼭 하고 싶은 엔터테인먼트가 있다면 손품을 팔아보자. 해당 호텔의 투숙객은 할인을 해주거나 무료 바우처를 주는 경우가 많다. 멤버십에 가입하거나 특정 카드를 사용해도 할인받을 수 있다.
키즈카페는 양말 착용이 필수이고, 동반 입장하는 어른도 마찬가지. 준비하지 않으면 따로 구매해야 하므로 미리 준비하자.

마카오에서 아이와 함께 이동하기

만 2세가 안 된 아이와 추석 연휴를 이용해 떠났던 마카오는 사실 필자에게 괴로운 기억이 더 많은 여행지이다. 갤럭시 호텔에서 온종일 머물며 워터파크에서 놀 때까지는 좋았는데 쇼핑몰에만 가면 아이가 이상하게 유모차 탑승을 거부했다. 어쩔 수 없이 남편과 번갈아 가며 아이를 업고 안고 다녀야 했는데 그러기엔 호텔과 몰의 규모가 너무나 컸다.
아이가 유모차를 거부한 이유는 꽤 오랜 시간이 흘러서야 알게 되었다. 겁이 많고 예민한 아이는 낯선 곳의 수많은 인파 속을 앞장서 가는 것이 두려웠던 것이다. 그 당시 집에서 쓰는 유모차는 역방향이라 아이와 마주 볼 수 있었는데, 여행지에서 사용하는 경량 유모차는 앞만 보고 앉아야 하고 아이의 시야도 낮은 편이었다. 그때 아이의 마음을 헤아려 누구 한 명이라도 앞서서 걸었다면 얼마나 좋았을까. 아직도 아쉬움이 남는 부분이다.
이처럼 마카오는 걸어서 이동하는 경우가 많아, 아이를 안고 다녀야 하거나 유모차를 막 뗀 아이라면 힘들 수 있다. 필자와 같은 시행착오를 줄이려면 무엇을 위주로 할 것인지를 결정해 호텔을 정하고 셔틀 타는 곳을 미리 알아두는 등 동선을 최소화하는 것이 좋다.

코타이스트립 외에 아이와 함께하기 좋은 마카오 관광지

화려한 고급호텔로 둘러싸인 코타이스트립을 벗어나면 색다른 풍경이 펼쳐진다. 마카오에는 과거 식민지 시절의 건축물들이 곳곳에 남아 있는데, 과거와 현재, 동양과 서양이 공존하는 골목 사이로 아기자기한 맛집들이 포진해 있다. 도시 규모가 작으니 가볍게 분위기를 즐기는 정도로 다녀오면 좋다.

ⓢ 마카오반도 Península de Macau

마카오를 대표하는 곳으로 반나절쯤 시간을 내 다녀오기 좋다. 특히 세나도광장Largo do Senado은 유네스코 세계문화유산으로 지정된 수많은 유럽풍의 건물들이 둘러싸고 있어 코타이와는 전혀 다른 느낌을 경험할 수 있다. 하지만 여름에는 덥고 습한 날씨뿐만 아니라 사람들로 북적거리고 흡연자가 많다는 것을 고려해야 한다.

세인트폴대성당 유적

성도미니크성당

세나도 광장은 셔틀이 자주 왕래하는 곳이지만 아이와 함께라면 택시를 타고 광장 앞까지 직행해도 좋다. 돌길이라 울퉁불퉁하지만 유모차를 밀고 다닐 수 있다. 광장을 중

기아요새

심으로 세인트폴대성당 유적Ruins of Santo Paul's을 비롯하여 마카오 역사지구의 유명 건물을 산책하듯 둘러보고 육포거리에서 육포와 아몬드쿠키를 시식하고 돌아온다.

세나도광장

ⓢ 타이파 빌리지 Vila de Taipa

파스텔 톤의 포르투갈풍 건축물과 중국 상점들이 묘한 조화를 이루는 곳이다. 그 중 쿤하거리Rua do Cunha는 대표적인 맛집거리로 100m 남짓 이어지는 길을 따라 상점들이 늘어서 있다. 쿤하거리 끝인 봄베이로스광장Largo dos Bombeiros에서 주말이면 버스킹 공연이나 플리마켓이 열리기도 한다.
갤럭시 리조트에서 도보 10분, 더 베네치안에서 도보 15분 정도 소요되며, 곳곳에 유모차를 들고 오르내려야 하는 계단이 있다. 한낮의 더위를 피해 산책하듯 걷다가 간식을 사먹고 돌아오는 일정이면 충분하다. 쿤하거리를 제외한 대부분의 식당은 오후 3~5시 브레이크타임과 수요일 휴무인 곳이 많다.

쿤하거리

ⓢ 콜로안 빌리지 Vila de Coloane

마카오 최남단에 있는 작은 어촌마을로 현지인의 삶을 보다 가까이에서 볼 수 있다. 코타이에서도 가깝고 규모가 크지 않아 30분 정도면 동네 한 바퀴를 휘 둘러볼 수 있지만 크게 기대할 바는 못 되는 곳이다. 드라마 '궁'과 영화 '도둑들'의 촬영지이기도 했던 곳으로 호젓한 분위기를 즐기며 간단한 디저트를 사 먹기 좋다. 근처에 노랗고 검은빛을 띠는 학사 해변Praia de Hác-Sá이 있고 판다를 볼 수 있는 마카오 자이언트판다 파빌리온Pavilhão do Panda Gigante이 있다. 단, 콜로안에서는 택시가 흔치 않으니 돌아가는 버스 시간을 잘 확인한다.

성프란시스코 사비에르성당

자이언트판다 파빌리온

학사 해변

ⓢ 홍콩과 묶어서 여행하기

마카오와 홍콩은 페리로 한 시간이면 오갈 수 있어 함께 둘러보기 좋은 여행 짝꿍이다. 최근엔 이 두 곳을 잇는 다리가 개통되며 단 30분만에 이동도 가능해졌다. 홍콩은 아이와 함께 여행하기 편한 곳은 아니지만, 마카오에서 휴식 후 일정에 여유가 있다면 아이들이 좋아하는 홍콩 디즈니랜드 등과 묶어 둘러보기 좋다.

이때 홍콩과 마카오를 오가는 비용이 비싸고 번거로울 수 있으므로 마카오와 홍콩항공권을 각각 편도로 구입하여 출입국을 달리하도록 한다. 둘러볼 관광지와 가까운 선착장을 이용하는 것도 비용과 시간을 절약하는 방법이다.

1인 5식도 가능한 마카오 미식 탐방

마카오는 동양과 서양이 만나는 식탁이라는 말이 있을 만큼 다채로운 음식을 자랑한다. 독특한 퓨전음식과 디저트 그리고 공식적으로 미슐랭의 인정을 받은 레스토랑이 곳곳에 산재해 있어 미식 여행에서 절대로 빼놓을 수 없는 곳이다. 게다가 도시가 크지 않아 아이와 함께라도 얼마든지 맛집을 찾아다니며 즐길 수 있다.

🅕 매캐니즈 요리 Macanese Cuisine

마카오를 식민 지배했던 포르투갈인들은 고향 음식을 그리워하며 마카오에서 잡아 올린 해산물에 특유의 향신료와 염장법을 이용해 퓨전 요리를 탄생시켰다. 그래서 매캐니즈 요리들은 다소 짭짤한 편이다.

바칼라우 Bacalhau

염장한 대구를 칭하는 포르투갈어로 다양한 조리법이 발달했다. 대구살과 감자를 으깨 만든 바칼라우 크로켓과 바칼라우 구이는 매캐니즈 전문식당에서 빠지지 않는 메뉴로 아이와 함께 먹기에 좋다.

바칼라우 구이

바칼라우 크로켓

커리 Curry

포르투갈인들에 의해 전해진 인도 향신료의 영향으로 커리 요리 또한 다양하다. 그 중 게커리와 새우커리는 아이와 함께 먹기 좋은 메뉴로 커리 소스에 코코넛이 들어가 식감이 부드럽고 밥과 함께 비벼 먹기에도 좋다. 커리 요리는 매운 맛도 많으므로 아이에게 맵지 않은지 미리 확인해야 한다. 게커리는 꽤 비싼 편이라 시가로 계산하는 곳이 많다.

게커리

새우커리

오리밥 Baked Duck Rice

잘게 찢은 오리고기에 밥을 올리고 포르투갈 소시지와 베이컨으로 토핑을 한 후 오븐에 구운 요리이다. 보기와 달리 밥이 누룽지처럼 고소해 아이와 함께 먹기에 좋다.

🅕 마카오 디저트

에그타르트 Egg tart
마카오를 대표하는 간식으로 한 입 베어 물면 페스츄리가 바삭하게 부서지면서 입 안 가득 진한 크림이 퍼진다. 마카오 시내 곳곳에 에그타르트 전문점이 있어 관광이나 쇼핑 중에 간식거리로 그만이다.

아몬드쿠키 Almond Cookie
처음 먹을 때는 퍽퍽하지만 고소한 뒷맛에 먹을수록 끌린다. 선물용으로 포장된 쿠키 외에도 쿠키상점에서 갓 만든 따뜻한 쿠키도 꼭 시식해보자.

세라두라 Serradura
포르투갈어로 '톱밥'이라는 이름을 가진 케이크 일종이다. 비스킷 가루와 생크림을 겹겹이 쌓아 만들어서 아이스크림처럼 부드러워 숟가락으로 떠먹어야 한다. 크림의 질에 따라 맛이 달라지기 때문에 제대로 즐기고 싶다면 길거리보다 고급 레스토랑을 추천한다.

육포 Beef Jerky
소고기, 돼지고기, 닭고기 등 고기의 종류도 다양하고 매운맛, 후추맛, 갈비맛 등 취향에 맞춰 고를 수 있도록 맛도 다양하다. 쫀득하고 부드럽게 씹혀 맥주 안주는 물론 아이들 간식으로도 만점이다. 하지만 안타깝게도 국내로 반입이 금지되어 있어 머무는 동안 충분히 먹는 수밖에 없다.

🅕 광둥요리 Cantonese Cuisine

마카오는 중국 4대 요리 중 으뜸이라 할 수 있는 광둥요리를 맛볼 수 있는 곳으로 미슐랭 스타를 받은 레스토랑이 많다. 광둥식 코스요리는 보통 수프와 같은 탕으로 시작해 애피타이저, 메인요리 그리고 밥이나 면으로 마무리한다. 코스요리가 부담스럽다면 다양한 딤섬을 시도해보자. 얇은 피 안에 육즙이 가득한 샤오룽바오 Xiaolongbao를 비롯해 수많은 딤섬은 광둥요리의 기본이다. 면 요리 역시 빼놓을 수 없는데 특히 면발과 토핑을 다양하게 선택할 수 있어서 좋다. '신무이 굴국수'는 한국 사람들이 좋아하는 맛집으로 허름한 로컬식당이지만 시원한 국물이 일품이다.

샤오룽바오

신무이 굴국수

호텔 무료 셔틀버스 이용하기

호텔이나 카지노가 운영하는 무료 셔틀버스는 공항, 페리 선착장을 비롯해 주요 지역마다 정차한다. 투숙객이 아니어도 이용할 수 있으므로 잘만 이용하면 교통비를 전혀 들이지 않고도 원하는 목적지까지 이동할 수 있다. 정류장을 찾아 헤매지 않으려면 미리 호텔 셔틀버스의 스케줄과 노선도를 알아두는 것이 좋다. 검색을 이용하거나 호텔에 요청해 이메일로 받아볼 수 있다. 승차장을 못 찾아 헤매거나 아이가 걷기 힘들어한다면 택시를 탄다.

마카오 택시 이용하기

마카오는 시내가 넓지 않고 택시 요금도 미터제로 운영되므로 부담없이 이용할 수 있는 교통편이다. 하지만 운전기사가 영어를 못 알아듣기로 유명해서 영어로 호텔 이름을 이야기해도 잘 알아듣지 못할 수 있다. 이런 경우를 대비해 지도를 준비하거나 목적지를 한자로 적어 보여주는 것이 좋다.

참고로 한자가 익숙하지 않은 세대라면 〈마카오 택시〉 애플리케이션을 깔아서 사용하면 편하다. 마카오 주요지명들을 한자로 번역해서 보여주는데, 안드로이드 폰은 '마카오 택시' 아이폰은 '마카오 택시요금'으로 검색하면 된다.

마카오 여행에 도움이 되는 무료 애플리케이션

마카오 도보여행
여행 인프라가 잘 갖춰진 마카오는 그에 걸맞게 여행을 도와주는 좋은 스마트폰 애플리케이션이 많은데 그 중 대표적인 프로그램이다.
마카오 관광청에서 만든 것으로 마카오 여행책 한 권이 고스란히 들어가 있다고 보면 된다. 키워드 검색으로 원하는 정보를 찾거나 추가적인 메모도 할 수 있고 복잡한 환율계산, 날씨, 위치도 확인할 수 있어 편리하다.

마카오 미식탐방
마카오 도보여행과 함께 마카오 관광청에서 만든 매우 유용한 애플리케이션이다. 마카오의 음식에 대한 기본 설명부터 해당 음식을 먹을 수 있는 맛집에 대한 정보까지 자세하게 알 수 있다.

미슐랭 마카오(MIchelin HKM)
마카오 지역 내에 미슐랭 스타를 받은 모든 레스토랑 정보를 확인할 수 있다.

웨이고(Waygo)
중국어를 사진으로 스캔하면 영어로 번역해준다. 별도의 데이터 연결이 필요 없는 것도 큰 장점이다.

SPECIAL TIP

여행 리포터 엄마의 **주관적인 여행 법**

공항 100% 활용 매뉴얼

입·출국을 하며 공항에서 머무는 시간은 약 네 시간. 자칫 아이에게 지루하고 엄마 아빠에게 힘든 시간이 될 수 있지만, 조금만 준비를 하면 즐거운 여행의 시작과 마무리가 될 수도 있다. 설렘 가득한 공항터미널이 되기 위한 몇 가지 방법을 소개해본다.

✤ 교통약자 우대출구로 빠르게 통과하기

만 7세 미만의 아이를 비롯해 만 70세 이상의 고령자, 임산부, 보행상 장애인(1~5급)을 동반한 경우 패스트트랙을 이용할 수 있다. 티켓을 발권할 때 교통약자 우대카드(패스트트랙 패스)를 교부받아 전용 출국장으로 들어가면 동반 3인까지 빠르게 보안 검색대를 통과할 수 있다.

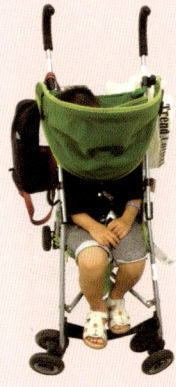

✤ 유모차로 편하게 이동하기

여행 중에도 아이가 어리다면 유모차는 선택이 아닌 필수이다. 넓디넓은 공항에서 이동하거나 대기시간이 길어질 때 또는 야간 비행기를 이용할 때 유모차는 아이의 의자가 되고 침대가 되고, 필요에 따라 짐을 실을 수 있는 카트가 된다.

접을 수 있는 휴대용 유모차의 경우 탑승 게이트 바로 앞까지 사용할 수 있다. 물론 목적지에 도착한 후에도 탑승구 바로 앞에서 인수 받아 사용할 수 있는데 티켓 발권 시 유모차 사용 여부를 알리고 짐표를 미리 붙여야 한다. 참고로 유모차를 깜박 했을 때는 인천공항 내 유모차 대여 업체를 이용한다. '인천공항 유모차 대여'로 검색하면 관련 정보를 찾을 수 있는데, 비용은 보통 하루 1만 원이 조금 안 된다.

✤ 공항에서 신나게 놀기

최근 국제공항들은 단순하게 비행기만을 이용하는 것이 아니라 부가적인 고객 서비스를 다양하게 제공하고 있다. 공항 내에는 상설공연장은 물론 다양한 체험거리가 있어 에너지가 넘치는 아이들의 기를 탑승 전에 모두 써버리게 할 수 있다. 특히 연중무휴, 24시간 운영되는 실내 놀이터와 유아 휴게실을 갖추고 있는데 그 중에서도 인천국제공항은 시설 면에서 훌륭하다. 유아 휴게실에는 수유실, 젖병 소독기, 기저귀 교환대, 정수기 등

을 갖추고 있고 키즈카페 키즈존 이라는 실내 놀이터에는 작은 미끄럼틀과 볼 풀장 등이 있다. 모두 눈에 띄는 곳에 있어 출국하기 전 들러 아이를 충분히 놀게 할 수 있다. 에너지를 모두 소비   한 아이라면 비행시간 내내 푹 잠을 자게 되므로 편하게 목적지까지 이동할 수 있다.

✳ 공항 내 샤워실 이용

움직임이 서툰 아이들은 마실 것을 옷에 흘리거나 이리저리 뛰어다니느라 땀에 흠뻑 젖기 일쑤이다. 각 나라별로 공항 샤워실을 검색하면 많은 정보가 나오는데 동남아 상당수의 공항은 온수가 나오지 않거나 꽤 오래 기다려야 이용할 수 있다. 인천국제공항은 제1터미널 면세구역 4층에 깔끔한 샤워실이 있으며, 3천 원을 내면 간단한 세면도구와 수건도 준다. 제2터미널 내 샤워실은 환승객을 대상으로 운영하므로 출국하면서는 이용할 수 없다. 대신 캡슐호텔 다락휴(DARAKHYU)에서 8천 원을 내면 독립적인 샤워룸을 이용할 수 있다. 역시 세면도구와 수건 등을 지급 받는다.

✳ 아이가 아프다면 공항의료센터

세계 모든 공항에는 의무실이 있고 무료로 간단한 처치나 약을 지급해 준다. 출국을 앞두고 아이가 갑자기 아프거나 미처 약을 처방받지 못했을 때는 인하대병원 공항의료센터를 찾아가면 된다. 배탈, 감기 등의 간단한 치료부터 치과 시술, 예방접종까지 받을 수 있다. 출국 절차를 밟고 면세구역으로 들어간 후에는 공항 직원의 인계가 있어야 나올 수 있으므로 미리 아이의 몸 상태를 체크하도록 한다.

공항의료센터 찾아가기 제1, 2여객터미널 모두 지하 1층에 위치 **진료시간** 08:30〜18:00
연락처 032-743-3119

✳ 엄마를 위한 항공사 특별 서비스

일부 항공사 중에는 유아를 동반한 여성 고객에게 특별 서비스를 제공하기도 한다. 아시아나항공의 해피맘 서비스는 만 3세 미만의 유아를 동반한 여성이라면 항공기 우선 탑승과 도착지 수하물 우선 수취를 제공하는 서비스이다. 대한항공은 7세 미만의 아이를 2명 이상 동반한 1인 승객에게 직원 1명이 붙어서 출국을 도와주는 한가족 서비스를 운영한다. 도움이 필요한 경우 항공사로 문의하면 된다.

AREA
13

지구상 가장 아름다운 풍경
몰디브

AREA 13 몰디브(MALDIVES)

누구나 한번쯤 꿈꿔보는 아름다운 바다의 대명사. 그 특별한 풍경에 허니문 여행지로 인식되어 있지만 아이들을 두 팔 벌려 환영하는 숙소도 상당히 많은 휴양지이다.

AREA INFO

추천 가족	지구상에서 가장 아름다운 바다를 보고 싶은 가족
추천 계절	연중 따뜻하고 태풍이 없어 일 년 내내 방문이 가능하다. 우기(6월부터 10월)에도 강수량이 많지 않아 스콜 형태로 쏟아지다 뚝 그친다. 날씨만 보자면 건기인 겨울이 가장 좋지만 숙박비가 다소 오른다.
가는 방법	비행시간 최소 11시간. 직항이 없고 싱가포르, 두바이, 쿠알라룸푸르 등을 거치다 보니 머무르는 시간에 따라 그 이상 걸리기도 한다.
이동 방법	보트나 수상 비행기, 국내선 비행기를 타고 각각의 리조트로 이동한다.
난이도 중	몰디브까지의 이동 시간이 길다.

여행의 모든 것, 1섬 1리조트 고르기

아이가 없을 땐 단지 잠자는 곳에 불과했던 숙소가 아이가 생기고 나니 여행의 모든 것이 되기 시작했다. 점차 숙소 선택에 신중을 기하기 시작했고 이왕이면 숙소 안에서도 아름다운 풍경을 볼 수 있기를 바랐다.

그렇게 선택한 몰디브는 봐도봐도 신기한 세상이었다. 천개가 넘는 섬들이 20여 개의 환초 Atoll를 형성하며 진주 목걸이처럼 늘어서 있다. 우윳빛처럼 하얗고 고운 모래를 품은 바다는 수심에 따라 상아색, 옥색으로 빛난다. 타히티의 보라보라, 멕시코의 칸쿤, 바하마, 푸껫의 섬들까지, 그동안 아름다운 바다를 수없이 봐왔지만 구름 한 점 없이 파란 하늘을 초라하게 만드는 몰디브의 바다는 경이로움 그 자체였다. 그 어떤 푸른색도 투명하게 빛나는 몰디브의 물빛 앞에서는 명함마저 내밀지 못할 것 같았다.

그런 섬 하나에 리조트가 하나씩 들어서 있다. 때문에 몰디브는 '여행 어땠냐?'는 말이 '리조트 어땠냐?'는 말을 대신하기도 한다. 내 맘에 쏙 드는 리조트를 고르는 것, 몰디브 여행의 핵심이다.

🅢 라군 VS 수중환경

몰디브의 리조트는 크게, '라군이 넓게 펼쳐진 곳'과 '스노클링을 할 수 있는 수중환경'으로 나눌 수 있다.
산호가 죽어 백화현상이 일어난 라군에는 에메랄드빛 바다가 펼쳐져 있다. 우리가 흔히 떠올리는 몰디브의 풍경이다. 수심 또한 얕아 어린 아이와 해변에서 놀기에 적당하다.

반면, 스노클링을 할 수 있는 수중환경은 산호가 살아 있어 바다가 거뭇거뭇하게 보일 수 있다. 이런 경우 대부분의 수상 방갈로에는 바다로 내려가는 사다리가 있다. 언제든 뛰어들어 열대어와 헤엄칠 수 있는 환경이다.

물론 산호와 라군을 모두 가지고 있는 리조트도 있다. 망망대해에 모래가 쌓여서 만들어진 모래톱 샌드뱅크가 있는가 하면, 해변에서 만타가오리(쥐가오리)나 어린 상어를 만날 수 있는 곳도 있다. 아이의 연령과 가족의 취향에 맞는 환경을 고르는 것이, 몰디브 리조트 선택의 첫 번째이다.

샌드뱅크

쥐가오리

어린 상어

🅢 리조트로 이동하는 세 가지 방법

숙소 검색 시 제시되는 리조트 요금은 순수하게 '숙박만 하는' 금액이다. 몰디브 말레 국제공항Male International Airport에 도착을 하면 다시 예약한 리조트가 있는 섬까지 이동해야 하는데, 그 비용이 생각보다 몹시 비싸다. 때문에 막상 이런 것까지 꼼꼼하게 예약을 끝내고 보면 최종금액이 예상했던 기준을 훨씬 웃돌게 된다.

공항에서 리조트까지는 스피드 보트, 수상 비행기 그리고 몰디브 국내선을 이용할 수 있다. 비용은 거리에 따라 조금씩 달라지는데 아고다에 리조트별로 교통편과 소요시간, 요금 등의 트랜스퍼 정보가 잘 나와 있다. 패키지가 아닌 숙소만 따로 예약한 경우, 직접 메일을 주고받으며 교통편을 예약해야 한다. 숙소를 옮기게 되면 트랜스퍼 비용과 귀한 시간이 허비되니 웬만하면 한 곳에 머무는 것이 좋다.

스피드 보트(1인 왕복 약 20~30만 원)

주로 공항에서 가까운 곳을 갈 때 이용하는 교통수단으로, 40분 이내의 거리라면 보트를 이용하게 된다. 밤낮 시간 제한이 없고, 리조트 전용 보트를 이용하기에 기다리는 시간도 거의 없다. 세 가지 교통수단 중 가장 저렴하다.

수상 비행기(1인당 왕복 50만 원 내외)

몰디브의 풍경을 하늘에서 내려다 볼 수 있어 여행자들이 선호하는 교통편이다. 하지만 가족단위로 이용할 경우 100만 원이 훌쩍 넘어버리는 높은 금액이 문제이다. 물에 착륙해야 하기에 날씨의 영향을 받기도 하고 야간에는 이용할 수 없다는 단점도 있다.

국내선 비행기(1인당 왕복 40만 원 전후)

국내선 비행기를 탄다는 것은 리조트가 말레 국제공항으로부터 멀리 떨어져 있다는 의미이다. 몰디브는 수도인 말레를 중심으로 가까운 섬부터 개발이 되었기에 신축 숙소일수록 멀리 떨어진 섬일 가능성이 높다. 하지만 국내선 비행기를 타고 내려서 또 다시 보트를 타야하는 경우도 있고, 비행시간이 정해져 있어 대기시간이 생길 수도 있다.

🅢 수상 방갈로 VS 비치 빌라

리조트를 선정했다면 룸 타입을 고를 차례이다. 물위에 자리한 수상 방갈로는 몰디브의 상징이자 엄마들의 로망이다. 하지만 아이에게는 사방이 물이라 위험할 수 있고, 실제로 아이의 수상 방갈로 투숙을 금지하는 리조트도 많다. 식당이나 메인 풀 등의 부대시설이 비치 쪽에 위치한 경우가 많아 먼 거리를 걸어 나와야 하는 것도 불편하게 느껴진다.

때문에 아이와 함께라면 해변을 낀 비치 빌라가 상대적으로 안전하고 가격도 저렴하며, 이용하기에도 편리하다. 리조트 규모가 크다면 부대시설과 가까운 곳에 객실을 요청하는 것이 좋다.

ⓢ 조식온리 VS 하프보드 VS 풀보드

몰디브는 지리적 특성상 리조트를 벗어나 식사하는 것이 거의 불가능하다. 그렇기 때문에 숙소를 예약할 때 조식온리 또는 하프보드(조식, 석식 포함), 풀보드(조식, 중식, 석식 모두 포함)를 미리 선택해야 한다. 이때 올인클루시브All-inclusive는 3끼 식사는 물론 주류와 액티비티 등 상당부분을 포함하는 것으로 풀보드와 혼동하지 않도록 한다. 몰디브는 이슬람국가라 입국 시 술 반입 자체가 금지되는데, 모히또Mojito와 같은 주류는 리조트 내에서 사먹을 수 있다.

모히또

몰디브, 동남아 경비로 여행하기

몰디브 여행을 망설일 수밖에 없는 가장 큰 이유는 경비에 대한 부담 때문일 것이다. 항공권을 저렴하게 잡았다고 쾌재를 부르지만 막상 숙소를 검색하다 보면, 가고 싶은 숙소의 가격이 상상을 초월한다. 거기에 숙박비 외에 비싼 리조트 물가까지 고려하면 예상 경비는 끝도 없이 늘어나게 된다. 그래서 더더욱 몰디브는 비교 검색이 중요하다. 손품을 파는 만큼 여행 경비를 줄일 수 있으며, 노력 여하에 따라 총 경비의 앞자리가 달라질 수도 있다. 이런 이유로 몰디브 여행을 계획하는 사람들끼리는 '몰디브대학 리조트학과'에 입학했다는 우스갯소리를 하기도 한다.

ⓢ 저가항공 공략하기

몰디브로 가는 길은 아쉽게도 직항이 없다. 가장 빠르고 편한 방법은 스리랑카 콜롬보 국제공항Bandaranaike International Airport에서 한 시간 정도 머문 후, 그 비행기를 타고 다시 몰디브로 향하는 대한항공편이다. 하지만 1인당 항공료가 왕복 100만 원을 훌쩍 넘어버린다.

다행히 몰디브는 저가항공편이 많은 편이고, 세금 등이 붙으면 가격은 좀 더 오르겠지만 왕복 30~50만 원대의 저렴한 항공권이 나오기도 한다. 시간대가 좋고 경유를 최소로 하는 항공권을 선점하고 싶다면 최소 6개월 전부터 예약해두는 것이 좋다. 당시 필자는 출발 8개월 전, 에어 아시아 항공권을 1인당 60

만 원에 구매했고, 세금 등이 포함된 3인 가족으로 총 항공료는 200만 원 정도였다. 여기에 옵션타운을 통해 좌석 하나를 2만원에 구입해 아이를 눕혀 재울 수 있었다(옵션타운 이용법은 아이와 비행기 타기 매뉴얼을 참고하자).

ⓢ 숙소 프로모션 이용하기

마음에 드는 숙소를 찾다보면 비용이 한도 끝도 없이 올라간다. 5성급 리조트는 대부분 1박에 50만 원을 넘고, 100만 원을 호가하는 리조트도 부지기수이다. 그래서 몰디브 여행을 꿈꾼다면 숙소 프로모션을 꼭 이용해야 한다. 조기 예약 할인이나 연속 숙박의 경우 제공하는 추가 무료숙박 서비스, 자녀 무료투숙 등의 혜택만 잘 챙겨도 상당한 금액을 아낄 수 있다.

당시 필자는 숙박비가 상대적으로 저렴한 우기인 여름철에 3박에 1박 무료 서비스와 자녀 추가 비용이 없는 아난타라 디구(Anantara Dhigu Maldives Resort, 5성급 리조트)를 이용했었다. 조식만 이용하는 조건으로 왕복 트랜스퍼, 1회 디너 등을 포함해 총 4박에 240만 원을 결제했다.

몰디브만큼은 선택해야 할 것들이 많아 전문 여행사의 도움을 받는 것도 고려해볼 만하다. 유명 여행사가 아니어도 몰디브로 검색되는 전문 여행사에 전화를 하면 아이의 나이와 가족 취향에 맞는 추천 숙소의 견적서를 이메일로 보내준다. 몇 군데 비교 후, 아고다와 가격을 비교해 선택하면 훨씬 수월하다. 단 아고다와 같은 해외 사이트는 세금이 포함되지 않은 금액을 보여주는데, 몰디브는 부가세 비율이 꽤 높은 편이다.

아난타라 디구 리조트

공항섬에서 숙박하기

만약 몰디브에 도착한 시간이 늦은 밤이라면 하룻밤을 공항 근처에서 보내고 다음 날 아침 일찍 이동하는 것이 경제적이다. 이때 숙소는 몰디브의 수도 말레(Male)가 아닌 훌후말레(Hulhumale) 공항섬에 잡아야 한다. 공항과 수도 말레는 엄연히 다른 섬에 있다. 자칫 공항에 내려 보트를 타고 말레를 다녀와야 하는 번거로운 사태가 발생할 수도 있다.
공항섬 숙소는 굳이 여행사를 통할 필요가 없다. 아고다 등의 예약 사이트에서 몰디브를 검색하면 '말레시티와 공항'이라는 검색어가 나온다. 그 키워드로 검색한 후, 지도를 클릭하면 말레시티와 공항섬 인근의 숙소가 한눈에 보인다. 당시 우리 가족은 4성급 호텔에서 약 7만원 정도에 투숙했는데 시설이나 서비스 등이 꽤 만족스러웠다. 물론 이보다 저렴한 숙소들도 많이 있다.

현지인 섬에서 숙박하기

꼭 좋은 숙소를 고집하는 것이 아니라면 현지인들이 사는 섬에서 투숙해도 좋다. 그 중 대표적인 곳이 말레공항에서 가까운 마푸시섬인데 3만 원부터, 4성급 숙소도 10~20만 원 전후로 투숙이 가능하다. 해변이 넓진 않지만 물빛이 아름답고 현지인들의 삶을 엿볼 수 있다. 리조트에 비해 다양한 액티비티를 저렴하게 할 수 있다는 장점도 있다.
물론, 라군에 수상 방갈로가 있는 전형적인 풍경이 아니라는 것이 아쉽긴 하다. 여행사와 연계된 리조트의 부대시설을 하루 동안 경험해 볼 수 있는 리조트 투어가 있는데, 금액이 다소 높아 인원이 많은 가족이라면 리조트 숙박비와 맞먹을 수도 있다. 마푸시는 다양한 액티비티를 할 수 있는 나이의 아이를 둔 가족에게 추천해 볼 만하다. 일정이 긴 여행이라면 고급 리조트와 섞어 즐겨도 좋다.

마푸시섬으로 들어가기

공항에서 마푸시섬까지 스피드보트로 30분 정도 소요되며, 비용은 1인당 편도 25달러이다. 말레섬의 반대쪽에 있는 빌링길리터미널(Villinggili Ferry Terminal)에서 정기여객선을 타는 방법도 있다. 마푸시까지 1시간 30분이 소요되고 요금도 몇 천 원으로 저렴한 편이지만, 운항 편수가 많지 않고 공항섬에서 말레까지 가야 하는 번거로움이 있다. 공항에서 섬으로 들어가는 교통편이나 액티비티 여행사(아이콤 여행사_icomtours.com)를 통해 예약하면 된다.

아이콤 여행사

ⓢ 경비에서 식비 줄이기

농사를 지을 수 없는 몰디브는 대부분의 식자재를 수입에 의존한다. 때문에 가격이 비쌀 수밖에 없어 가격 대비 음식의 평이 좋지 않은 편이다. 물론 리조트가 좋을수록 음식의 퀄리티는 올라가지만 그만큼 금액적인 부담이 크다. 또한 아무리 골고루 시켜먹어도 며칠이 지나면 물릴 수밖에 없다.

필자는 보관이 편한 멸치볶음, 김, 장조림, 깻잎 등의 밑반찬과 멸균우유, 진공 포장된 간식을 충분히 준비해 갔다. 그리고 숙소를 예약할 때 조식만 포함시킨 뒤, 나머지는 간단하게 사먹거나 흰밥만 따로 주문해 준비해 간 밑반찬에 먹었다. 사실 리조트의 식사비와 아이와 함께 야금야금 사먹는 간식비는 여행경비 중 많은 부분을 차지한다. 어차피 돌아올 때 상당 부분 사라질 것들이니 다소 짐이 부담스럽더라도 음식 준비를 단단히 해가는 것이 좋다.

ⓢ 무료 액티비티 이용하기

누가 몰디브를 심심한 섬이라고 했을까? 다양한 수중생물을 만날 수 있는 몰디브는 다이버들의 천국이다. 돌고래, 상어, 만타(쥐가오리) 등을 흔히 볼 수 있고 해변 스노클링만으로도 형형색색의 열대어들을 만날 수 있다. 하지만 리조트의 유료 액티비티들, 예를 들어 배를 타고 바다로

스노클링

돌핀투어

나가야 하는 것들은 요금이 상당히 비싼 편이다. 때문에 이런 체험이 포함된 프로모션을 선택하는 것만으로도 비용을 꽤 아낄 수 있다. 스노클링이나 카약, 패들 보트 등의 장비는 호텔에서 무료로 대여해 주는 곳이 많다.

아이와 함께한 패러세일링(Parasailing)

좀 더 높은 곳에서 에메랄드빛 바다를 보고 싶은 욕심에 필자는 아이와 함께 패러세일링에 도전해봤다. 그런데 인근의 수상 비행기를 피할 생각이 없는지 섬에서 너무 멀리 떨어져 나는 바람에 에메랄드빛 바다는커녕, 발밑은 시커먼 바다뿐이었다. 게다가 아이의 체구가 작아 자세가 불안정하다 보니 내내 마음이 불안하기도 했다. 그런 기분을 느끼려고 20만 원이나 투자한 것이 아니었는데. 아이가 어리다면 개인적으로는 추천하고 싶지 않은 경험이었다.

신혼부부보다 아이들을 더 반기는 섬

여행을 준비하기 전까지만 해도 몰디브는 신혼부부들의 여행지로만 생각했었다. 하지만 특별히 성인전용(Adult Only)이라고 되어 있지 않은 곳이라면 아이와 함께 투숙하는데 문제가 없다. 오히려 아이들을 두 팔 벌려 환영하는 가족 친화적인 리조트가 상당히 많았다.

아이를 신나게 놀리고 싶다면 어린이 시설이나 프로그램이 다양한 숙소를 선택하면 된다. 부부만의 달달한 신혼 분위기를 내고 싶다면 베이비시터서비스를 이용할 수도 있다. 그 중 어린이 시설이 잘 되어 있는 리조트 몇 곳을 추천한다. 자세한 사항은 변경될 수 있으니 예약 시 다시 한 번 확인하는 것이 좋으며, 소개한 리조트 외에도 타지엑조티카(Taj Exotica Resort & Spa), 소네바 푸시(Soneva Fushi), 카누후라(Kanuhura), 쿠룸바(Kurumba Maldives), 포시즌(Four Seasons Resort Maldives at Kuda Huraa) 등이 어린이 친화적인 리조트이다.

아난타라 디구 Anantara Dhigu Maldives Resort, 5성급 리조트

전형적인 라군에 세워진 리조트로 얕은 수심에 아름다운 물빛이 펼쳐져 있다. 키즈클럽을 비롯해 미니 축구대, 대형 체스, 그네 등 아이들을 위한 놀이시설들이 곳곳에 배치되어 있다. 필자가 머물렀던 시기 주말에는 미끄럼틀이 있는 에어바운서가 설치되기도 했다. 또한 아이 전용 슬리퍼와 목욕 가운, 성인 1인 식사에 키즈 메뉴가 공짜로 나오는 등 자녀를 위한 서비스가 꽤 잘되어 있는 편이다.

무료 셔틀 보트를 타고 인근의 무인도, 같은 계열의 아난타라 벨리(Veli)를 오갈 수 있다. 벨리는 성인들만 투숙이 가능한 곳으로 어린이는 저녁 식사 시간에만 방문이 가능하다. 공항섬으로부터 스피드 보트로 30분 정도 소요된다.

H 칸디마 Kandima Maldives, 5성급 리조트

2017년 오픈한 리조트로 전형적인 빌라 스타일은 아니지만 선명한 색감에 산뜻하고 모던한 인테리어가 돋보인다. 라군이 무려 3km에 달하고 몰디브에서 가장 큰 수영장 시설을 갖추고 있다. 키즈클럽, 놀이터, 바닥분수 등 어린이을 위한 시설도 잘 되어 있고 리조트 내 작은 클리닉에서는 치과 치료까지 가능하다.

룸 타입이 다양해 선택의 폭이 넓은 편인데, 그 중 스카이 스튜디오는 몰디브 5성급치고 가성비가 상당히 높다. 비성수기를 이용하면 20만 원대 프로모션이 나오기도 한다. 단, 욕조가 없고 독채가 아닌 4개의 객실이 한 동에 있는 형태로 객실타입이 아쉽다면 룸 타입을 섞어 이용해 봐도 좋다. 공항으로부터 제법 떨어진 곳이라 국내선 비행기 30분과 스피드 보트 20분을 타거나, 수상 비행기로 40분을 이동해야 한다.

🏨 원 앤 온리 리시라 One&Only Reethi Rah, 5성급 리조트

세계적인 톱가수 머라이어캐리가 결혼식을 올렸고, 축구스타 베컴가족이 휴양을 즐겼다하여 더욱 유명세를 탄 초럭셔리 리조트이다. 12개의 프라이빗 해변을 보유하고 있어 빌라마다 독립적인 사생활을 보장받을 수 있다. 넓은 객실과 키즈클럽, 연령별로 진행되는 다양한 키즈 프로그램 등으로 아이와 함께라도 더없이 좋지만 6성급으로 인정받는 만큼 숙박비가 상당히 비싸다. 필자는 꿈만 꾸는 곳이지만 과감하게 돈을 쓸 수 있다면 추천하고 싶은 곳이다.

2005년에 지어진 곳이라 가끔 1박에 100만 원 이하짜리 프로모션이 진행되기도 한다. 만 12세 미만의 어린이는 숙박이나 트렌스퍼 이동요금 등의 추가비용이 없으며, 공항섬에서 럭셔리한 요트로 50분, 수상 비행기로 15분 거리이다.

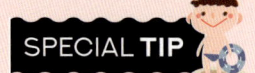

SPECIAL TIP

여행 리포터 엄마의 주관적인 여행 법

스마트폰 100% 활용 매뉴얼

여행책과 지도를 펼쳐들고 여행하던 시절이 언제였나 싶을 정도로 스마트폰이 여행 가이드 역할을 톡톡히 하고 있다. 필요한 정보를 찾아주고, 예약도 해주고, 아이와 놀아주는 시터 역할까지 해주는 팔방미인 스마트폰. 여행을 위한 스마트폰 사용법은 계속 진화중이다.

❈ 나에게 맞게 해외 데이터 사용하기

세계 대부분 숙소나 공항, 카페 같은 곳에서는 무료 와이파이 서비스가 잘 돼 있는 편이다. 때문에 숙소에서 대부분의 시간을 보낼 계획이라면 추가적인 데이터 사용량은 걱정하지 않아도 된다. 단, 주의할 점은 현지에 도착해 스마트폰의 전원을 켜자마자 데이터 이용을 꼭 차단해야 한다는 점이다. 나도 모르게 불필요한 업데이트가 진행되거나 아이가 잘못 만져 수십만 원의 데이터 요금이 청구된 사례가 종종 발생한다.

데이터 무제한 요금제

숙소를 벗어나 관광지 여러 곳을 돌아다니는 경우 스마트폰을 많이 사용할 것 같으면 데이터 요금제를 신청한다. 날짜를 지정해서 사용할 수 있고, 출발 전 전화나 인터넷으로 해당 통신사에 요청하면 간단하게 처리된다. 요즘은 하루 약 1만 원 정도의 요금이 청구되지만, 점점 더 저렴한 요금제가 나오는 추세이다.

현지 유심칩

번거로울 수도 있지만 가장 저렴하게 데이터를 사용할 수 있는 방법이다. 국내에서 사용하던 휴대전화의 유심칩(Usim Chip)을 빼고, 현지에서 구입한 유심칩으로 갈아 끼우면 정해진 데이터 안에서 사용할 수 있다. 하지만 새 번호가 부여되는 것이라 한국에서 오는 전화나 문자서비스는 받을 수 없다. 단, 카톡과 같은 인터넷 메신저는 그대로 사용할 수 있어 이것으로 대체할 수 있다.

베트남 유심칩

만일 현지에서 통화를 해야 될 상황이라면 통화까지 가능한 유심칩으로 구입하면 된다. 유심칩은 한국에서 미리 사도 되고 현지 공항이나 시내에서 구입해도 되는데, 현지에서 사는 것이 대부분 더 저렴하다. 국내번호를 해외에서도 유지하고 싶으면 별도의 공기계에 유심칩을 끼워 쓰면 된다. 이때 2011년 전 출시된 휴대전화는 컨트리 락이 해제되어 있지 않을 수 있으니 제조사에 미리 확인해 보는 것이 좋다.

포켓와이파이

단말기 한 대로 여러 명이 동시에 사용할 수 있어 인원이 많을 때 경제적이다. 하지만 기기를 항상 소지해야 하고 충전기까지 가지고 다녀야 하는 번거로움이 있다. 아이가 있는 가족에게는 짐이 하나 더 느는 것처럼 여겨질 수도 있다. 공항 내 통신사 부스에서 대여하거나 포켓와이파이라고 인터넷에서 검색하면 대행업체 사이트를 쉽게 찾을 수 있다. 전원을 켠 뒤에 SSID와 비밀번호를 입력하면 바로 사용할 수 있다.

✖ 여행 관련 애플리케이션 사용하기

스마트폰 활용의 중심에는 다양한 애플리케이션이 있다. 다음 추천하는 웹사이트 및 애플리케이션만 알아두면 여행이 한결 수월해진다.

구글 지도

자유여행을 이끈 선구적인 애플리케이션이다. 가고자 하는 지역을 검색하면 도보, 대중교통, 자동차, 각각의 이동시간과 동선을 상세히 안내해준다. 관광지와 맛집도 검색 후 하단의 '추가정보'를 클릭하면 영업시간, 주소, 연락처, 이미지, 리뷰 등을 한눈에 확인할 수 있다. 키워드 검색도 여행지에서는 꽤 유용하게 쓰이는데, 예를 들어 '스파'라는 키워드를 검색하면 현 위치를 중심으로 가까운 곳에 있는 스파샵의 리스트를 보여준다.

한국에서 안 되는 구글의 내비게이션 기능도 해외라면 대부분의 나라에서 자동으로 켜져 제 기능을 발휘한다. 한국어 자막과 음성으로 안내가 되므로 스마트폰 거치대만 준비해 가면 렌터카 이용 시 따로 내비게이션을 대여할 필요가 없다. 지도는 GPS로 길을 찾는 것이므로 데이터가 연결되지 않는 곳에서도 사용할 수 있다. 물론 그렇게 하려면 인터넷이 연결되어 있을 때 미리 오프라인 지도를 다운로드 받아둬야 한다. 개인정보 설정에서 [오프라인지도]를 클릭해 [나만의 지도]를 선택한다. 그리고 필요한 지역을 지정해 다운로드 받아두면 실시간 정보는 받지 못해도 지도를 보거나 길을 찾는 데 전혀 문제가 없다.

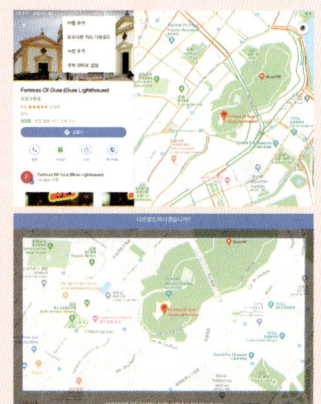

구글 번역기 또는 파파고

수많은 번역 애플리케이션 중 꽤 뛰어난 번역 실력을 보여준다. 애플리케이션을 깔고 해외 사이트 접속 시 자동 번역을 설정해두면 한글로 번역된 페이지가 보인다. 번역된 음성도 들을 수 있고 영어나 입력이 어려운

한자 같은 경우 텍스트를 카메라로 촬영하면 곧장 화면에서 번역이 되어 보여준다. 다른 나라 언어도 준비 중이라고 하니 기대해볼 만하다. 구글 지도와 마찬가지로 미리 필요한 언어팩을 다운로드 해두면, 데이터를 사용할 수 없는 오프라인 지역에서도 이용할 수 있다.

해외안전여행

대한민국 외교부가 해외여행자들을 위해 만든 애플리케이션이다. 여행 중 발생할 수 있는 다양한 위기상황에 대한 대처 매뉴얼과 나라별 현지 긴급구조 번호, 총영사관 연락처 등을 제공하고 있다. 해외에서 개인적으로 해결할 수 없는 사건, 사고 또는 긴급한 상황이 생기면 즉시 해외영사콜센터로 연락한다. 애플리케이션을 통해 24시간 상담할 수 있으며 3자 통역 서비스도 받을 수 있어 더욱 편리하다.

우버, 그랩

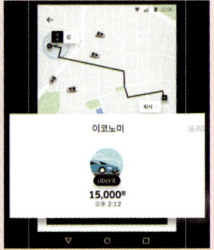

동남아 지역에서는 차량 공유서비스인 우버와 그랩이 빠르게 택시를 대체하고 있다. 택시보다 가격도 저렴하고 거리에 따라 요금이 책정되므로 교통체증으로 인한 과다 요금을 걱정하지 않아도 된다. 카드 결제가 되므로 현지 화폐 준비에 대한 부담도 덜 수 있다.
하지만 모든 지역에서 다 가능한 것은 아니어서 대체로 차량이 많은 곳은 가능하지만 차가 적은 곳은 불가능하다고 보면 된다. 때로는 장시간 차량을 기다려야 하는 불편함이 생길 수도 있다. 인원이 많고 짐이 많으면 차량을 중형 이상으로 필터링해서 부를 수도 있고, 기사와 못 만날 경우, 문자나 전화통화를 할 수도 있다. 통화할 경우를 대비해 본인의 위치를 설명할 수 있는 간단한 영어회화를 미리 준비해둔다.

여행자보험

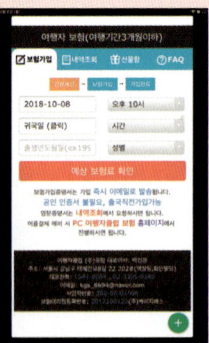

과거 여행사를 통하거나 공항에서 가입해야 했던 여행자보험을 간편하게 애플리케이션을 통해 가입할 수 있다. 만약 보험가입을 깜박했다면 공항으로 가는 길에 편하게 이용해보자. '여행자클럽', '마이뱅크', '트립딜', '토스' 등 다양한 애플리케이션이 있으며 가입방법도 간단하고 금액도 상대적으로 저렴하다. 단 가입금액은 크게 차이가 나지 않지만, 보장금액은 차이가 나므로 꼼꼼하게 비교해 보고 가입하는 것이 중요하다.

트리플

여행에 필요한 핵심적인 정보를 보여주는 여행 가이드북이다. 가고자 하는 지역을 선택하면 날씨, 숙소, 교통편, 주요 관광지 등 필요한 정보를 군더더기 없이 간략하게 살펴볼 수 있다. 일정 짜기 기능을 이용하면 이

동 루트를 지도로 표시해 주기도 한다. 애플리케이션이 만들어진 지 오래되지 않아 지금도 여행지들이 계속해서 하나씩 추가되고 있다. 아직 업데이트되지 않은 지역이 많으므로 만일 찾는 여행지가 없다면 추후에 다시 접속해보자.

클룩

여행지별 다양하게 즐길 수 있는 액티비티를 판매하는 사이트이다. 교통편부터 입장권, 투어 패키지까지 다양한 상품들을 쉽고 빠르게 예약할 수 있다. 가격도 비교적 저렴한 편이고 여행자 평도 좋은 편이다.

 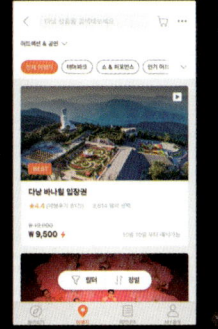

프라이어리티패스(Priority Pass)

P.P카드를 소지하고 있다면 꽤 유용하게 쓸 수 있다. 전 세계 공항에 있는 P.P카드 라운지의 위치, 이용시간, 이미지 등을 쉽게 검색할 수 있다. 도착하는 공항의 라운지 상태를 미리 확인할 수도 있고 공항 도착 시 현재 위치에서 가장 가까운 라운지도 알려준다.

SPECIAL TRIP 03

한번쯤 머물고 싶은
럭셔리 리조트 여행

여행 리포터라는 필자의 직업이 결혼을 하는데 한몫했다고 하면 대부분의 사람들은 '말이 그렇겠지'하며 웃어넘긴다. 하지만 함께 여행을 하면 즐거울 것 같다는 남편의 청혼은 빈말이 아니었다. 아이가 태어나기 전에는 여행지에서 돌아오자마자 바로 방 한가득 지도를 펼쳐 놓고 다음 여행을 구상하더니 아이가 태어난 후에는 틈만 나면 여행지의 숙소를 검색하며 버킷리스트에 담아두었다.

그러던 어느 날 남편이 로또라도 당첨된 듯한 표정으로 달려왔다. 성수기 1박 요금이 무려 200만 원에 육박하고, 비수기에도 100만 원이 훌쩍 넘는 소네바 키리(Soneva Kiri) 리조트가 1박에 70만 원밖에(?) 안 하는 프로모션으로 떴다는 것이었다. 그러면서 2박이지만 아침 일찍 들어가서 저녁 늦게 나오는 3일을 이용하는 것과 같으니 하루에 50만 원도 안 되는 금액으로 초럭셔리 리조트를 이용할 수 있는 기회라며 흥분을 감추지 못했다.

당시 아이는 만 2세로 리조트 여행을 크게 벗어날 수 없는 시기이기도 했고, 남편의 말도 안 되는 계산이 그럴듯하게 들리기도 해 초럭셔리 리조트는 대체 어떻게 생겼는지 구경이나 한번 해 보자는 심산으로 따라나섰다. 리조트가 있는 섬까지는 9인승 경비행기를 타야 했는데, 그 비용이 3인 가족 왕복 100만 원이 추가로 들었다는 고백은 그로부터 몇 년이 지나서야 들을 수 있었다.

우리 가족의 럭셔리 리조트 입문은 그렇게 시작됐다. 그동안 수많은 숙소를 다니며 여행의 방법을 취재했지만, 그것은 하나의 문화적인 충격이었다. 잠자는 곳에 불과했던 숙소의 새로운 역할을 알게 된 순간이었다. 그 후로 우리 부부는 한번쯤 머물고 싶은 숙소를 버킷 리스트에 담아두기 시작했다. 숙소는 때론 머무는 것만으로도 충분히 떠날 이유가 있다. 그 곳에 머문다는 상상만으로도 가슴이 뛰는 곳이 있다.

자연주의 힐링 리조트, 태국 소네바 키리 Soneva Kiri

아름다운 자연 속에서 최고의 호사를 누릴 수 있는 곳. 가족중심의 리조트라 키즈클럽을 비롯한 어린이를 위한 시설도 잘 갖추어져 있다. 리조트의 환경, 시설, 서비스 모든 것이 완벽하다.

 AREA INFO

추천 가족	초럭셔리 리조트에서 호사를 누리고 싶은 가족
추천 계절	겨울부터 봄. 6~9월까지 강수량이 상당히 많다. 필자가 다녀온 5월은 우기의 시작으로 3일 중 하루는 비가 내렸다.
가는 방법	방콕까지 비행시간 5시간 30분 ▶ 코쿳섬까지 경비행기로 1시간 ▶ 숙소까지 보트 5분
	코쿳(Ko Kut)행 경비행기는 돈므앙 국제공항(Don Mueang International Airport)에서 출발한다. 에어아시아를 제외한 다른 항공은 수완나품 국제공항(Suvarnabhumi International Airport)을 이용하기 때문에 돈므앙 국제공항까지 차량으로 40분을 이동해야 한다.
이동 방법	숙소를 예약하면 공항에서 리조트까지 이동하는 방법에 대한 안내 메일을 받을 수 있다. 리조트 내에서는 객실 당 한 대씩 비치된 버기(골프카트)를 타고 자유롭게 다니면 된다.
난이도 중	리조트까지 이동하는 방법이 번거롭다.

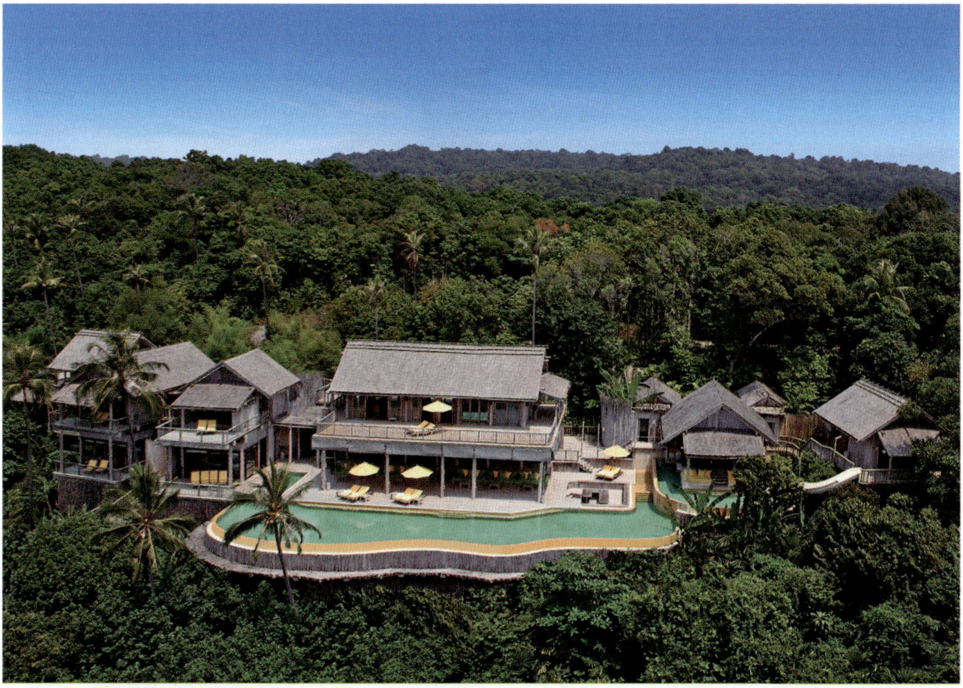

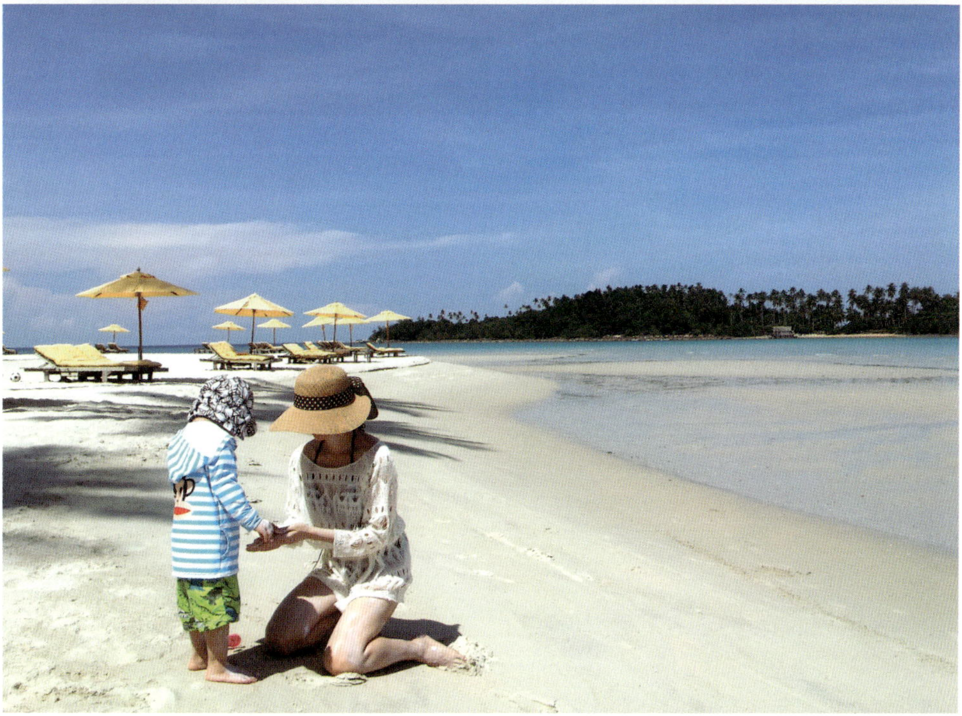

ⓢ 세상과 단절된 은둔의 장소

소네바 키리(Soneva Kiri, 5성급 리조트)로 가는 날. 공항 근처 숙소까지 아침 일찍 고급 외제차가 우리가족을 '모시러' 왔다. 차에는 이제 막 냉장고에서 나온 듯한 차가운 미네랄워터와 물수건이 준비돼 있었다. 정중한 미소의 직원은 짐을 들어주고 경비행기의 티켓팅을 도와준 뒤 우리가 탑승하는 모습을 본 후에야 유유히 사라졌다. 모든 것이 우리 가족을 위한 행동들이었다.

한 시간가량 비행 끝에 쿳섬 Ko Kut에 도착했다. 코쿳은 태국에서도 가장 때 묻지 않는 곳으로 손꼽히는 섬이다. 원시적 밀림이 살아있는 그곳에 소네바 키리의 빌라들이 한 동씩 묻혀 있다. 당시 아이를 낳고 일을 시작하며 일과 휴식의 경계가 흐릿한 하루하루를 보낼 때였고 힘들게 비행기를 타고 가서까지 사람으로 붐비는 수영장은 가고 싶지 않았다. 그런 마음을 꿰뚫어본 듯 그곳은 한적하다 못해 고요하기까지

했다. 걸어 다닐 수 없는 엄청난 규모에 비해 39개에 불과한 객실, 빌라마다 수영장을 비롯한 부대시설이 잘 갖추어져 있어서인지 투숙객을 마주치는 일도 거의 없었다.

우리밖에 없는 해변 풍경이 낯설게 느껴질 정도였다. 하얀 백사장, 유리알처럼 맑은 물, 가도 가도 수심이 종아리를 넘지 않는 바다, 그 아름다운 풍경만으로도 이곳에 올 이유가 충분했다. 아이는 해변에 놓인 모든 선베드와 쿠션에 한 번씩 누워보더니 살랑살랑 바람을 맞으며 낮잠에 빠져들었다. 세상과 단절된 것 같은 그곳은 서로에게 집중하는 것 말고 어떤 것도 허락하지 않는 것 같았다.

도심으로부터 떨어진 오지에서의 휴양

하이엔드, 초럭셔리 리조트라 불리는 숙소들은 찾아가기 힘든 오지의 비경에 자리 잡은 경우가 많다. 때문에 대부분 공항에서 전용기를 타거나 차로 몇 시간씩 이동을 해야 한다.

대표적인 럭셔리 체인인 아만(Aman)도 그렇다. 톰크루즈가 묵었던 필리핀의 아만풀로(Amanpulo)와 김태희와 비의 허니문 숙소로 유명한 인도네시아의 아만와나(Amanwana)가 그 계열인데 투숙객의 사생활 보호로 유명하다. 스타들이 개인적인 휴식을 취하고 싶을 때 많이 찾을 수밖에 없는 구조이다.

고립된 공간이라고 휴식만 있는 것이 아니며 리조트 내에서 다양한 액티비티를 즐길 수도 있다. 소네바 키리 역시 정글 트래킹, 쿠킹 수업, 수상 레포츠 등 다양한 프로그램들이 운영되고 있다.

아만와나

아만풀로

301

🅢 나만을 위한 일대일 맞춤 서비스

럭셔리 숙소들은 체크인 데스크가 따로 없다는 것을 처음 알았다. 섬에 도착할 당시 린넨 소재의 의복을 입은 직원들이 맨발로 나와 우리를 환영해 주었는데 그 중에는 우리의 담당 버틀러(Butler, 일대일 집사)도 있었다. 일본인이었던 그녀는 우리를 위해 최대한 느리고 쉬운 영어로 체크인부터 필요한 모든 것을 일일이 챙겨 주었다. 우리의 기대대로 얼리체크인과 레이트 체크아웃도 무료로 해주었고, 매일 아침 식사 때마다 우리가 있다는 것을 귀신같이 알고 달려 나와 지난밤과 당일의 상태를 체크했다. 리조트 내 어디든 자유롭게 타고 다닐 수 있도록 객실마다 전동차 버기(Buggy, 골프카트)가 배정되는데 우리가 숙소에 들어가면 어느새 완충되어 이동할 방향으로 돌려져 있기도 했다.

그런 세심한 배려는 소네바 키리에 대한 이미지 중 하나로 명확히 남았고, 최고의 숙소는 객실과 시설뿐 아니라 수준 높은 서비스가 만든다는 것을 깨달았다. 버틀러 서비스가 따로 없어도 럭셔리 숙소는 언제든 필요한 것을 요청할 수 있는 담당 창구가 있다. 그렇다 보니 투숙객보다 더 많은 직원이 리조트 내에 머물 수밖에 없다. 숙소의 비용이 올라가는 첫 번째 이유이다.

> **버틀러서비스(Butler Service)란?** 🍤
> 투숙객이 원하는 것을 빠르게 해결하기 위한 1대1 맞춤형 서비스이다. 보통은 버틀러 전용회선이 있어 24시간 언제든지 필요한 것을 요청할 수 있다. 버틀러의 역할은 숙소마다 조금씩 다르지만 짐을 함께 풀어주고 다림질 등을 도와주기도 한다.

Ⓢ 창립자의 취향과 철학이 반영된 콘셉트

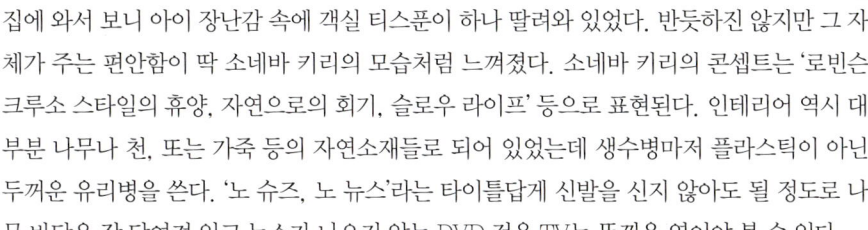

집에 와서 보니 아이 장난감 속에 객실 티스푼이 하나 딸려와 있었다. 반듯하진 않지만 그 자체가 주는 편안함이 딱 소네바 키리의 모습처럼 느껴졌다. 소네바 키리의 콘셉트는 '로빈슨 크루소 스타일의 휴양, 자연으로의 회기, 슬로우 라이프' 등으로 표현된다. 인테리어 역시 대부분 나무나 천, 또는 가죽 등의 자연소재들로 되어 있었는데 생수병마저 플라스틱이 아닌 두꺼운 유리병을 쓴다. '노 슈즈, 노 뉴스'라는 타이틀답게 신발을 신지 않아도 될 정도로 나무 바닥은 잘 닦여져 있고 뉴스가 나오지 않는 DVD 전용 TV는 뚜껑을 열어야 볼 수 있다.

하지만 그 삶은 몹시 럭셔리하다. 우리가 묵은 객실은 소네바 키리에서 가장 작은 타입이었는데 침실, 드레스룸 등 총 3개의 빌라로 이루어져 있었다. 가는 곳마다 침대만 한 소파가 있었고 수영장도 메인 수영장만큼이나 컸다. 패밀리룸의 경우에는 풀장에 개인 워터슬라이드까지 갖추고 있었다. 그뿐만 아니라 미리 이메일을 통해 체크했던 베개 타입과 아로마향이 준비되어 있었다. 은은한 향과 푹신한 베개, 사각거리는 유기농 면으로 만든 이부자리 그리고 목욕가운마저 촉감이 너무 좋아서 나 자신이 한껏 고급스러워지는 기분이었다. 심지어 채소와 과일들은 리조트 내에서 직접 유기농으로 길러내 사용하는데 아침이면 하나씩 맛봐도 다 먹을 수 없는 양의 조식으로 배를 채우고 온종일 쉬고 놀았다. 덕분에 머무르는 것만으로도 건강해지는 기분이었다.

소네바의 스토리

소네바라는 명칭은 창립자인 인도계 영국인 사업가 소누(Sonu Shivdasani)와 스웨덴 모델 에바(Eva) 부부의 이름을 딴 것이다. 그들은 자신들이 추구하는 가치와 취향을 담은 리조트를 만들고 그 철학에 동의하는 소수의 고객만을 받는 전략을 내세우고 있다. 이어서 그 이름을 뒤집은 에바손과 식스센스를 런칭했고, 이 두 브랜드는 다른 기업에 매각하고 현재는 소네바만 운영 중이다. 소네바는 몰디브에 소네바 푸시(Soneva Fushi), 소네바 자니(Soneva Jani), 요트 크루즈인 소네바 인 아쿠아(Soneva in Aqua)가 있다. 식스센스와 에바손은 주인은 바뀌었지만 소네바의 콘셉트를 유지하고 있어 유사한 느낌을 받을 수 있다.

소네바 키리 로고

소누 & 에바 부부

ⓢ 아이를 위한 특별한 서비스

어떤 고급 리조트 후기에 '어린 아들이 한낮에 해변으로 뛰어나가자 직원이 서둘러 나와 손바닥으로 모래 온도를 쟀다.'는 글이 있었다. 행여 아이가 발바닥을 데일까 우려한 배려이다. 소네바 키리도 아이가 있는 가족에게 특화된 곳으로 부모의 완벽한 휴식을 위해 별도의 장소에서 온종일 아이를 돌봐주고 교육하는 유료 데이케어 서비스를 운영한다. 1~5세 아이들을 대상으로 명상, 요가, 미술, 체육 등 다양한 프로그램이 진행된다.

무료로 이용할 수 있는 키즈카페는 천연 소재로 지어진 만타(쥐가오리)모양의 건축물로 거대한 예술작품을 방불케 한다. 아이들은 온갖 지류가 가득한 방, 악기 방, 장난감 방에서 다양한 창작활동을 할 수 있다. 그곳에 있다는 것만으로도 무한한 영감이 떠오를 것 같았다. 소네바 계열 리조트에는 공통적으로 천문대와 야외 시네

천문대

정글 시네마

초콜릿룸

마 시설이 운영되고 수십 가지 고급 초콜릿을 무한정 먹을 수 있는 초콜릿룸과 60가지가 넘는 수제 아이스크림을 맛볼 수 있는 아이스크림바도 있다. 마음만 먹으면 언제든 갈 수 있는 그런 공간이 있다는 것은 꽤 설레이는 일이다. 그곳은 엄마 아빠뿐 아니라 아이에게도 천국 같은 곳이었다.

아이스크림바

🎄 아이와 함께 보내기 좋은 럭셔리 리조트 Best 3

소네바 키리의 경험은 꽤나 강렬한 인상으로 남아 그 후로도 필자는 개성과 매력을 가진 숙소를 유심히 보기 시작했다. 그리고 그 기준에 부합하는 숙소를 찾으면 자연스럽게 다음 여행지도 결정이 됐다. 그 중 추천하고픈 이색적인 럭셔리 리조트 세 곳을 뽑아봤다.

Ⓗ 소네바 키리의 감동을 반값으로, 베트남 식스센스 콘다오
Six Senses Con Dao, 5성급 리조트

소네바의 창립자 소누와 에바 부부가 만든 브랜드 체인 리조트라 소네바의 '자연주의 힐링'과 유사한 콘셉트와 분위기이다. 한 마디로 소네바의 감성을 높은 가성비로 이용해 볼 수 있다.

한때 유배지나 포로수용소로 쓰였던 베트남 최남단의 섬 콘다오는 높은 산세와 해변의 풍경이 잘 어우러진 곳이다. 움푹 들어간 만에는 1km가 넘는 긴 해변을 따라 50여 채의 빌라들이 두 줄로 늘어서 있는데, 멀리서 보면 마치 자연의 일부처럼 보인다. 덕분에 식스센스 콘다오는 내셔널지오그래픽에서 환경친화적 숙박시설에게 주는 세계 최고의 에코로지Ecolodge로 선정되기도 했다.

객실은 대가족 빌라를 제외하면 모두 듀플렉스Duplex 빌라로 응접실이 1층에 있고, 침실이 상층에 자리하는 2층짜리 스위트룸 풀빌라이다. 소네바와 마찬가지로 대부분의 시설물은 자연소재로 이루어져 있으며 도로의 가로등마저 나무 조각으로 싸여 있다. 그 외에도 전 객실 풀빌라, 일대일 버틀러서비스, 야외시네마, 무한 제공되는 6가지 맛 아이스크림 등도 소네바와 유사하다.

하지만 섬의 풍경만큼은 소네바 키리보다 더 훌륭하다. 객실마다 투숙객 수에 맞춰 제공되는 자전거를 타고 아침을 먹으러 갈 때는 나도 모르게 환호성이 터져 나왔다. 해변의 수심도 낮아 아이와 놀기에 좋았고, 검은 모래가 섞여 물빛이 아름답지는 않았지만, 바다에서 보는 섬의 풍경은 더없이 훌륭했다.

식스센스 계열이 그렇듯 리조트에서 직접 유기 재배한 허브와 채소로 요리를 하고, 스파 제품을 만든다. 음식의 수준이 상당히 높고 매일 아침 색다른 베트남 요리를 맛볼 수도 있다. 하지만 음식반입이 금지되어 있어 모든 끼니를 리조트 내 레스토랑에서 해결해야 하는 점은 매우 아쉽다. 어딜 가나 리조트 음식은 비싸기에 베트남 물가를 생각하면 불편한 금액이다.

아이를 위한 키즈카페는 규모는 작지만 시터가 꽤 친절하고 좋았다. 소네바와 마찬가지로 담당 버틀러 역시 좋았는데, 아직도 아이는 당시의 담당 버틀러가 보고 싶다는 말을 한다.

식스센스 콘도 제대로 이용하기

객실 타입은 해변에 인접한 오션프론트와 그 뒷길에 위치한 오션뷰 두 가지로 나뉜다. 오션프론트보다 오션뷰가 조금 더 저렴하며, 비수기 기준 오션뷰 빌라를 1박 50만 원 정도에 투숙할 수 있다. 콘도는 우기에도 강수량이 많지 않아 굳이 성수기인 겨울을 선호할 필요가 없으며, 오션뷰 역시 해변까지 거리가 짧아 불편함은 거의 없는 편이다.
콘도로 가는 길은 직항이 없어 호치민에서 베트남 국내선으로 갈아타고 이동해야 한다. 콘도오공항에서 리조트까지는 약 10분 정도가 걸리는데, 차량은 미리 리조트측과 연락해 예약해둬야 한다. 시골 섬이라 관광할 것이 거의 없고 경유지인 호치민 역시 아이와 둘러볼 만한 것이 많지 않기에 일정이 길다면 푸꾸옥이나 무이네 같은 휴양지를 함께 둘러보는 것을 추천해 본다.

H 대학교 교정에서의 하룻밤, 베트남 JW 메리어트 푸꾸옥
JW Marriott Phu Quoc Emerald Bay Resort & Spa, 5성급 리조트

한때 베트남을 대표하는 느엄막소스(생선소스) 대부분을 생산하던 외딴섬 푸꾸옥은 일 년 내내 물놀이가 가능하다는 이유로 한창 개발 중이다. 여행관련 기사를 보다가 세계적 건축 디자이너 빌벤슬리Bill Bensley가 푸꾸옥에 JW 메리어트를 설계 중이라는 기사를 보았고, 그때부터 리조트 완공을 손꼽아 기다렸다.

프랑스 식민시절의 대학 캠퍼스를 모티브로 디자인하여, 유서 깊은 도서관처럼 꾸며 놓은 로비부터 동물학과, 천문학과, 인류학과 등 각 전공에 맞춰 꾸며 놓은 객실이 특징이다. 빌벤슬리의 작품답게 화장실마저 보는 재미가 있고, 화학과 콘셉트의 해안바(Bar)에서는 흰 가운을 입은 직원들이 비커로 칵테일을 만들어주기도 한다. 자칫 유치할 수 있는 부분까지 엔틱하고 고급스러운 소재를 사용해 럭셔리하게 바꿔놓았다.

사실 베트남의 해변은 그리 아름다운 편이 아닌데 이곳의 해변은 꽤 근사하다. 푸꾸옥에서 가장 아름다운 해변이라는 사오 비치Sao Beach 옆에 자리하는데 관리가 안 돼 부유물이 떠다니는 사오 비치보다 훨씬 깨끗하다. 흰색에 가까운 고운 모래와 아름다운 물색깔 덕분에 에메랄드베이Emerald Bay라고도 불린다. 수심이 낮고 키즈카페와 메인 수영장이 해변으로 연결되어 있어 아이들이 놀기에도 좋다.

조식을 비롯한 음식의 퀄리티가 상당히 좋은데 역시나 비싼 식비가 아쉽다. 저녁은 호텔 셔틀버스를 타고 나가 푸꾸옥 야시장에서 해결하는 것을 추천한다. 야시장은 먹거리뿐만 아니라 볼거리도 많은 푸꾸옥의 대표 관광스팟이다. 그 외에도 리조트 내에서 마술쇼, 불쇼, 나이트마켓 등 다양한 프로그램이 운영되고 있다.

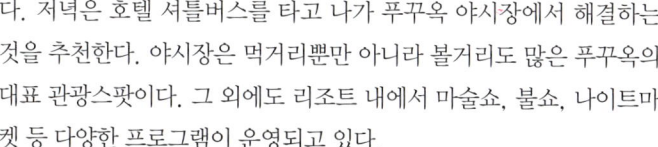

JW 메리어트 푸꾸옥 제대로 이용하기

겨울 성수기 숙박비는 약 50만 원에 달하지만, 비수기를 이용하면 30만 원선에 숙박할 수 있다. 여름 우기에는 강수량이 많지 않지만, 파도가 쎈 편이고 바다색 또한 탁해진다. 때문에 보다 쾌적한 날씨와 아름다운 해변을 보고 싶다면 겨울이 좋긴 하다.
푸꾸옥은 과거 호찌민이나 하노이를 경유할 수밖에 없었지만 현재는 직항 전세기가 운항중이며, 다른 항공사들도 노선을 신설할 예정이라고 하니 기대해도 좋을 것 같다. 공항에서 리조트까지는 택시로 20분 정도가 걸리는데, 아직 택시 이외에 이동 방법이 없다. 다른 지역에 비교해 택시비 또한 비싼 편이다.(편도 약 1만 5천 원 정도)

🇭 요정이 살 것 같은 정글 속 리조트, 태국 키말라 푸켓
Keemala Phuket, 5성급 리조트

'세상에 이런 숙소가'에 나올 법한 인테리어의 숙소이다. 실제 이 리조트는 이색 리조트를 소개하는 기사를 보고 알게 되었고, 이곳을 가기 위해 푸켓 여행이 계획되었다.

마치 요정이 사는 마을 같은 독특한 콘셉트의 이 리조트는 영화 '아바타'를 모티브로 지었다고 한다. 총 36채의 빌라는 네 가지 타입으로 구성돼 있는데, 타입마다 가상의 고대 종족 이야기를 담고 있다.

리조트를 소개하는 곳에 대표적으로 등장하는 '버드 네스트 풀빌라(Bird's Nest Pool Villas)'는 정말 새둥지처럼 생겼다. 정글 속에서 새처럼 아래를 내려다보며 수영을 즐길 수 있는 곳으로 그 독특한 분위기답게 가격도 네 가지 타입 중 가장 비싸다.

버드네스트 풀빌라

클레이코티지

텐트빌라

310

트리풀하우스

우리가 선택한 객실은 그 다음으로 비싼 '트 리 풀 하우스(Tree Pool Houses)'였는데, 1층에 개인 풀장과 주방이 있고 내부 계단을 통해 2층으로 올라가면 침실과 욕실이 있는 새장처럼 생긴 2층짜리 빌라였다. 방 한가득 들어오는 햇살과 침구의 느낌이 상당히 좋았는데, 1, 2층을 오르내리는 것이 조금 불편했다. 그 외에도 큰 차양이 있는 텐트 빌라(Tent Villas), 초가집처럼 생긴 클레이 코티지(Clay Cottages) 타입의 객실이 있고 도서관, 와인바, 스파, 레스토랑, 휘트니스 등 필요한 편의시설은 대부분 갖추고 있다.

일대일 버틀러서비스를 제공하며, 조식을 룸에서 시켜 먹을 수 있다. 요금은 다소 비싸지만 스파와 요가, 디톡스 음식을 결합한 힐링 프로그램을 따로 운영하기도 한다. 아쉬운 점은 아이를 위한 편의시설이 없고, 바다와 인접하지 않아 해변을 이용하려면 셔틀버스를 타고 나가야 한다는 점이다. 또한 유명 체인 리조트가 아니라서 그런지 버틀러서비스가 기대만큼은 아니었다.

 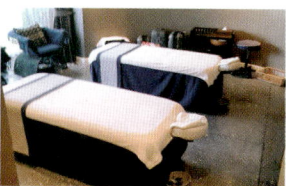 

키밀라 푸켓 제대로 이용하기

아름다운 안다만해를 보려면 건기인 겨울이 제격이다. 때문에 푸켓은 건기와 우기 숙박비 차이가 상당히 큰 편인데 이곳은 바다를 접하지 않아서인지 숙박비 차이가 그렇게 크지는 않은 편이다. 필자가 묵은 트리 풀 하우스는 비수기인 여름철에는 1박에 약 60만 원으로 예약할 수 있다. 푸켓은 워낙 좋은 숙소도 많고, 관광할 곳도 많으니 저렴한 숙소와 묶어서 한 번 경험해 보는 것도 좋을 것 같다.

INDEX

기호

3자 통역 서비스	72
4섬 투어	158
61번 국도	101
72번 국도	100
83번 국도	102
99번 국도	102
100 에그머드 온천	182

ㄱ

가루다항공	45
가야섬	190
가야아일랜드 리조트	191
갈릭 버터구이	83
갤럭시 리조트 마카오	258
갤럭시 호텔	258
게이손 플라자	240
경량 유모차	249
고고싱	88
고려정	197
고메마켓	238, 246
골든릴	260
공심채	184
공항섬	286
공항의료센터	274
광둥요리	271
구글 번역기	293
구글 지도	293
구명조끼	250
국내선 비행기	281
국제운전면허증	105
그랜드 리조트 데크	259
그랜드 센터 포인트 터미널 21	241
그랜드캐니언	108
그랜드 하얏트 마카오	263
그랜드 하얏트 에라완 방콕	240
그랩	294
그레이하운드	246
글라스바텀	39
기내식	119
길리 메노	35
길리 삼총사	35
길리 아이르	35
길리 트라왕안	31
까이뭄	76
까이섬	158
깜란	171
깜란 국제공항	170
꾸따	46, 61
꾸따 비치	63
꾸따 스퀘어	64
꾸따 해변	61, 63
끄라비	151
끌로뽄	70
끌롱무앙 비치	155

ㄴ

나만 리트리트	224
나비보호센터	209
나시고렝	68
나시짬뿌르	70
나팔리코스트	109
남호이안 빈펄랜드	132
내비게이션	105
냐짱	167
냐짱 빈펄랜드	132
냐짱센터	173
냐항응온	87
네버랜드	125
넴느엉	184
넴루이	184
노드스트롬 랙	97
노스쇼어	100
노트르담 대성당	87
뉴피데이	45
누와	263
느억맘	184
닌반베이	177
닌자방	125

ㄷ

다낭	219
다락휴	274
다이아몬드쇼	259
대가족 여행	200
더 디스트릭트 보라카이	144
더 레이로우	99
더 로얄 피타마하	56
더 린드 보라카이	145
더 베네치안	264
더 오션 빌라	225
더 오쿠라 프레스티지	240
더 카운트다운	263
더 크랩하우스	191
더 클리프 리조트	82
더 하우스 오브 댄싱워터	263
데위시따거리	52
데이케어 서비스	64
도나창	248
도쿄 디즈니랜드	130
돌고래	207
돌 파인애플 농장	103
동커이거리	87
두짓타니 크라비 비치 리조트	156
듀엔하 리조트	172
듀플렉스	306
드라이브 코스	100
드래곤쇼	265
디니위드	148
디딸리빠빠	146
디럭스룸	67
디바나	248
디센던트	110
디스커버리 쇼어즈	145
디스커버리 쇼핑몰	64
디자이너 로	97
디즈니랜드	130
디즈니랜드 호텔	130
디즈니 앰버서더 호텔	130
디즈니 익스플로러 로지	131
디즈니 할리우드 호텔	131
디파쳐 라운지	66
땡처리닷컴	89
땡처리 항공권	89
떡카페	35
뜨라가와자강	51

ㄹ

라니아케아 비치	103
라니카이 비치	100
라마야나 워터파크	22
라용	23
라일레이 비치	157
라플레시아	197
란타우섬	131
랄라빤	69
랄리아나	178
래시가드	250
래프팅	51
랜턴스	175
레게머리	146
레고 듀플로	124
레고랜드	122
레고랜드 호텔	124
레고시티	126
레고 워터파크	127
레고 테마파크	126
레드샌듄	79

312

레인저	112	모래성	147	뱀부 빌리지	82
레인포레스트	177	모래톱	280	뱀부섬	163
레토르트 식품	198	모히또	283	버기	302
렌당사뻬	70	몰디브	275	버드 네스트 풀빌라	310
렌터카	84	몰링	237	버젯	145
렌터카 여행	105	몽크바다표범	107	버틀러	302
로복강 투어	209	몽키트래블	29, 164	버틀러서비스	302
로스	97	몽키포레스트	50	번영의 나무쇼	265
롬복	35	몽키포레스트거리	52	베네치안 리조트	264
롯데마트	230	무이네	73	베벡고렝	69
롱테일 보트	156	무이네 고	81	베벡벵길	69
룸피니공원	243	무이네 익스플로러	81	베시넷	119
르네상스 방콕 라차프라송	240	무이네 투어	81	베이비시터	141
르 메르디앙	192	미고렝	68	베트남	73, 213, 219
르 비만 코티지 앤 스파	25	미국	91	베트남 커리	184
리조트월드 센토사	133	미로숲	103	베트남 하우스	87
리조트 피	99	미슐랭 마카오	272	보냉백	253
리츠칼튼	258	미식 탐방	68	보라카이	137
리틀 그랜드캐니언	80	미아 리조트	82	보석 모래해변	24
림바 짐바란 발리 바이 아야나	65	미아방지 목걸이	72, 252	보케거리	83
		밀가루 해변	204	보홀	202
ㅁ				볼케이노 인	115
마누칸섬	193	**ㅂ**		볼케이노 하우스	115
마다가스카	262	바나힐	228	봄베이로스광장	268
마라리버 사파리 로지	58	바다거북	39, 94	부기보드	104
마루카메 우동집	97	바다표범	94	부띠끄 빌라 피타마하	56
마분콩	238	바디보드	104	부부르아얌	70
마이 반미	87	바비굴링	69	부츠 앤 키모스	101
마일리지	90	바오러우	85	분유	252
마일린	87	바운스	242	분차	183
마젤란 수트라 리조트	189	바칼라우	270	붉은 모래언덕	79
마카다미아 너트	97	반딧불이 투어	197	브로드웨이 호텔	258
마카오	214, 255	반미	184	블라복	148
마카오 고메워크	260	반세오	184	블루 풀	160
마카오 도보여행	272	반야사 요가	56	비나선	87
마카오 미식탐방	272	반얀 트리	243	비상약	71
마카오반도	267	반얀 트리 마카오	258	비상약품	251
마카푸우 해변공원	100	반페	23	비치 빌라	282
마타하리 백화점	64	발리	44	비치워크 쇼핑센터	64
마푸시섬	286	발리 사파리 앤 마린파크	57	비트 플레이그라운드	242
만타가오리	280	발리 새공원	60	비프렌당	70
말레 국제공항	281	발리스윙	48	빅볼	86
말레이시아	185	발리카삭	206	빅씨	230
망고스틴	23	발링하이	148	빅씨마트	240
망고탱고	238	밥빌더	128	빅아일랜드	111
매캐니즈 요리	270	방살 항구	33	빅아일랜드 투어	114
맹그로브	162	방짝	247	빅테루트	246
메이슨 엘리펀트 로지	59	방카	146	빈마트	230
명가	259	방콕	233	빈컴플라자	230
모닝글로리	184	배달음식	142	빈투언성	85
모드 사톤 호텔	243	배트맨 다크플라이트	260	빈펄 골프랜드 리조트 앤 빌라	180

빈펄랜드	131, 181	
빈펄 럭셔리 냐짱	180	
빈펄 롱비치 리조트	172	
빈펄 리조트	180	
빈펄 리조트 앤 스파 냐짱베이	180	
빈펄섬	179	
빌라 아리아	82	
빌링길리터미널	286	
빌벤슬리	223, 308	
빠당바이	33	
쁘넷강	51	

ㅅ

사구	78
사륜구동	78
사멧섬	23
사오 비치	309
사우스 팜 리조트	205
사태	69
사톤	243
사톤피어	244
사판탁신	244
사피섬	193
삼발소스	70
상비약	71
샌드뱅크	280
샌디 비치	100
샌즈 코타이 센트럴	261, 262
샤오룽바오	271
샤크코브	102
샹그릴라 탄중아루 리조트	189
서스톤 라바튜브	113
서울정	99
서퍼	61
서프보드	104
서핑	61
선셋	37
선셋바	196
선셋 비치	102
선셋 세일링	146
선짜반도	223
섬 투어	151
세나도광장	267
세나이 국제공항	123
세라두라	271
세랑간 선착장	33
세인트 레지스	240, 262
세인트폴대성당 유적	267
세일링 투어	109
센타라 그랜드 미라지 리조트	23
센타라 그랜드 앳 센트럴월드	240

센토사	133
센트럴 엠버시	240
센트럴월드	239
센트럴 칫롬	240
셰이브아이스	97
소네바 인 아쿠아	304
소네바 자니	304
소네바 키리	298
소네바 푸시	289, 304
소누	304
소프트체어	85
소피텔 소	243
소피텔 크라비 포키트라 골프 앤 스파	156
수리아 사바	191
수상 방갈로	282
수상 비행기	281
수코타이	243
수트라하버 골드카드	189
수트라하버 리조트	189
수트라하버 한국사무소	189
수하물 보관소	86
쉐라톤	262
쉐라톤 꾸따	63
쉐라톤 와이키키	98
쉐라톤 카우아이 리조트	107
쉐라톤 호텔	175
슈렉	262
스노클링	39, 146
스노클링 마스크	39
스렛시스	246
스루보딩	45
스마트폰	292
스미냑	66
스카이스캐너	89
스카이 캡	265
스카프	253
스쿰빗대로	237
스탠다드	99
스튜디오 시티	260
스팀드 라이스	198
스파	248
스파 인클루시브리조트	224
스팸 무스비	97
스피드 보트	281
시암	238
시암 디스커버리	238
시암 센터	238
시암 스퀘어	238
시암 캠핀스키 호텔	239
시암 파라곤	238
시타딘 베이프런트	174

시트구루	117
시티 오브 드림즈	263
식스센스	178
식스센스 콘도오	306
신무이 굴국수	271
싸이깨우 리조트	25
쌀국수	183
쏨땀누아	238
씨클로	227

ㅇ

아궁쇼	58
아기띠	251
아난타라 디구	289
아난타라 리버사이드	244
아난타라 무이네 리조트	82
아난타라 호이안	226
아만	301
아만와나	301
아만풀로	301
아몬드쿠키	271
아속	241
아스토리아 커런트	144
아시아파크	229
아야나	65
아오낭 비치	154
아오낭 클리프 비치 리조트	155
아오웡드안	24
아오프라오 선착장	23
아융강	51
아이 리조트	182
아이스링크	239
아이콤 여행사	286
아쿠아슈즈	39
안경원숭이 보호구역	208
안람 리트리트	179
알라모아나 쇼핑센터	97
알로나 비치	204
암링	250
애스톤 와이키키비치호텔	98
앵그리버드 액티비티 파크	129
야생 원숭이	50
어드벤처	126
어드벤처 코브워터파크	133
어메니티	266
어메이징 타일랜드 그랜드세일	245
어촌마을	80
얼리버드	88
에그타르트	271
에라완 방콕	240
에메랄드베이	309

에메랄드 풀	160	웨스틴 누사두아	67	**ㅊ**		
에바	304	웨이고	272	차낭	67	
에바손 아나만다라	174	윈 팰리스	265	차량 대여 서비스	84	
에바종	150	유네스코 세계문화유산	227	차루	67	
에어픽	90	유니버설스튜디오	133	차오프라야강	244	
에코로지	306	유심칩	292	체인오브 크레이터스로드	113	
엑조틱타이	248	육포	271	초승달해변	24	
엠콰터	242	윤식당 촬영지	32	초콜릿언덕	208	
엠포리움	242	이마고	190	치도모	34	
여행용 파우치	254	이메지니아 플레이그라운드	242	침대칸	85	
여행자보험	72, 294	이부오카	69	칫롬	239	
여행자클럽	294	이비스사이공 에어포트호텔	86			
연날리기	63	이비스 에어포트 호텔	87	**ㅋ**		
열대과일	23	이세탄	239			
열대어	207	이스틴 그랜드	243	카누후라	289	
옌스	176	이야스메 무스비	97	카바나	196	
옐로우캡 피자	142	이유식	252	카시트	105	
오렌지 호텔	226	이키 트레일	113	카약	89	
오리밥	270	익스프레스 딜	165	카오키여우 오픈주	26	
오션뷰	98	인도네시아	31, 43	카우아이	106	
오션프론트뷰	99	인터컨티넨탈 다낭	223	카우아이 투어	110	
오아후섬	94	인터컨티넨탈 방콕	240	카일루아 해변	100	
오쿠라	258			카툰 네트워크 아마존 워터파크	22	
오페라하우스	87	**ㅈ**		카파아	110	
올드콜로아타운	110			칸디마	290	
올인클루시브	283	자덴 선착장	25	칼라우에아 관광안내소	112	
옵션타운	117	자스팔	246	칼랄라우계곡	108	
와규 쌀국수	86	자이언트판다 파빌리온	268	칼랄라우 전망대	108	
와리산 스퀘어	197	자전거 여행	32, 37	캡슐호텔	274	
와이마날로	100	자쿠지	55	커리	270	
와이메아베이 비치	103	잘리 리조트	36	컨시어지서비스	127	
와이메아캐니언	108	장판 썰매	79	컴패스 스카이뷰 호텔	242	
와이켈레 프리미엄 아울렛	97	전통 모자 농	80	코나	112	
와이키키 리조트	99	정글	47	코나커피	97	
와이키키 비치	96	정글 그네	48	코마네카 앳 라사사양	53	
와이키키 트롤리	96	제셀톤 포인트	191, 194	코마네카 앳 몽키포레스트	53	
와일루아 폭포	110	조식오리	283	코모 메트로폴리탄	243	
왕마트	145	조호바루	123, 124	코사멧	24	
요가	56	종단열차	76	코코모 리조트	36	
요정의 샘	80	주점부리	142	코코조스	196	
용과	83	중국	255	코타	214	
우버	294	중앙우체국	87	코타이스트립	258	
우붓	46	쥐가오리	280	코타키나발루	185	
우붓시장 52		쥬라기공원	106	코타키나발루 선셋	195	
우붓왕궁 52		지오반니 새우트럭	102	콘도	86	
워너브라더스 펀존	260	지프 투어	57	콘래드	262	
워터봄 발리	62	진공팩	199	콜로니얼 스타일	87	
워터프론트 선셋	197	진에어	123	콜로안 빌리지	268	
원더라군 리조트	205	짐톰슨 실크	247	콜롬보 국제공항	284	
원 앤 온리 리시라	291	짜오똠	184	콩카페	176	
웨더투트레블	232			쿠룸바	289	

쿠알라룸푸르	45	
쿠알로아 랜치	102	
쿤하거리	268	
쿳섬	300	
쿵푸팬더	262	
큐브	264	
큐브킹덤	261	
크라운 타워즈	263	
크레이터 림드라이브	113	
크리스탈 라군	160	
클레이 코티지	311	
클레이팟	183	
클로젯	246	
클룩	60, 295	
키말라 푸켓	310	
키자니아	238	
키즈아일랜드	259	
키즈 어메니티	266	
키즈카번	262	
키즈클럽	55	
킬라우에아 등대	110	
킬라우에아 분화구	111	
킹덤방	125	

ㅌ

타이파 빌리지	268
타이파섬	214
타지액조티카	289
탁빌라란 공항	204
탁빌라란 여객터미널	204
탄중아루 해변	196
탑바	182
탑켁 비치	155
태국	19, 151, 233
태초클럽	29
터미널 21	241
터틀 비치	103
터틀 포인트	39
테마파크	228
테마파크 여행	120
텐트 빌라	311
토마스타운	128
통버이	76
툰구압둘라만 해양국립공원	190
툽섬	158
튜빙	51
트레일 코스	111
트롤리	96
트리 풀 하우스	311
트리플	295
트립닷컴	164
트립딜	294
트립어드바이저	150
팁 문화	97

ㅍ

파드마 레기안	66
파드마 리조트 우붓	55
파라디 리조트	25
파리지앵 마카오	261
파밀라칸	206
파샬오션뷰	99
파인애플 아이스크림	103
파인애플 익스프레스 투어	103
파충류공원	60
파크 하얏트	240
파타야	19
파파고	293
팍손백화점	87
판티엣역	85
판퓨리	248
팡라오섬	204
패들보드	104
패러세일링	146, 288
패키지 여행	29
퍼가	183
퍼들점퍼	250
퍼보	183
퍼시픽 수트라 호텔	189
퍼팩트 겟 어웨이	106
퍼홍	176
펄 오브 트라왕안	36
페스티브워크	133
포다섬	158
포시즌	289
포시즌즈 리조트 더 남하이	223
포시즌즈 앳 샤안	54
포시즌즈 호텔	264
포이푸 비치	107
포켓와이파이	293
포트앨런 하버	109
포핀스 케이키 하와이	98
폴리네시안 문화센터	102
푸꾸옥	86
푸꾸옥 빈펄랜드	132
푸드로프트	240
푸드트럭	102
푸카쉘	148
푸푸케아 해변공원	100, 102
풀보드	283
풀키친	199
퓨전 마이아	224

프라낭 비치	157
프라이스라인	105
프라이어티패스	295
프롬퐁	242
프리미어 빌리지 리조트	225
프리미엄룸	67
프리미엄 좌석	117
플라잉 요가	56
플라타란	54
플래닛 J	262
플레이윙즈	88
플레인 라이스	198
피싱빌리지	74, 80
피피섬	162
픽업&드랍 서비스	33
필리피노마켓	197
필리핀	137
핑구	128

ㅎ

하나우마 베이	100
하날레이	110
하노만거리	52
하드락 호텔 발리	64
하드록	263
하드체어	85
하얀 모래언덕	78
하얏트리젠시 와이키키 비치	98
하와이	91, 215
하와이섬	111
하와이 아울라니 디즈니 리조트	131
하와이 화산국립공원	111
하우스 오브 매직	260
하프보드	283
학사 해변	268
한사르	240
할레마우마우 분화구	115
할레이바 타운	103
핫스프링	161
핫싸이깨우	24
핫와이어	165
항공 마일리지	90
항공사 프로모션	88
항공요금	88
해변 투어	148
해외안전여행	294
해적방	125
헤난 크리스탈샌즈 리조트	144
헬렌뷰티 리플렉스	197
헬로키티타운	128
헬리오센터	229

헬리콥터 투어	110
호객꾼	141
호놀룰루 국제공항	96
호치민 떤선녓 국제공항	86
호캉스	237
호텔 그란디스	192
호텔 뮤즈	240
호텔스닷컴	149
호텔 인디고	240
호텔팩	29
호핑투어	39, 146
혹등고래	107
혼째	179
홀리데이 인	262
홀리데이 인 리조트	155
홀리데이인 방콕	240
홍섬	158
홍콩 디즈니랜드	131
홍콩 디즈니랜드호텔	131
화이트샌듄	78
훌후말레	286
힐로	112
힐튼 하와이안 빌리지 리조트	99

A

Accorhotels	225
Adventure Cove Waterpark	133
Agung Show	58
airpick	90
Ala Moana Center	97
All-inclusive	283
All Inclusive Gold Card	189
Almond Cookie	271
Alona Beach	204
Aman	301
Amanpulo	301
Amanwana	301
Amazing Thailand Grand Sale	245
Anantara Dhigu	289
Anantara Hoi An Resort	226
Anantara Mui Ne Resort	82
Anantara Riverside	244
Angry Birds	129
Animal Garden	55
An Ram Retreats	179
Ao Nang Beach	154
Aonang Cliff Beach	155
Ao Prao Pier	23
Ao Wong Duean	24
Asia Park Sun Wheel	229
Asoke	241
Aston Waikiki Beach Hotel	98
Astoria Current	144
ATV	78, 146
Ayung River	51

B

Babiguling	69
Baby-sitter	141
Bacalhau	270
Baked Duck Rice	270
Bali	44
Bali Bird Park	60
Balicasag	206
Balinghai	148
Bali Safari & Marine Park	57
Bali Swing	48
Bamboo Island	163
BamBoo Village	82
Bà Nà Hills	228
Bandaranaike Airport	284
Bang Chak	247
Bangka	146
Bangkok	234
Banh Mi	184
Banh Xeo	184
Banyan Tree	243
Banyan Tree Macau	258
baolau	85
Batman Dark Flight	260
BC 플래티늄 카드	236
Beachwalk Shopping Center	64
Bebek bengil	69
Bebek Goreng	69
Beef Jerky	271
Beef Rendang	70
Big Bowl	86
Big C Mart	240
Big C Supercenter	230
Big Island	111
Bill Bensley	223, 308
Bird's Nest Pool Villas	310
Bit. Playground	242
Blue Pool	160
Bohol	202
Bohol Wonderlagoon Resort	205
Bo Ke Street	83
Boots & Kimo's	101
Boracay	138
Bounce	242
Broadway Hotel Macau	258
Bubur Ayam	70
Budget	145
Buggy	302
Bulabog	148
Bun Cha	183
Butler	302
Butler Service	302

C

Cabana	196
Cam Ranh	171
Canang	67
Cảng Hàng Không Quốc Tế	170
Cantonese Cuisine	271
Cartoon Network Amazone	22
Centara Grand at CentralWorld	240
Centara Grand Mirage Beach	23
Central Chidlom	240
Central Embassy	240
Central World	239
Chài Múm	76
Chain of Craters Road	112
Chao Phraya River	244
Chao Tom	184
Charu	67
Chit Lom	239
Chocolate Hills	208
Cidomo	34
Citadines Bayfront	174
City of Dreams	263
Clay Cottages	311
Clay Pot	183
Coco Joe's	196
COMO Metropolitan	243
Compass Skyview Hotel	242
Concierge Service	127
Côn Đảo	86
Cong Caphe	176
Conrad	262
Cotai	214
Cotai Strip	258
Crater Rim Drive	113
Curry	270

D–E

Da nang	220
DARAKHYU	274
Departure Lounge	66
Designer Row	97
Diniwid	148
Discovery Shopping Mall	64

Discovery Shores Boracay	145	
Disney Land	130	
Divana	248	
Dole Pineapple Plantation	103	
Đồng Khởi	87	
Donna Chang	248	
Dragon Fruit	83	
Dragon of Fortune	265	
D*talipapa	146	
Duplex	306	
Dusit Thani Krabi Beach Resort	156	
Duyen Ha Resort	172	
Eastin Grand	243	
Ecolodge	306	
Egg tart	271	
Emerald Bay	309	
Emerald Pool	160	
Erawan Bangkok	240	
Erb	248	
Eva	304	
evasion	150	
Evason Ana Mandara	174	
Exotique Thai	248	
Express Deal	165	

F–G

Festive Walk	133
Filipino Market	197
Fishing Village	80
Flynow	246
Food Loft	240
Four Seasons Hotel Macau	264
Four Seasons Bali at Sayan	54
Four Seasons Resort Maldives	289
Four Seasons resort Nam Hai	223
Full kitchen	199
Fusion Maia	224
Galaxy Hotel	258
Galaxy Resort Macau	258
Ga Mương Mán	85
Ga Phan Thiết	85
Gaya	190
Gaya Island Resort	191
Gaysorn Plaza	240
Gili Air	35
Gili Meno	35
Gili Trawangan	32
Giovanni's Shrimp Truck	102
Glass Bottom	39
Golden Reel	260
Gourmet Market	238, 246

GPS	105
Grande Centre Point Terminal 21	241
Grand Hyatt Erawan	240
Grand Hyatt Macau	263
Grand Resort Deck	259
Greyhound	246

H

Habitat Butterflies	209
Haleiwa Town	103
Hanalei	110
Hanauma Bay	100
Hansar Resort	240
Hard Rock Hotel Bali	64
Harnn	248
Hat Sai Kaew	24
Hawaii	92
Hawaii Island	111
Hawaii Volcanoes National Park	111
Helen Beauty Reflex	197
Helio Center	229
Hello Kitty Town	128
Henann Crystal Sands	144
Henna	146
Hilo	112
Hilton Hawaiian Village	99
Holiday Inn	262
Holiday Inn Bangkok	240
Holiday Inn Resort	155
Honolulu Airport	96
Hon Tre	179
Hotel Eden 54	192
Hotel Grandis	192
Hotel Indigo Bangkok	240
Hotel Muse	240
Hotel Okura Macau	258
Hot Springs	161
hotwire	165
House of Magic	260
Hulhumale	286
Hyatt Regency Waikiki Resort	98

I–J

Ibis Saigon Airport Hotel	86
Ibu Oka	69
Iki Trail	113
Ilha da Taipa	214
Imaginia Playground	242
Imago	190
InterContinental Bangkok	240

Intercontinental Da nang	223
I-Resort Spa	182
Isetan	239
Iyasume Musubi	97
Jadet Pier	25
Jali Resort	36
Jaspal	246
JCB 카드	96
Jim Thompson	247
Jim Thompson House	247
Jl. Dewisita	52
Jl. Hanoman	52
Jl. Monkey Forest	52
Johore Bahru	124
JW Marriott Hotel Macau	258
JW Marriott Phu Quoc	308
JW 메리어트	258
JW 메리어트 푸꾸옥	308

K

Kalalau Lookout	108
Kalalau Valley	108
Kalama Beach Park	100
Kandima Maldives	290
Kanuhura	289
Kapaa	110
Kauai Island	106
kayak	89
Keemala Phuket	310
Kelopon	70
Khao Kheow Openzoo	26
Kids Island	259
Kidzania	238
Kid's Cavern	262
Kilauea crater	111
Kilauea Lighthouse	110
Kitchenette	199
Klong Muang Beach	155
Kloset	246
Koh Hong	158
Koh Tup	158
Ko Kai	158
Ko Ko Mo Resort	36
Ko Kut	300
Koloa Landing Resort	107
Komaneka at Monkey Forest	53
Komaneka at Rasa Sayang	53
Kona	112
Kona Coffee	97
Ko Poda	158
Ko Samet	24

Kota Kinabalu	186	
Krabi	152	
Kualoa Ranch	102	
Kurumba Maldives	289	
Kuta	46	
Kuta Square	64	

L

Lalapan	69	
L'Alyana Ninh Van Bay	178	
Laniakea Beach	103	
Lanikai Beach	100, 101	
Lanterns	175	
Largo dos Bombeiros	268	
Largo do Senado	267	
LEGO Duplo	124	
Legoland Malaysia Resort	124	
Le Meridien	192	
Le Vimarn Cottages & Spa	25	
Lihiwai Road	100	
Lihue Airport	109	
Loboc River Tour	209	
Lombok	35	
Long-Tail Boat	156	
Lotte Mart	230	
Lumpini Park	243	

M

Ma Boon Khrong Center	238
Macadamia Nut	97
Macanese Cuisine	270
Macau	256
Macau Gourmet Walk	260
Mai Linh	87
Makapuu Beach Park	100
Maldives	276
Male International Airport	281
Malling	237
Mango Tango	238
Manukan	193
Mara River Safari Lodge	58
Marukame Udon	97
Mason Elephant Lodge	59
Matahari Kuta Square	64
Mia Resort	82
MIchelin HKM	272
Mi Goreng	68
Mode Sathorn Hotel	243
Mojito	283
Monkey Forest	50

Morning Glory	184
Mui Ne	74
My Banh Mi	87
Myung Ga	259

N

Naman Retreat	224
Nā Pali Coast	109
Nasi Campur	70
Nasi Goreng	68
Nem Lui	184
Nem Neung	184
Nhà Hàng Ngon	87
Nha Trang	168
Nha Trang Center	173
Ninh Van Bay	177
Non	80
Nordstrom Rack	97
North Shore	100
Nuoc Mam	184
Nuwa	263
Nyepi Day	45

O—Q

Oahu Island	94
Ocean Front View	99
Ocean View	99
Old Koloa Town	110
One&Only Reethi Rah	291
optiontown	117
Orange Hotel	226
Padma Resort Legian	66
Padma Resort Ubud	55
Paliparan ng Tagbilaran	204
Pamilacan	206
Panpury	248
Paradee Resort	25
Parasailing	288
Park Hyatt	240
Parksons	87
Partical Ocean View	99
PATTAYA	20
Pavilhão do Panda Gigante	268
Pearl Of Trawangan	36
Penet River	51
Península de Macau	267
Phan Thiet Cayon	80
Phi-Phi Island	162
Pho	183
Pho Bo	183

Pho Ga	183
Pho Hong	176
Phra Nang Beach	157
Phromphong	242
Phú Quốc	86
Plain Rice	198
Planet J	262
Plataran Ubud Hotel & Spa	54
Poipu Beach	107
Polynesian Cultural Center	102
Poppins Keiki Hawaii	98
Port Allen Harbor	109
P.P카드	295
Praia de Hác-Sá	268
Premier Village Danang	225
Priority Pass	295
Pukashell	148
Pūpūkea Beach Park	100, 102
Qube	264
Qube King dom	261

R

Rafflesia	197
Rafting	51
Railay Beach	157
Rain Forest	177
Ramayana Water Park	22
Ranger	112
Rayoung	23
Red Sand Dunes	79
Renaissance Bangkok	240
Rendang Sapi	70
Resort World Sentosa	133
RIMBA Jimbaran BALI	65
Rimba Reptile Park	60
Ross	97
Rua do Cunha	268
Ruins of Santo Paul's	267

S

Sacred Monkey Forest Sanctuary	50
Sai Kaew Beach Resort	25
Sambel	70
Sân bay quốc tế Tân Sơn Nhất	86
Sands Cotai Central	261, 262
Sandy Beach	100
Sao Beach	309
Saphan Taksin	244
Sapi	193
Satay	69

Sathon Pier	244	Taman Laut Tunku Abdul Rahman	190	Villa Aria	82
Sathorn	243	Tarsier	208	Villinggili Ferry Terminal	286
Seatguru	117	Tarsier Conservation Area	208	Vinasun	87
Seminyak	66	Telaga Waja River	51	Vincom Plaza	230
Sentosa	133	Tent Villas	311	VinMart	230
Serradura	271	Teok Cafe	35	Vinpearl Golf Land Resort	180
Shangri-la's Tanjung Aru	189	Terminal 21	241	Vinpearl Land	131, 181
Sharks Cove	103	Thann	248	Vinpearl Longbeach Resort	172
Shaved Ice	97	Thap Ba	182	Vinpearl Luxury Nha Trang	180
Sheraton Bali Kuta Resort	63	The Cliff Resort	82	Vinpearl Resort Nha Trang	180
Sheraton Grand Macao	262	The Countdown	263	Vinpearl Resort & Spa	180
Sheraton Kauai Resort	107	The Crab House	191	Volcano House Hotel	115
Sheraton Nha Trang Hotel	175	The Descendants	110	Volcano Inn	115
Sheraton Waikiki	98	The District Boracay	144		
Siam	238	The Emporium	242	**W–Z**	
Siam Center	238	The EmQuartier	242	Waikele Premium Outlets	97
Siam Discovery	238	The House of Dancing Water	263	Waikiki beach	96
Siam Kempinski Hotel	239	The Laylow	99	Waikiki Resort Hotel	99
Siam Square	238	The Lind Boracay	145	Wailua Falls	110
Six Senses Con Dao	306	The Magellan Sutera Resort	189	Waimānalo	100
Six Senses Ninh Van Bay	178	The Ocean Villas	225	Waimea Bay Beach	103
Sky Cab	265	The Okura Prestige	240	Waimea Canyon	108
skyscanner	89	The Pacific Sutera Hotel	189	Wang Mart	145
Sofitel Krabi Phokeethra	156	The Parisian Macao	261	Warisan Square	197
Somtam Nua	238	The Rink	239	Warner Bros. Fun Zone	260
Soneva Fushi	289, 304	The Ritz-Carlton Macau	258	Waterbom Bali	62
Soneva in Aqua	304	The Royal Pita Maha	56	White Sand Dunes	78
Soneva Jani	304	The St. Regis	262	Wynn Palace	265
Soneva Kiri	298, 300	The St. Regis Bangkok	240	W 방콕	243
Sonu Shivdasani	304	The Sukhothai	243	Xiaolongbao	271
SO Sofitel Bangkok	243	The Venetian	261, 264	Yellow Cab Pizza	142
Soul Surfer	110	The Venetian Macao	264	Yen's	176
South Palms Resort	205	The Westin Resort Nusa Dua	67	Zen	239
Spa Inclusive Resort	224	Thomas Town	129		
Spam musubi	97	Thùng bơi	76		
S&P at Siam Paragon	238	Thurston Lava Tube	113		
Sretsis	246	Tree of Prosperity	265		
Standard	99	Tree Pool Houses	311		
Steamed Rice	198	tripadvisor	150		
Studio City	260	Trolley	96		
Sukhumvit Road	237	Tubing	51		
Sunset Bar	196	tubkaak Beach	155		
Sunset Beach	102	Turtle Beach	103		
Sunset Sailing	146				
Suối Tiên	80	**U–V**			
Suria Sabah	191	Ubud	46		
suteraharbour	189	Universal Studios	133		
Sutera Harbour Resort	189	Vickteerut	246		
		Vietnam Curry	184		
T		Vila de Coloane	268		
Taj Exotica Resort & Spa	289	Vila de Taipa	268